Minerva Library〈社会福祉〉1

知的障害者の 「親元からの自立」を 実現する実践

エピソード記述で導き出す新しい枠組み

森口弘美［著］

Minerva Library
SOCIAL WELFARE

ミネルヴァ書房

まえがき

　障害のある子をもつ親の「子離れ」に初めて関心を向けたのは，障害者福祉事業を展開するある事業所にヒアリング調査に訪れたときのことだった。事業所の代表者が，重度の心身障害者の親のなかで，特に高齢になった親がなかなか福祉サービスを利用したがらないということを批判的に話された。もう10年以上前のことなので，どのような言い方をしたのか，その時にその代表者が「子離れ」という言葉を使ったのかは忘れてしまったが，そのあとに続けて言われた言葉は鮮明に覚えている。「でも，そこまで親に担わせてきたのはいったい誰なのか」。

　筆者は4年制大学を卒業後，社会福祉法人が運営する通所授産施設で指導員として働きはじめた。1990年代前半の措置の時代のことである。その頃は，筆者のように社会福祉を専門に学んでいない者でも意欲と関心があればそのような施設に就職できたし，実際に就職した職場には福祉の専門性を身につけて働いている人はほとんどいなかった。その背景には，筆者が働いていたのが障害者の親，とりわけ母親たちが中心となって，養護学校（現在の特別支援学校）を卒業した後の居場所を作るためにさまざまな運動をして作り上げてきた組織だということがある。そこで働く職員には，社会福祉に特化した専門性よりも，一人の市民として運動に共感できるかどうかが問われていた。

　すでに成人した障害者のためにさまざまな活動をする母親たち，経済的な負担や日々のケアを当然のこととしてこなす親たちに囲まれて筆者は仕事をしてきた。初めて社会に出て身をおいたその環境の中で，筆者は次第に「成人した障害者の世話を家族がしつづけることが当たり前」と認識するようになっていった。今思い返せば，もしかしたら心のどこかでは「たまたまわが子に障害があったからといって，いつまでも子の世話をしつづけるのはおかしいのでは

i

ないか」という疑問が頭をかすめることぐらいはあったかもしれない。しかしながら，措置の時代に授産施設の運営と市民運動の両方を担う組織での仕事は，家族の協力なくしては到底まわるものではなく，その現実を前にしてそうした疑問と対峙することを回避してきたのかもしれない。「そこまで親に担わせてきた」のは，他でもない「私」だったのである。

　バンク-ミケルセンが1950年代に示したノーマライゼーションの原理の成文化を試みたベンクト・ニィリエは，ノーマライゼーションの八つの原理の一つとして，「ライフサイクルを通じて，ノーマルな発達的経験をする機会を持つこと」を挙げている。ニィリエは，1969年の「ノーマライゼーションの原理とその人間的処遇とのかかわり合い」という論文において，ノーマルな発達的経験について次のように述べている。「子どもが親と一緒に住むのがノーマルであるように，大人になって家を離れ，できるだけ独立して自分の生活を始めることもまた，ノーマルなのである」(Nirje＝2000：25)。しかし，わが国においては，大人になっても親と同居しつづけている障害者は少なくない。

　もちろん，このニィリエの言葉がそのまま私たちの国に当てはめられるわけではない。日本においては障害のあるなしにかかわらず大人になっても親元で暮らしつづける人は多いし，また，親の側も子の側も「一緒に暮らしたい」と思っている家族が共に暮らしつづける自由は権利として保障されている。本研究が問題とするのは，大人になって親元で暮らしつづけ，親からのケアを受けつづける人の割合が，健常者よりも障害者において顕著に高いという点である。このことはすなわち，障害者は障害があるがゆえに，誰とどこでどんな暮らしをするかの選択肢が狭められていることを意味する。障害のある人とない人との間の不平等という観点からも，障害者が大人になったら家族と居所を分離して地域の中で自立した暮らしができる社会を実現する必要がある。

　障害者が家族と居所を分離することが難しい最大の要因は社会資源の不足である。障害者が親元で暮らしつづけるか，親元を離れるかを選択する際に，家族による経済的あるいはケアの面での支えがなくても生活していけるような社会保障や福祉サービスが十分になければ，親元を離れるという選択はできない。

社会資源の必要性は量的な充足の面だけではない。たとえ収入が十分あって，地域に障害者が入居可能なアパートやグループホームがあったとしても，提供されるケアの質に対して不安があれば，「親元を離れるより，親元で暮らすほうが快適」ということになるだろう。その結果，わが国では障害者は大人になっても家族に経済的な面，あるいはケアの面で依存しなければ生きていけない状況が生じている。そしてこのことにより，障害者本人のみならず家族のライフサイクルまでもがノーマルでなくなっている。

障害者が大人になっても家族に依存しつづけざるを得ない状況を変えるためには，社会保障や福祉サービスのあり方を変えていく必要があり，これまでの障害者福祉研究はそのことの必要性を明らかにしてきた。具体的には，障害のある子の成長に従って障害者本人への支援を充実させることで，母親をケア役割から解き放つという視点の提示（藤原 2006），あるいは「親役割を降りる支援」（西村 2009）や「『親ばなれ・子ばなれ』のための支援」（夏堀 2007）の必要性などである。では，研究者がその必要性を訴えれば福祉サービスおよびそれを規定する法制度は変わっていくのだろうか。

諸外国のなかには，研究者の提言を受けて政策主導で福祉サービスを大きく変容させることができる国もあるだろうし，日本においてもそれが可能な領域はあるかもしれない。しかしながらわが国では社会福祉の領域の中でも特に障害者福祉の領域においては，公的費用の支出を伴う法制度の変革は研究者による理論的な主張だけではなく，家族を含めた当事者による主張や働きかけなくしては実現されにくい。少なくともこれまではそうした傾向があった。

本書では，問題状況の解決のためにどのような支援が必要かという議論から一歩進めて，どのようにそれが可能な社会を実現することができるのかの道筋を探っていく。その際に考察対象とするのは，障害者の家族の認識である。障害者の福祉サービスに影響を与える法制度改革の歴史にこれまで少なくない影響を与えてきたのが障害者の家族，とりわけ親である。近年の法制度改革に関わる議論においては，障害のある本人が発言する機会が広がってきたが，知的障害者に関しては，障害のある本人の生活を支える家族が政治的な発言権を

もっている状況が続いてきた。障害者本人の生活を支え，またさまざまな日常生活の場面や人生の岐路における本人の決定を支えることの多い家族の認識を考察することで，「親元からの自立」ができる社会に向かっていくための道筋を明らかにすることが本研究の目的である。

　本書ではまず，知的障害者と家族の現状を把握したうえで，「親元からの自立」の必要性および研究目的を明示する（第1章）。次に先行研究のレビューを踏まえて，法制度と規範のメカニズムにアプローチするという本研究の視点を示したうえで，二つの研究課題を提示する（第2章）。研究課題の一つ目は，知的障害者の親による運動のなかで，家族の認識がどのように変化してきたのか，また親による運動の限界はどこにあるのかを明らかにすることである（第3章）。研究課題の二つ目は，「親元からの自立」ができにくい固定化したメカニズムを変えるための糸口を，居所の分離を経験した家族のインタビューをとおして明らかにすることである。研究方法としては二つの手法を用いた。まず，質的データ分析を用いて，居所の分離をめぐって家族が経験するプロセスを分析することで，家族に居所の分離を促し「親元からの自立」へと向かうための支援に有効だと考えられるポイントを示す（第4章）。次にエピソード記述を用いて，調査者である筆者自身の主観を考察することで，「関係性の変容として自立を捉える視点」を提起し（第5章），最後に法制度と規範のメカニズムの変容に向かうための道筋を示す（終章）。

　また，第5章のエピソード記述によって明らかにしようとした事柄は，それ以前に筆者が取り組んだ調査研究で得られた多くの気づきが反映されている。なかでも2009年に行ったインタビュー調査（「2009年調査」）についてのエピソード記述は，「親元からの自立」についての研究を着想する起点となったという意味で重要な位置にあり，読み手が第5章のエピソード記述を理解しようとする際に必要な情報が含まれているという判断から，初出論文をほぼそのまま補章として収録した。

　なお，本書における主たる考察対象は「知的障害者の家族の認識」であり，「家族」の中でも特に「親」の認識である。ただし，「親」が担ってきたケア役

割はさまざまな事情によってきょうだいをはじめとした他の「家族」に引き継がれることがあるため，本書では「親」ではなく「家族」という語を主に使う。ただし，第3章では，分析対象として取り扱った「全日本手をつなぐ育成会」が，運動主体として「家族」ではなく「親」という語を使っているため，本書においても第3章のみ「親」という語を用いる。

　その他，使用している言葉については，「家族」や「親」に対して，知的障害者を表す言葉として「本人」あるいは「知的障害のある本人」という語を使うことがあるが，それ以外基本的には法律において使用されている言葉に合わせて「知的障害者」という語を使うこととする。ただし第4章で行った先行研究の検討の作業においては，法律上の表記が変わる以前の文献を検討対象に含めるために「精神薄弱」を検索キーワードの一つとした。また，「子ども」という語は未成年の者という意味で用いる一方，年齢にかかわらず親に対する関係を表したい場合は「子」を用いている。さらに，本書においては「支援」と「実践」という語を使い分けている。「支援」という語は障害者に直接関与して何らかのケアを提供することを言い，その「支援」に仕事として携わる人を「支援者」とし，ここには専門性を身につけた専門職が含まれる。一方，「実践」は，「支援」を含む広義の社会福祉実践を意味し，障害者に対する社会的な理解や制度の変革を働きかけるソーシャルアクションや社会運動を含むものとする。その担い手は「支援者」である場合もあるし，家族や地域の住民であることもある。

　2006年12月に第61回国連総会で採択された「障害者の権利に関する条約」の第19条には「自立した生活及び地域社会への包容」という項目があり，「(前略) 全ての障害者が他の者と平等の選択の機会をもって地域社会で生活する平等の権利を有することを認めるもの (後略)」とすることが明記されている。そして，具体的な小項目の一つとして「障害者が，他の者との平等を基礎として，居住地を選択し，及びどこで誰と生活するかを選択する機会を有すること並びに特定の生活施設で生活する義務を負わないこと」が挙げられている。家族と暮らす以外の選択肢がない，あるいは親元を離れる機会をもてない障害者

が少なくないという実態があるのだとすれば，この条文に示されている，障害者が誰とどこで生活するかを選択する機会が制限されているという点で問題があることになる。

　日本は，「障害者の権利に関する条約」に2007年9月に署名し，2014年1月にようやくこの条約の批准国となった。この間，批准の条件を満たすべく，内閣に「障がい者制度改革推進本部」が設置され，国内法制度の整備が進められてきた。2011年には障害者基本法が改正され，2013年には「障害を理由とする差別の解消の推進に関する法律」（障害者差別解消法）が成立，2016年から施行予定である。また2012年に成立し翌13年から施行されている「障害者の日常生活及び社会生活を総合的に支援するための法律」（障害者総合支援法）は，福祉サービスを利用しながら生活する障害者やその家族の生活にさまざまな変化をもたらしている。

　このような大きな制度改革の影響を受けて，成人した障害者が入所施設ではなくグループホーム等の地域での住まいで生活するケースが増えつつあること，また障害が重くても大人になったら親元を離れて自立してほしいと前向きに願う若い親も徐々にではあるが増えてきていることは大きな前進であると筆者は考えている。措置の時代から支援費制度の導入による契約制度の時代へ，そして障害者自立支援法とその後の度重なる法制度の改変のプロセスの中で，障害者福祉サービスを提供する支援者の力が向上するとともに，障害者やその家族が障害者福祉サービスを利用する機会が増すことで質の高いサービスを要求する力をつけてきたことの一つの現れと言えよう。

　しかしながら，今なお都市部の一部を除き多くの地域では，グループホーム等の住まいやそこでの知的障害者の暮らしを支えることのできる福祉サービスは量質ともに十分ではないと考えられる。また，措置の時代に障害のある子を育ててきた親の中には，利用できる社会資源が身近にあるにもかかわらず，それらを利用して親元から独立させるという選択ができないまま年を重ねている人も少なくないと考えられる。若い世代の親であっても，子の障害の特性によっては「親元からの自立」などという未来が見えない人もいるだろう。

まえがき

　本研究が，そのような家族の生き方や選択の仕方に，また障害者の支援に携わる人々の実践に，知的障害者本人の「自立」に向けた変化のきっかけを提供できれば幸いである。

著　者

目　次

まえがき

第1章　日本と諸外国における障害者の家族依存の実態……1
第1節　日本の障害者の家族依存の実態　1
第2節　諸外国との比較　12
第3節　「親元からの自立」が可能な社会の実現　27

第2章　「親元からの自立」ができない状況へのアプローチ……31
第1節　障害者とその家族を視野に入れた先行研究とその限界　31
第2節　本書の視点　40
第3節　研究課題の設定　50

第3章　知的障害者の親による運動における親の認識変容……55
第1節　なぜ「全日本手をつなぐ育成会」を取り上げたのか　55
第2節　本人の主体性への気づき
　　　　──国際障害者年を契機とした「自己変革」　60
第3節　小規模作業所づくりの意義およびその限界　63

第4章　親元からの自立に関するインタビュー調査と質的データ分析……75
第1節　調査の目的　75
第2節　先行研究の検討　76
第3節　調査の概要・調査協力者・倫理的配慮・分析方法　93

第4節　質的データ分析の結果　*97*
第5節　結論と残された課題　*113*

第5章　エピソード記述による考察 …………… *121*
第1節　本章で用いる方法とその意義　*121*
第2節　Fさんのインタビューに関するエピソード記述　*130*
第3節　Gさんのインタビューに関するエピソード記述　*134*
第4節　Eさんのインタビューに関するエピソード記述　*141*
第5節　Bさんのインタビューに関するエピソード記述　*145*
第6節　Aさんのインタビューに関するエピソード記述　*150*
第7節　Cさんのインタビューに関するエピソード記述　*154*
第8節　Dさんのインタビューに関するエピソード記述　*158*
第9節　エピソード記述をとおして提示できること　*163*

終　章　知的障害者の「親元からの自立」に向けて ……… *171*

補　章　知的障害のある人の青年期における
　　　　親子関係の変容についての一考察 …………… *177*
第1節　研究の背景と問題意識　*177*
第2節　研究の目的　*179*
第3節　先行研究のレビューおよび本研究の位置づけ　*180*
第4節　調査の概要　*182*
第5節　Sさんが感じた「親子分離」のプロセス（結果①）　*185*
第6節　「私」に感じられたSさんとTさんの「親子関係」の
　　　　変容とその意味（結果②）　*193*
第7節　「親亡き後」から「成人期の支援」の問題へ　*198*

引用・参考文献　*201*
あとがき　*209*
索　引　*213*

第 1 章

日本と諸外国における障害者の家族依存の実態

　本研究は，障害のある人は障害のない人に比べて成人してから後の生活や人生の選択肢が狭められており，とりわけ親元で暮らしつづける以外の選択肢が少ないという点を問題として取り組んだ研究である。では，本当にそのような問題，すなわち障害のある人とない人との間の不平等は存在しているのだろうか。

　本章では，障害者の生活場所や生活実態を把握するために行われた調査の結果を参照することで，わが国の実態について概観する。次に，海外の調査結果や政策と比較することで，日本の状況を俯瞰的に捉える。そのうえで，本研究が考察対象とする障害者を絞り込み，研究目的を示す。

　なお，本章では「親元からの自立」について論じるため，家族の中でも配偶者や子ではなく「親」との同居や「親」への依存を示すデータを参照することとする。

第 1 節　日本の障害者の家族依存の実態

成人後に親と同居しつづける障害者

　わが国においては，障害のある人は障害のない人に比べて，成人しても親と同居しつづけている人の割合が高い。また身体・知的・精神の 3 障害の中では知的障害者において，成人後も親と同居しつづけている割合が最も高いことが，表 1 - 1 のデータからわかる。

　まず身体障害者については，厚生労働省が2006年に行った「平成18年身体障

表1-1 「親との同居」の状況

調査	対象	調査の項目	割合
平成18年身体障害児・者実態調査	18歳以上の在宅の身体障害者のうち18～59歳	「同居者」に「親」が含まれる[1]	39.7%
平成17年度知的障害児（者）基礎調査	18歳以上の在宅の知的障害者（うち60歳以上は8.6%：推計人数より計算）	「生活同居者」が「親と」または「親,兄弟姉妹と」	70.1%（「親と」：37.2%「親,兄弟姉妹と」32.9%）
平成23年生活のしづらさなどに関する調査（全国在宅障害児・者等実態調査）	在宅の65歳未満の精神障害者保健福祉手帳所持者	「親と暮らしている」人の割合	65.7%
平成19年度大阪府障がい者生活ニーズ実態調査	18～64歳の障害者（施設で暮らしている人も含む）のうち,「親と暮らしている」または「親,兄弟と暮らしている」人の割合[1]	身体障害者	18～39歳：54.3% 40～64歳：9.5%
		知的障害者	18～39歳：69.4% 40～64歳：45.7%
		精神障害者	18～39歳：50.4% 40～64歳：22.2%
第6回世帯動態調査（2009年）	20～64歳の合計	「両親とも同居」「父親のみ同居」「母親のみ同居」の合計	28.4%[2]

注：1) ただし，選択肢としての項目が，「一人で暮らしている」「夫婦で暮らしている」「配偶者,子どもと暮らしている」「親と暮らしている」「親,兄弟と暮らしている」……と続くため，結婚して親と同居している人が含まれていないと考えられる。
2)「若年未婚者で親と同居していない場合は一人暮らしが多く，一人暮らしは調査票の回収確率が低い」（国立社会保障・人口問題研究所2011：22）ことから，実際には親との同居割合はさらに低いと考えられる。
出所：筆者作成。

害児・者実態調査結果」によると，在宅の18歳以上の身体障害者は348万3000人と推計される。このうち74.8%を占める60歳以上の人たちは死別により親と同居していない人も少なくないと考えられる。そこで，年齢階級別のデータを使って60歳以上を省き，18～59歳の身体障害者のうち親と同居している人の割合を集計すると39.7%となった。

次に，知的障害者については，厚生労働省が2005年に行った「平成17年度知的障害児（者）基礎調査結果の概要」によると，入所施設以外の在宅で暮らす

18歳以上の知的障害者は28万9600人と推計されている。調査結果から彼らの「生活同居者」を見てみると,「親と」が37.2％,「親,兄弟姉妹と」が32.9％で,学齢期を終えた後に親と同居しつづけている割合は70.1％となっている。年齢階級別のクロス集計がなかったため,60歳以上の人を省くことができなかったが,調査対象者に占める60歳以上の割合は8.6％と比較的小さかったため,この数値を比較のために用いることとした。

さらに,精神障害者に関しては,2012年に行われた「平成23年生活のしづらさなどに関する調査(全国在宅障害児・者等実態調査)」を参照することとした。この調査は,「障がい者制度改革推進会議」における議論において実態調査のあり方が見直され,「身体障害児・者実態調査」や「知的障害児(者)基礎調査」のように障害者手帳の種別を基にした個別の調査に代わって実施されたものである。ここで集計された障害者の同居者の状況を見てみると,精神障害者保健福祉手帳を所持する65歳未満の人のうちで,親と同居する人の割合は65.7％である。なお,この調査では,身体障害者手帳所持者,療育手帳所持者のデータも示されているが,年齢階級別の統計は公表されておらず,18歳以下の障害児を除くことができないため,成人後の親との同居の状況を示すデータとはならない。ただし,精神保健福祉手帳の所持者に関しては,その障害の特性から18歳未満の人の割合が1.8％と非常に小さいため,親との同居の状況を示す根拠として採用することにした。

また,各地の自治体が障害者施策を講じるために行った実態調査を見てみると,たとえば大阪府が2007年に実施した「平成19年度大阪府障がい者生活ニーズ実態調査」では年齢階級別の同居者の状況が明らかにされている。18〜39歳の身体障害者のうち「親と暮らしている」「親,兄弟と暮らしている」を合わせると54.3％,同じく知的障害者では69.4％,精神障害者では50.4％である。

この数値を障害のない人を含めたすべての人の状況と比較するために,国立社会保障・人口問題研究所による「第6回世帯動態調査」を見てみると,2009年に行った調査において「両親とも同居」「父親のみ同居」「母親のみ同居」の合計割合について20〜64歳の年齢階級別データを取り出してみたところ,当該

年齢階級のうち親と同居しているのは28.4％となる。

　以上のことから，わが国において成人した障害者が親と同居している人の割合は，障害のない人を含めた全体と比較して，3障害において全体的に高い傾向が見られ，とりわけ知的障害者が最も高い実態があるといえる。

経済的な面での家族依存

　成人した障害者が親と同居しつづけることの問題は，本来ならば子が成人すれば解消されるはずの親への依存が，子の成人後も続くことである。そしてこの依存は，加齢とともにきょうだい等の他の家族構成員に移行していくこともある。そこで次に，主に親への経済的な面，およびケアの面における依存がわかるデータを参照することで，家族への依存の実態を推測することとした。その際「ノーマルなライフサイクル」という観点から，成人期すなわち18歳ないし20歳ごろから60歳あるいは65歳ごろまでの時期における家族依存がわかる調査を参照する。その理由は，障害のあるなしにかかわらず未成年の子どもや高齢者が家族に経済的な面あるいはケアの面で依存している状態はわが国においてはノーマルでないとは言えないため，子どもや高齢者が含まれたデータでは，本研究が問題とする成人期における家族への依存の実態に迫ることができないからである。

　まず政府による統計調査の中で，成人期の障害者の経済的な面での家族からの援助について推測できるものを探してみたところ，5年ごとに行われる「身体障害児・者実態調査」において，就労収入のほか年金や手当て等を含めた総収入の統計は出ていたが，年齢階級別の統計結果は出されていなかった。また，5年ごとに行われる「知的障害児（者）基礎調査」においても，所得に関しては就労時間や給料，手当・年金の受給状況や不受給の理由は明らかにされているが，所得の総額や家族からの援助等について推測できるデータにはなっていない。精神障害者については，「障害程度区分認定状況調査」や「障害者雇用実態調査」等において精神障害者も調査対象に含まれてはいるものの，経済的な状況を把握する調査は行われていない。さらに，「平成23年生活のしづらさ

などに関する調査(全国在宅障害児・者等実態調査)」においても，65歳以上と65歳未満とに分けて，1か月ごとの平均収入，平均支出の段階ごとに人数が集計されているが，収入の内訳や年齢階級別の集計結果は出されていない[2]。

このように，政府による統計からは，いずれの障害においても家族からの経済的な面での援助の状況を推測することはできない。そこで，地方自治体が福祉計画を策定する際に実施した調査のうちのいくつかを参考資料として実態の推測を試みた[3]。結果は表1-2のとおりである。

愛知県が2010年10月に行い2011年に公表した「愛知県障害者基礎調査報告書」では，年金手当てを含む総収入額が年齢階級別に集計されている。これによると，成人期のどの年齢階級においても20％以上の人が年収80万円未満であることがわかる。この統計からは家族からの援助の状況は明らかにされていないが，年収80万円未満では家族からの一切の援助を受けずに暮らしていくことが可能とは考えにくいことから，何らかの形で家族や親族からの経済的な援助を受けていることが推測できる。

また，さいたま市が2010年11月に実施し2011年にまとめた「障害者総合支援計画策定のためのアンケート結果報告書」には，収入に関する調査項目の中で家族からの援助を受けていることが障害種別ごとにわかる集計結果がある。それによると，身体障害者で7.0〜28.3％の人が，知的障害者では10.3〜17.5％の人が，精神障害者では14.0〜25.6％の人が，得ている収入の種類として「親，家族，親族からの援助(仕送り，こづかい)」を挙げている(複数回答)。ここでの年齢階級のうち18〜29歳の中には学生にあたる年齢の人たちが含まれることが考えられるため，30歳以上の年齢階級のみを参考にするなら，障害者の10人に1人ないし2人が経済的な面で家族からの援助を受けていることが推測できる。また，身体障害者の場合には年齢階級が上がるにつれて仕送りやこづかいを得ている人が減っているのに対して，知的障害者や精神障害者では年齢階級が上がったときの減少幅が小さいことから，年齢が上がったときの家族や親族への経済的な依存の度合いが，身体障害者に比べて変化しにくい傾向があるといえる。

表 1-2　成人期における経済的な面での家族依存を推測できる調査結果

愛知県障害者基礎調査報告書（2011年）	障害者全体（身体・知的・精神・発達障害を含む）について，それぞれの年齢階級において，収入総額（給与や賃金，年金，手当ての合計）が80万円未満の人の割合	○年収80万円未満の人の割合 　20-29歳：29.4%　（40万円未満は13.1%） 　30-39歳：29.2%　（40万円未満は8.5%） 　40-49歳：23.9%　（40万円未満は4.9%） 　50-59歳：36.5%　（40万円未満は9.5%）
障害者総合支援計画策定のためのアンケート結果報告書（さいたま市）（2011年）	得ている収入の種類として「親，家族，親族からの援助（仕送り，こづかい）」（複数回答）を挙げた18歳以上の障害者の年齢階級別割合	○身体障害 　18-29歳：28.3%（N=99） 　30-39歳：18.6%（N=140） 　40-64歳：7.0%（N=1146） ○知的障害 　18-29歳：17.5%（N=120） 　30-39歳：13.1%（N=107） 　40-64歳：10.3%（N=116） ○精神障害 　18-29歳：25.6%（N=39） 　30-39歳：19.6%（N=92） 　40-64歳：14.0%（N=221）

出所：筆者作成。

ケアの面における家族依存

　次に，障害者のケアの面における家族依存の実態を推測するために，18歳以上の障害者のうち，「親」によるケアを受けている人の人数を推計した。なお，ここではあえて割合ではなく人数を示すこととした。その理由は，たとえ障害がなくても経済的な援助を子の成人後も続ける親は一定数存在すると考えられるのに対して，ケアの問題は子に障害がない場合にはほとんど生じることがない問題であり，子に障害があるがゆえに，子が成人し親の高齢化が進んでもそれらを担いつづけていることそのものが，障害のある人とない人との間に存在する不平等の現れであると考えるからである。

　まず，政府が実施する統計調査を見てみると，5年ごとに行われる「身体障害児・者実態調査」においては，日常生活動作ごとの主な介助者が明らかにされている。たとえば「排泄をする」で「親」を挙げたのは43人，「入浴をする」は45人，「家の中を移動する」は30人となっている。この人数は，集計可能な対象者数4277人中0.7～1.05%にあたることから，全国の在宅身体障害者の推

計値348万3000人に置き換えると,排泄や入浴といった日常的な身体介助において親の介助を受けている18歳以上の身体障害者は2万4000～3万7000人ほどと推計される(表1-3)。

知的障害者については,前述の「知的障害児(者)基礎調査」において,ケアについての調査項目としては,障害の程度や年齢等は統計項目として挙がっているが,同居の家族や主な介護者等については項目として挙げられておらず,親への依存の状況は推し量るに足りる情報ではない。また,精神障害者についての調査の実態については,生活の実態を把握する調査は実施されていないため,経済的な面における家族からの援助と同様に,ケアの面での親への依存についても推測するに足りる調査結果はない[4]。

そこで,前項と同様に,地方自治体が福祉計画を策定する際に実施した調査のうちのいくつかを参考資料として実態の推計を試みた。その結果が表1-3である。

千葉市が2010年1月に実施し,2011年にまとめた「障害者計画・障害福祉計画策定に係る実態調査報告書——障害者生活実態・意向調査」には18歳以上の在宅の障害者のうち「主な介護者」として「父親」および「母親」を選んだ割合は,身体障害者で4.6%,知的障害者で37.4%,精神障害者で13.1%となっており,仮に全国的に同じ割合で存在すると仮定した場合には全国の推計人数はそれぞれ16万4600人,14万9800人,19万9000人となる。

また,新潟市が2010年12月に実施し2011年にまとめた「新潟市障がい者福祉アンケート調査結果報告書」によると,千葉市の調査と同じアンケート項目において,身体障害者では8.1%,知的障害者では52.9%,精神障害者では21.4%となり,同様に全国の推計人数はそれぞれ36万人,27万2800人,10万5000人となる。

障害者のケアの面における家族依存の程度は,当該地域において提供可能な社会資源の状況に影響を受けると考えられるが,ここで取り上げた千葉市と新潟市のうち,親依存の割合が低い千葉市のデータをとってみても,「主な介護者」が「親」である18歳以上の障害者は全国で50万人にものぼると推測される[5]。

7

表 1-3 成人期における親によるケアの実態を推測できる調査結果

「平成18年身体障害児・者実態調査」	在宅の18歳以上の身体障害者のうち、主な介護者が「親」である人数	排泄をする　43人（全国推計人数35,000人） 入浴をする　45人（全国推計人数37,000人） 家の中を移動する　30人（全国推計人数24,000人）
障害者計画・障害福祉計画策定に係る実態調査報告書（千葉市）(2011年)	18歳以上の在宅の障害者のうち「主な介護者」として「父親」および「母親」を選んだ割合の合計	身体　4.6%（全国推計人数164,600人） 知的　37.4%（全国推計人数149,800人） 精神　13.1%（全国推計人数199,000人）
新潟市障がい者福祉アンケート調査結果報告書（2011年）	18歳以上の在宅の障害者のうち「主な介護者」として「父親」および「母親」を選んだ割合の合計	身体　8.1%（全国推計人数360,000人） 知的　52.9%（全国推計人数272,800人） 精神　21.4%（全国推計人数105,000人）

注：全国推計人数は、当該自治体の障害者手帳所持者（千葉市の精神障害者には自立支援医療の利用者が含まれる）の母数から当該自治体における推計人数を計算し、そのうえで当該自治体の全人口（2010年1月時点において千葉市は956,669人、新潟市は812,192人）を全国の総人口（平成22年国勢調査による128,057,352人）におきかえたときの推計人数を筆者が計算した。なお、100人未満は四捨五入。
出所：筆者作成。

子に障害のない場合においては、子が成人すればほとんど生じないであろうケアの役割を、子に障害があるがゆえに子が成人しても担いつづけているという親が全国で50万人にものぼり、排泄、入浴、家の中の移動といったごく日常的な具体的な介護行為を担いつづける親は数万人にものぼるという実態がある。

知的障害者への着目と、調査項目から見える問題

本節における作業をとおして見えてきた問題を二点述べる。一つ目は、「親元からの自立」の問題は3障害のうち知的障害者により顕著に現れているという点である。二つ目は、成人した障害者の家族依存の実態が把握できる調査そのものが極めて少ないということ、つまり調査を実施する側が、成人した障害者を、本来的には家族からは独立した存在であるとは見なしていないと考えられる点である。

まず一つ目の問題について述べていく。障害別に比較をすると、成人しても親と同居しつづけている障害者の割合は、障害のない人と比べて総じて高く、知的障害者において最も高い。また、経済的な面での依存については、身体障

害者に比べて知的障害者と精神障害者は，年齢階級が上がったときに家族や親族への依存の程度が低下していきにくい。さらに親によるケアの実態を推測できる調査の結果を見ると，千葉市と新潟市のいずれの調査においても，親からの介護を受けつづけている割合は，知的障害者が最も高い。

　以上の結果を踏まえて，本研究では，成人しても親と同居しつづけている人の割合，および経済的な面で家族に依存している人の割合が高く，ケアの面で親に依存しつづけている人の割合が最も高い知的障害者に対象を絞り，次節以降でさらに検討を進めていく。

　次に，二つ目の問題について述べる。本節における作業をとおして明らかになったことは，政府や自治体が公表する調査結果において，成人期の障害者の家族への依存の程度やその内容がわかる項目や統計結果がきわめて少ないということである（表 1-4，表 1-5）。

　たとえば，奈良県や札幌市の調査では，収入に関する調査項目において，本人の収入についての設問自体がなく，世帯の収入のみが項目として挙がっている。このことは，障害があっても本来は経済的に独立して暮らせるほうが良いという認識が調査を計画する側にないことの現れである。また，ケアに関しては，「主な介助者」を問う設問において年齢階級別の統計がなされていない調査がほとんどであった。「配偶者」や「子」による介護を受ける高齢者や，「親」の世話を受ける未成年の子どもも含まれる調査結果からは，成人障害者の家族依存の状況を捉えることができない。先にも述べたように，子の食事や排せつ，入浴といった日常生活動作に関わる直接的な介助を，子が成人した後も親が続けなければならないことは，子に障害がなければ生じない事態であり，ノーマルなライフサイクルという観点からは，親のこのような負担は「軽減」ではなく「解消」に向かうべきである。しかしながら，政府および多くの自治体で実施されている調査からは，家族にとってのケアの負担を示しその軽減策の重要性を主張することはできても，「負担の解消」に向かうような議論を立ち上げること自体が不可能である。

　今回参照した自治体の調査のほとんどは，障害者福祉計画において参照され

表 1-4　成人期における経済的な面での家族依存を推測できる調査項目の有無

	収入に関わる項目	成人期の家族依存がわかる
平成18年身体障害児・者実態調査	総収入額（就労収入，年金，手当て等の合計）はあるが，年齢階級別の集計はない	×
平成17年度知的障害（児）者基礎調査	就労収入，年金や手当ての受給状況のみで総収入の項目はない	×
愛知県障害者基礎調査報告書（2010年実施）	総収入（就労収入，年金，手当て等の合計）が年齢階級別に集計されているが，家族や親戚からの仕送りや援助についてはわからない	△
平成19年度大阪府障がい者生活ニーズ実態調査	「家族からの金銭援助」の項目はあるが，年齢階級別の集計はない	×
平成21年度障害者及び高齢者の生活・介護等に関する実態調査（障害者実態調査）調査結果報告書（奈良県）	障害者本人の収入の状況についての設問はなく，世帯の年間収入，世帯の主な収入源等が障害種別によって集計されている	×
平成22年度障がい児者実態等調査（札幌市）	障害者本人の収入の状況についての設問はなく，世帯の年収額のみ集計されている	×
障害者総合支援計画策定のためのアンケート結果報告書（さいたま市）（2010年実施）	収入源（複数回答）の中に「親，家族，親族などからの援助（仕送り，こづかい）」の項目があり，年齢階級別の集計がある	○
障害者計画・障害福祉計画策定に係る実態調査報告書（千葉市）（2010年実施）	主な収入源として「家族からの仕送り」の項目があるが，年齢階級別の集計はない	×
新潟市障がい者福祉アンケート調査結果報告書（2010年実施）	主な収入源として「家族からの仕送り」の項目があるが，年齢階級別の集計はない	×
障害者生活実態調査報告書（神戸市）（2005年実施）	収入源（複数回答）の中に「仕送り」の項目があるが，年齢階級別の集計が「50歳未満」となっておりここには障害児も含まれる。また総収入額はあるが，年齢階級別ではない	×

出所：筆者作成。

第 1 章　日本と諸外国における障害者の家族依存の実態

表 1-5　成人期における親によるケアの実態を推測できる調査項目の有無

	家族によるケアに関わる項目	成人期の家族依存がわかる
平成18年身体障害児・者実態調査	「主な介助者」の項目はあるが，年齢階級別の統計がないため，高齢者が含まれている	△
平成17年度知的障害（児）者基礎調査	なし	×
愛知県障害者基礎調査報告書（2010年実施）	なし	×
平成19年度大阪府障がい者生活ニーズ実態調査	家族用調査票にて介助者の年齢や本人との関係性の集計が出されているが，本人の年齢階級別の集計がないため，高齢者も含まれる	×
平成21年度障害者及び高齢者の生活・介護等に関する実態調査（障害者実態調査）調査結果報告書（奈良県）	「主な介助者」の項目はあるが，年齢階級別の集計がないため，障害児が含まれる	×
平成22年度障がい児者実態等調査（札幌市）	なし	×
障害者総合支援計画策定のためのアンケート結果報告書（さいたま市）（2010年実施）	「主な介助者」の項目はあるが，年齢階級別の集計がないため，障害児が含まれる	×
障害者計画・障害福祉計画策定に係る実態調査報告書（千葉市）（2010年実施）	「主な介助者」の項目はあるが，年齢階級別の集計がないため，高齢者が含まれる	△
新潟市障がい者福祉アンケート調査結果報告書（2010年実施）	「主な介助者」の項目はあるが，年齢階級別の集計がないため，高齢者が含まれる	△
障害者生活実態調査報告書（神戸市）（2005年実施）	「主な介助者」の項目はあるが，年齢階級別の集計がないため，高齢者，障害児が含まれる	×

注：表1-4とも地方自治体の資料については，都道府県および政令指定都市のホームページから当該自治体の障害者を対象とした統計調査の結果をまとめた報告書にアクセスできたもの（全都道府県中3府県，19の全政令指定都市のうち5市）について設問項目を調べた結果であり，これらはあくまでも入手が容易な資料を具体的な例として示したものである。
出所：筆者作成。

るデータであると考えられる。調査の設計段階において，成人期の障害者が，本来家族に依存せずに社会の中で自立して生きていく存在であるという認識自体がなされていないという実態からは，成人期の障害者が地域で自立して生きていくことができるような施策や社会資源の整備目標が盛り込まれることは期待できない。以上が，統計結果から推測される実態に加えて，作業によって浮かび上がった重要な問題である。

第2節　諸外国との比較

　では，日本の現状は諸外国との比較においてどのように捉えることができるだろうか。本節では知的障害者とその家族の状況についてアメリカおよびイギリスの社会資源の状況を概観することで，日本の現状を俯瞰的に捉え，研究目的を明確化する際の根拠とする。

世界青年意識調査から
　まず「親元からの自立」に関して意識の面での比較を行うために，2007年から2008年にかけて実施された「第8回世界青年意識調査」を参照する。この調査は18～24歳の青少年を対象としており，同居者についての回答は表1-6のとおりである。父や母と同居している人の割合は，アメリカ，イギリスと比べて日本と韓国で相対的に高いことが見てとれる。また日本は，「一人暮らし」という回答がアメリカ，イギリスよりも高いものの，「配偶者」を挙げている人はアメリカ，イギリスよりも少なく，特にアメリカで多い「友人・ルームメイト・同僚」という回答が顕著に少ない。
　この結果に対する解釈について，まずは藤田（2004）の見解を見てみよう。藤田は，同様の傾向が見られた第7回調査（2003年に実施）の報告書において調査結果の考察を執筆しているが，その中で親元から離れて独立する時期や仕方について，欧米先進国に多い「早期独立型」に対して，日本や韓国を「独立遅延型」と分類している。そして，後者の「独立遅延型」においては「青年期

表1-6 同居者について（複数回答）

	合　計	一人暮らし	父	母	きょうだい	祖父または祖母	配偶者
日　本	1,090	15.2	68.4	74.2	58.3	20.6	5.7
韓　国	1,002	9.4	74.2	77.1	64.4	5.8	0.9
アメリカ	1,011	9.9	30.0	38.6	20.4	3.1	21.0
イギリス	1,012	9.7	31.7	43.9	20.8	1.1	18.1
フランス	1,039	16.5	50.0	61.3	36.8	1.5	16.3

	恋　人	あなたの子ども	友人・ルームメイト・同僚など	その他の人	わからない・無回答	M.T
日　本	0.6	4.3	1.1	1.7	0.1	250.2
韓　国	0.1	0.2	5.4	0.4	0.1	237.9
アメリカ	1.4	8.6	20.7	1.5	0.4	155.4
イギリス	0.9	14.4	9.7	4.0	0.2	154.3
フランス	1.0	2.4	2.3	0.4	—	188.4

出所：「第8回世界青年意識調査」より引用。

になると親元を離れるというカルチャー（心性と慣行）」が広まっていないと述べている（藤田 2004）。ただしここで注意しなければならないのは，欧米の「早期独立型」は，経済的な独立をも意味しているとは限らないという点である。表1-7は親からの経済的な独立について尋ねた設問であるが，日本，韓国よりもむしろアメリカ，イギリスのほうが「早く独立するべきだ」と考えている人が少ない傾向が読みとれる。

　藤田が述べているように，確かに日本においては，遠方での進学や就職等のやむを得ない事情がない限り親元から離れて暮らすことに積極的ではない傾向はあるだろう。結婚の時期や結婚に対する意識の違い，また友人と住まいをシェアするカルチャーやルームメイトと暮らす学生寮・社員寮の有無といった違いもあるだろうが，経済的に早く独立すべきという意識が強い日本において，経済的に独立していないにもかかわらず親元を離れるには相応の「理由」や「きっかけ」が必要になるのではないだろうか。日本においては障害がある人，とりわけ就労が難しい重度の障害者は，障害基礎年金だけでは親元を離れて暮らしていくことは極めて難しい。加えて，障害が重度であるほど，進学や就職，

表1-7 親子関係に関する意識：「子どもは親から経済的に早く独立するべきだ」

	合計	そう思う	どちらかといえばそう思う	どちらかといえばそう思わない	そう思わない	わからない・無回答
日　本	1,090	42.9	45.7	7.8	2.7	0.9
韓　国	1,002	38.5	45.2	11.1	4.8	0.4
アメリカ	1,011	36.5	40.2	13.4	5.8	4.2
イギリス	1,012	37.1	38.0	13.4	6.9	4.5
フランス	1,039	31.9	48.1	16.7	2.7	0.7

出所：「第8回世界青年意識調査」より引用。

結婚等といった機会も乏しくなりがちで，親元を離れる「理由」や「きっかけ」がないまま幼少期からの生活が成人後もそのまま続くことにつながっていくことが考えられる。

施設サービスについてのアメリカとの比較

　次に，社会資源の面からの比較を行う。障害者が実際に親元から離れた暮らしを選択するかどうかは，「そうするべきかどうか」という意識やカルチャーの問題以上に，利用できる社会資源や福祉サービスが量・質ともに十分か否かに大きく左右されると考えるからである。

　まず親元以外の生活の場として入所施設やグループホーム等の収容人数を比較する。北米や北欧諸国，イギリスやオーストラリアといった福祉先進国では，1960年代以降に入所施設の入所者数を大幅に減少させてきた（鈴木 2010：8）。一方，日本においては1980年代まで施設入所者数は増加してきた。1989年に知的障害者生活援助事業が始まるなど，障害者が地域で生活できるための施策が実施されるとともに地域生活移行も取り組まれるようになってきたが，統計データを見るかぎり少なくとも障害者自立支援法施行の2006年までは入所者の数は増えつづけてきた。(6) しかしながら，それは欧米の状況と比較した場合，「逆行した状況」というよりも「遅れ」と捉えたほうが適切であろう。というのも，以下に詳述するように，日本においては知的障害者は施設でも地域でもなく親元にとどめ置かれるよりほかに選択肢がなかった時代が現在に至るまで

続いてきたからである。

　渡辺（1997）は，北欧や北米等の福祉先進国を「20世紀前半に入所施設を作った国」とし，それらの国々に対して日本を含む「第二次世界大戦後に経済成長の機会を得，入所施設を建設した国々」を対置させ，入所施設の役割や機能，および地域生活移行の取り組みの過程を分析している。ここで渡辺は入所施設の居住者数の経年変化を追う際に，人口1万人に対する入所施設の居住者数を比較しているが，本節においてもこの方法を採用する。そして，いずれの国においても同じ頻度で同程度の障害が発生するとの仮定のもとで，当該時期の人口1万人あたりの施設やグループホーム等の入居者数を比較することにした。施設入所者数の国際比較を行う場合，単に施設入所者の数や増減を見るだけでは，人口規模の違う国家間の比較をするのには適切ではない。また「知的障害者」の定義や範囲は国によって違うことから，「知的障害者」のうちの施設入所者の割合を比較するのは意味がないと考えられるからである。

　まずアメリカでは1965年から2009年にかけて大規模収容施設の入所者を大きく減少させたことがその人数を見ても明らかである（表1-8）。人口1万人あたりの入所者数も11.2人から1.1人へと大きく減少している。この間，アメリカにおいて増加したのが小規模の居住施設で，それらの居住者は2009年の時点では1万人あたり14.2人となっている。表1-9はその小規模の居住施設の内訳であるが，1～6人規模の小規模の私立の居住施設が増えていることがわかる。その結果，知的障害者が親元を離れて暮らすことができる居住場所は大規模小規模あわせて人口1万人あたり15.3人分あるといえる。

　アメリカが施設入所者数を減少させてきたこの間，日本においては，施設入所者数は1985年以降を見ても2005年までに2倍以上に増えている。ただし，2005年時点の1万人あたりの入所者数を見てみると知的障害児を合わせても1万人あたり10.0人となり，ちょうどアメリカ，あるいは次項で詳述するイギリスの施設入所者数のピークの時期と同程度であるといえる。問題は入所施設以外の居住施設であるグループホーム等であるが，アメリカに比べて日本の場合はこの数が顕著に少なく，2005年時点での1万人あたりの居住者は通勤寮を入れて

表 1‐8　入所施設および地域における住まいの状況

国	年次（当該年次における人口）	サービスの種類	人　数	人口1万人あたりの人数(0.1未満四捨五入)	
アメリカ	1965年 （199,453,000人）	知的／発達障害および精神障害者向けの大規模州立施設に入所している知的／発達障害者（Persons with ID/DD in large state ID/DD and psychiatric facilities）	223,590人	11.2人	11.2人
	2009年 （310,384,000人／2010年）	知的／発達障害および精神障害者向けの大規模州立施設に入所している知的／発達障害者（Persons with ID/DD in large state ID/DD and psychiatric facilities）	34,447人	1.1人	合計 15.3人
		州立および私立の機関によるサービスを受けている知的／発達障害者（Persons with ID/DD served by state and nonstate agencies）	439,515人 【A】(表1‐9参照)	14.2人	
イギリス	1969年 （55,645,000人／1970年）	国民保健サービス（NHS）の病院やユニットの入院患者（Patients in NHS hospitals or units）	58,850人	10.6人	合計 11.5人
		入所施設（Residential care homes）	4,900人	0.9人	
	2000年 （58,874,000人）	国民保健サービス（NHS）の施設（NHS facilities）	約10,000人	1.7人	合計 10.8人
		入所施設（Residential care）	53,400人	9.1人	
	2005～2006年 （60,203,000人／2005年）	国民保険サービス（NHS）の病床（NHS overnight beds）	2,504人	0.4人	合計 6.3人
		自治体のサポートを受ける入所者：自治体のスタッフのいる入所施設（Council supported residents : council staffed residences）	3,200人	合計 5.9人	
		自治体のサポートを受ける入所者：入所施設およびナーシングホームに登録されている独立したセクター（Council supported residents : independent sector registered residential homes or nursing homes）	29,920人		
		自治体のサポートを受ける入所者：スタッフのいない、あるいはその他のタイプの住居（Council supported residents : Unstaffed or other types of home）	2,140人		

第 1 章　日本と諸外国における障害者の家族依存の実態

日本	1985年 (119,991,000人)	精神薄弱者入所更生施設，入所授産施設，通勤寮，福祉ホームの在所者合計	57,950人	4.8人	4.8人
	2005年 (126,393,000人)	施設入所者（18歳以上）	120,000人	9.4人	12.1人 (18歳未満を除くと11.5人)
		（施設入所者（18歳未満））	(8,000人)	(0.6人)	
		グループホームおよび通勤寮在住者の合計	26,100人	2.1人	

注：次のデータを用いて筆者作成。アメリカのデータは，K. Charlie Lakin ほか（2010）より掲載データを引用。なお，ID/DD は Intellectual and Developmental Disabilities の略。イギリスのデータについては，1969年および2000年のデータは Department of Health（2001）より，2005～2006年のデータは，Eric Emerson, Chris Hatton（2008）より掲載データを引用。なお，NHS overnight beds については，使用されているベッド数の合計3,291人のうちショートステイ用と子ども用を除いた数を算出。日本のデータについては，1985年のデータは厚生労働省「社会福祉施設等調査」の「平成7年社会福祉施設等調査の概況」に掲載されているデータから，2005年のデータは厚生労働省（2007）に掲載されているデータから算出。なお，グループホームおよび通勤寮在住者の人数は同調査の有効回答(2,075件）に占める割合をもとに障害者全数に置き換えた場合の推計値を算出（10未満を四捨五入）。
　いずれも人口1万人あたりの人数については，国連のホームページ "World Population Prospects" において公開されている5年ごとの数値から当該年次に近い年次における当該国の人口を用いて算出。

表 1-9　アメリカ（2009年）の入所者の状況

州立および私立の機関によるサービスを受けている知的／発達障害者：表 1-8【A】の内訳

私立（Nonstate Settings）	1～6人	316,036人		
	7～15人	51,400人		
	16人以上	26,695人	私立合計	394,131人
州立（State Settings）	1～6人	5,427人		
	7～15人	7,048人		
	16人以上	32,909人	州立合計	45,384人
			合計	439,515人

出所：K. Charlie Lankin ほか（2010）より掲載データを引用。

も2.1人である。日本においては，知的障害者が親元から離れて暮らせる場である入所施設およびグループホーム等は，人口1万人あたり12.1人分となる。
　この日本のデータをアメリカと比較してみた場合，次の二つの問題が指摘できる。一つ目は「親元からの自立」を可能にする社会資源がいまだ量的に充足されてはいないのではないかと考えられる点である。かつて入所施設を増やし，近年はグループホームを増やしてきた日本であるが，それでも知的障害者が親元から離れて暮らせる施設やグループホーム等は人口1万人あたり12.1人分で

17

表1-10 アメリカ（2009年）の地域における住まいの状況

4つの各タイプのサポートを受けている知的／発達障害者数

集団的ケア（Congregate Care）：施設サービスを提供する事業所や機関が所有・賃借・斡旋する施設で，知的／発達障害者に住まいを提供し，スタッフがケアや指導，助言，その他のサポートを提供する。	276,460人	表1-8【A】の内訳
ホストファミリー／里親（Host Family/Foster Care）：個人または家族が所有・賃借する住居で，その個人や家族がそこに暮らしながらケアやサポートを，家族や親族ではない一人または複数の知的／発達障害者に提供する。	40,967人	
自分の家（Own Home）：一人または複数の知的／発達障害者が個人の家として所有・賃借する住居で，パーソナルアシスタンスや指導，助言，その他のサポートが必要に応じて提供される。	122,088人	合計　439,515人（人口1万人あたり14.2人）
家族の家（Family Home）：知的／発達障害者の家族が所有・賃借する住居で，知的／発達障害者が住み，ケアや指導，助言，その他のサポートを家族以外の人や家族が有償で提供する。	599,152人	合計　599,152人（人口1万人あたり19.3人）

注：表1-8と同じ。
出所：K. Charlie Lakin ほか（2010）を基に筆者作成。それぞれの居住形態の説明は本文より筆者訳。

あり，アメリカの15.3人分にはいまだ及ばない。二つ目の問題は，その居住場所のバリエーションの乏しさである。表1-10は，アメリカにおける小規模の居住施設のタイプ別の内訳であるが，集団的なケアを意味する Congregate Care や親元である Family home の他に，Host Family/Foster Care（里親制度），あるいは Own Home，つまり一人または複数の障害者が個人宅として所有・賃貸する家でサポートを受けながら暮らすケースが一定程度存在することがわかる。[7]

日本の入所施設は，障害者の家族あるいは親の会等の組織の要望によって増えてきた面があり，現在もなお入所施設の増設を望む声は少なくない。[8]これは決して家族の意識や選好の問題ではなく，親元以外に知的障害者が暮らせる場

所がそもそも少なく，さらに入所施設以外の選択肢がほとんどないなかで，入所施設が「家族介護が継続できなくなったあとの唯一の選択肢」（塩見 2004）でありつづけてきたことの結果と捉えるべきである。親元以外の暮らしの選択肢を増やすという点において福祉先進国に遅れをとった日本においては，現在もなおアメリカに比べて多くの知的障害者にとって親元で暮らしつづける以外の社会資源は少ない状況が続いているといえる。

施設サービスと在宅サービスについてのイギリスとの比較

アメリカ同様，イギリスにおいても1969年には国民保健サービス（NHS）の病院に人口1万人あたり10.6人もの知的障害者が入院していたが，脱施設化が進められた結果，2005～2006年のデータではNHSの病床の利用者は1万人あたり0.4人にまで減少している。この間，地域における入所施設の収容数を4900人から5万3400人へといったん大きく増大させた後，2005～2006年のデータでは入所施設を含めた地域のさまざまなタイプの居住施設における収容数を人口1万人あたり5.9人にまで減らしている（表1-8）。このようにイギリスではまず病院の入院患者を減らし入所施設への移行を進め，その後さらにこうした施設の入所者も減らしてきたことがわかる。一方で2005～2006年のデータによると病院や施設の入所者以外で，地方自治体からのサービスを受けている知的障害者，すなわち日本でいえば在宅サービスを受けている人は13万4000人であり（表1-11），その多くが家族や親族とともに暮らしていることが表1-12から推測できる。

イギリスの実態を日本と比較すると，イギリスの2005～2006年のデータではNHSの病床の利用者と施設の入所者を合計すると，人口1万人あたり6.3人となり，日本における施設入所者（イギリスとの比較のために18歳未満の障害児を除く）とグループホーム等の在住者を合わせた人口1万人あたり11.5人と比べても少ない。イギリスでは，知的障害者が親元から離れて暮らせる施設等の社会資源が日本と比べても少ないといえる。

以上のデータからは，1960年代以降に取り組まれた脱施設化において，アメ

表1-11　イギリス（2005〜2006年）における入所者と個人宅で暮らす人

NHSの病床（NHS overnight beds）の利用者と自治体のサポートを受ける入所者（council supported residents）の合計	37,764人 （人口1万人あたり6.3人）
地方自治体からサービスを受けている18歳以上の知的障害者（adults with learning disabilities aged 18+ received some form of service from the local authority）	134,000人 【B】表1-12参照 （人口1万人あたり22.3人）

出所：Eric Emerson, Chris Hatton (2008) より筆者作成。

表1-12　個人宅で暮らす人（病院や施設以外で暮らす人）の同居者（表1-11【B】の内訳）

両親と（With parents）	73％
他の親族と（With other relatives）	17％
一人で（Alone）	6％
パートナーと（With a partner）	4％

出所：NHSが *Valuing People* に基づいて実施した調査の報告書 Eric Emerson, Sally Malam ほか（2005）より筆者作成。16歳以上の2,898人の知的障害者を対象としたインタビュー調査であることから、この数値から全国における推計値を算出することはできないが、障害者とその家族の生活の実態の概要を推測できる資料として用いた。

リカは大規模入所施設を解体し小規模な施設への転換を図ったのに対して、イギリスでは最初に入院患者を、次に施設入所者を減らしながら親元を含む地域への移行を進めてきたと理解できる。

　入所施設から地域への移行が進められる際に、入所施設から親元への移行が重要な選択肢となるという現象は、イギリス同様に日本においても見られる。三田（2005）によれば、日本において1999年から2000年にかけて実施した全国の施設入所者を対象とした実態調査では、過去1年間に退所した2017人の退所先は、「他の知的障害者施設」489人に次いで「家庭引き取り」422人、「グループホーム」380人とつづいており、少なくともこの時期においては親元に帰ることが、入所施設から地域生活へ移行する際の一つの選択肢となっている[9]。こうした日本の状況は、先に見てきたイギリスの現状と似ているようにも見える。しかしながら、イギリスにおいては、地域で暮らす障害者とその家族が利用しているサービスの面で大きな違いがある。

第 1 章　日本と諸外国における障害者の家族依存の実態

表 1-13　日本の居宅において障害者自立支援法によるサービスを利用する人の数の推計

① 障害福祉サービスの利用者のうち、知的障害者	302,000人（概算）
② 障害者支援施設の入居者のうち療育手帳所持者	104,747人
③ グループホームを利用する知的障害者	11,671人
④ ケアホームを利用する知的障害者	38,387人
障害者総合支援法によるサービスを利用する知的障害者のうち、障害者支援施設やグループホーム、ケアホームを利用する人を除いた人数（①－②－③－④）	147,000人（1,000未満を四捨五入） （人口1万人あたり11.5人）

注：①は厚生労働省「障害者の地域生活の推進に関する検討会」第1回（2013年7月26日実施）資料2「障害福祉サービス等の現状」(http://www.mhlw.go.jp/file.jsp?id=147257&name=0000013341.pdf, 2015.6.4）に2012年3月時点の利用者数として記載されている人数。居宅介護や生活介護といった各種サービスのほか、施設入所支援、グループホームやケアホームの利用が含まれる。②は厚生労働省「社会福祉施設等調査」から「平成24年社会福祉施設等調査」の結果に関する統計表H22-2「療育手帳所持の在所者数、施設の種類・障害の程度、年齢階級別：障害者支援施設等」を参照、2012年9月末日時点の障害者支援施設の入居者数から20歳未満の障害児を除いた数を算出。③と④は厚生労働省「障害者の地域生活の推進に関する検討会」第1回（2013年7月26日実施）資料6「グループホームとケアホームの現状等について」(http://www.mhlw.go.jp/file.jsp?id=147261&name=0000013345.pdf, 2015.6.4）において2012年3月時点の知的障害者の利用者数として記載されている人数。また1万人あたりの人数については、表1-3と同じ平成22年国勢調査による全国の総人口を用いて算出。

　まず NHS の病床を利用する人と施設の入所者以外で、地域で暮らしながら自治体のサービス（在宅サービス）を受けている人の数は、イギリスにおいては人口1万人あたり22.3人となる（表1-11）。一方、日本で障害者総合支援法のサービスを利用する知的障害者のうち障害者支援施設やホームで暮らす人を除いた数は人口1万人あたり11.5人となり（表1-13）、その差は歴然としている。つまり、イギリスと日本では家族と一緒に暮らす障害者が多いという点で似た傾向があるとしても、そのうち公的なサービスを利用している人の数はイギリスのほうが圧倒的に多いということである。

　勝又（2008）は、日本の障害者政策について、稼働人口に占める障害者の割合や障害関係支出規模等の国際比較を行うなかで、日本の障害支出が各国に比べて顕著に少ないと結論づけている。このことはすなわち、障害支出の高い国であれば本来何らかの福祉サービスを受けているはずの人たちが、日本においては福祉サービスを利用せずに暮らしていることを意味している。そして彼らが必要としているさまざまなケアは、多くの場合家族によって担われていると

考えられる。

知的障害者とその家族に対するイギリスの戦略

ここで一つの可能性について検討する必要がある。親元で暮らしつづけることの問題が，経済的およびケアの面での依存が続くという点にあるならば，日本もイギリスのように家族と共に暮らしながら依存の度合いを減らしていくことができるのではないかという可能性である。この点については，日本においては家族と住まいを分離することで依存を減らすほうが現実的ではないかと筆者は考える。その理由について以下に詳述していく。

まずイギリスにおける知的障害者と家族に対する近年の戦略について見ていく。2001年3月に出された「Valuing People（価値ある人々）」という白書は，1971年に出された白書「Better Services for the Mentally Handicapped（知的障害者のためのより良いサービス）」が提示した目標である施設閉鎖およびコミュニティサービス強化の取り組みの達成度を示し，残された次の課題に対する戦略を示したものである。この2001年の白書において新しく示された重要な戦略の一つに位置づけられるのが「A Person-Centred Approach to Planning（本人中心のプランニング）」である。

白書で示された課題の中には，重度の知的障害のある子どもの親や難しい課題を抱える家族への支援の不十分さ，障害者が若者から大人に移行する時点における計画の乏しさ，また知的障害者自身がさまざまな面で選択とコントロールの幅，あるいは居住場所の選択肢や雇用の機会が狭いこと等が挙げられている。そして，知的障害者の選択とコントロールの幅を広げるための具体的な戦略として，アドボカシーやダイレクトペイメントと並び，「本人中心のプランニング」が盛り込まれている。この「本人中心のプランニング」は，個人の希望や願いからプランニングをスタートすることを意味しており，障害者のニーズや好みを反映し，住まいや教育，雇用やレジャーといった問題に取り組む仕組みである。そのうえで，優先すべき対象者として，2003年までは長期滞在型の病院に暮らしつづけている人と，大人を対象としたサービスへ移行する若者，

2004年までには大規模デイセンターを利用する人，70歳以上のケアラー（ケアを担う家族・親族）と自宅で暮らす人等を挙げている（Department of Health 2001）。こうした白書の内容からは，イギリスにおいても日本と同様，障害者が親元で暮らしつづけた場合の親の高齢化という問題が存在すると考えられ，白書からはそれらの解決を図ろうとする姿勢がうかがえる。

　「本人中心のプランニング」が実施されることは，どこで誰と暮らすのか，誰からのケアを受けるのかを，家族ではなく本人が決めることを意味しており，イギリスにおいてはそのための法整備も併せて行われている。それが，2005年の「The Mental Capacity Act（意思決定能力法）」である。この法律は，判断能力が不十分な人々，すなわち知的障害者，精神障害者，認知症や高次脳機能障害の人等の意思決定行為の支援について定める基本法である。

　菅（2010）は，この意思決定能力法と日本の成年後見制度との比較を行うなかで，意思決定能力法の特長として次のことを挙げている。まず，「すべての人には判断能力があるとする『判断能力存在の推定』原則を出発点」としており，可能な限り自己決定の道を開こうとしているという点である。これは「成年後見の審判がなされると，本人は行為能力を制限され，民法上の契約など『法律行為』をなすことができなくなる」という日本の成年後見制度とは対照的である。また「法律行為」のみをその範疇とする日本の成年後見制度と違い，意思決定能力法は「どこに住むか，どのようなリハビリテーションを受けるのか，誰とつき合いをもつか，誰と休暇を過ごすか，どういった食事を摂るか，治療行為の同意・拒絶など，『事実行為』に関する決定」が含まれている。

　菅は後者について，特に家族の権限に関連する免責構造の存在に着目した議論を展開している。菅によると，事実行為に関する決定が含まれているということは，日常的に提供される医療行為や介護・介助といった行為についても，障害者本人の同意なしに提供することができなくなることを意味している。しかしながら実際にはそのようなことは不可能であることから，同意が免責される条件として，「結果として本人に代わる決定を行った人々に対して，実際に行われた世話の提供行為が本人のベスト・インタレストにかなうものであるか

ぎり『責任を問わない (protection from liability)』」と規定されている。そしてこの免責構造においては，家族も「結果として本人に代わる決定を行った人々」に含まれるのである。すなわち「『家族である』ということが，それだけでは特別な意味を与えられていない」と菅は指摘する。

　日本においては，自己決定が難しい，あるいはできにくい知的障害者に代わって家族が物事を決めている場面は少なくない。たとえば施設入所者の地域生活移行においては，「本人が地域移行を希望しても，家族が反対すればその実現が困難になる」(鈴木 2010：158) という実態も報告されている。また，先に触れた「本人中心のプランニング」の考え方は，日本にも紹介され障害者福祉領域においても取り組まれるようになってきているが，たとえば学校から社会への移行期に作成される「個別移行支援計画」においては，イギリスやアメリカでは「本人中心のプランニング」であることが強調されるのに対して，日本では計画作成の会議も，学校関係者や専門職が主となって進めるという方法が示されており (森口 2013)，また会議に出席するのも本人に比べて保護者のほうが参加率が高い実態が報告されている (藤井・落合 2011)。このような点から考えると，日本においては障害者の家族の権限や責任は極めて曖昧であり，たとえ成人した障害者であっても本人の生活や人生に関わるさまざまな選択や決定は家族によって為されているといえる。

　イギリスの「意思決定能力法」は，家族との関係性を規定しているという点で，白書で示された「本人中心のプランニング」が有効に機能していくことを後押しするものとして位置づけることができる。親元で暮らしつづけている障害者が日本同様に多いイギリスであるが，そのことによって生じるさまざまな問題について社会的排除の観点からの解決，すなわち誰とどこで暮らすのかについて本人の意思を最大限に引き出し，本人の意思決定を家族の決定と区別することによる解決を図ろうとしているのである。

　以上に見てきたように，イギリスにおいては障害者を独立した個人と捉えることを前提として意思決定に関わる法律が定められるなど，単なる在宅サービスの利用促進だけでない重層的な法制度の整備が図られているという点で，日

本とその取り組みが大きく異なっている。本研究は，障害者が誰とどこで暮らすのかの選択肢が狭められていることを問題としているが，家族と共に暮らしながら福祉サービスを利用することによって家族への依存の度合いを減らしていくという方向性は否定されるものではないし，むしろそのような選択肢があったほうが，それぞれの事情や生活上の困難を抱える障害者やその家族にとっては選択肢の幅が広がるはずである。しかしながら，入所施設で暮らす人，および親元で家族に依存して暮らす人が多い日本の状況を変えていくための施策の方針として，現時点において親元で暮らしながら福祉サービス利用を増やすという方向に向かうことには筆者は否定的である。その理由は，次章で詳述するように「地域」や「在宅」といった言葉によって家族の負担が隠されてきた日本の政策において，「本人中心のプランニング」を徹底させ，さらにそれを有効に機能させるために意思決定のあり方を規定するような法律を作り上げていくには相当の時間がかかると思われるからである。

親元から地域への移行の必要性

日本では，2002年の「障害者基本計画」において「入所施設は，地域の実情を踏まえて，真に必要なものに限定する」ことが示され，入所施設の増加にようやくストップがかかろうとしている。しかしながら，日本における2005年時点の施設入所者数は障害児施設を合わせても1万人あたり10.0人であり，この数値は，同じように施設入所者数が多かった1960年代のアメリカおよびイギリスの施設入所者数（入院患者数）1万人あたりそれぞれ11.2人および10.6人にようやく近づいた段階と捉えることができる。アメリカやイギリスが脱施設化および地域生活への移行を進めたように，日本も今後施設入所者を減らすために地域生活移行に取り組むことが重要であることはいうまでもない。しかしながら，イギリスやアメリカが入所施設を減らし始めた1960年代に比べ現在では，医療やリハビリテーションの発達により障害者の寿命が延び障害も重度化していることが考えられるほか，入所施設の環境については当時の英米の大規模収容施設と比べれば改善されてきている面もあると考えられる。このような面を

考慮に入れると，障害者が地域で暮らせる社会資源を増やしたとしても，それでもなお入所施設のニーズは低下しにくいことが推測される。

　実際に，「障害者の地域生活の推進に関する検討会」で厚生労働省が示した資料を見ても，2010～2011年にかけて障害者支援施設等の入所型の施設を退所した入所者のうち「地域生活移行」は4836人であるのに対し，新規入所者は7803人となっており，死亡等による退所を除く地域生活移行者よりも新規入所者の方が多い状況となっている。そして，新規入所者の入所前の居住の場の内訳は「病院」2604人に次いで「家庭」が2453人となっている。また，平成24年社会福祉施設等調査によると，2013年時点で過去1年間の退所者は6667人で，同じ年の入所者の入所期間別の人数を見てみると，入所期間が1年未満の者，すなわち過去1年間に新しく入所した者の人数は6207人である。退所者6667人の退所理由を見てみると，死亡による者が1289人，退所後の住居が「入所施設」である者が1000人を超えているという点からは，障害者全体を見た場合に日本における地域生活移行の取り組みは施設入所者の数を減らせるまでには至っていないといえる。

　以上のことから，日本においては，施設入所者の地域生活移行に取り組むと同時に，新たな入所者，すなわち入所施設の待機者や潜在的な入所希望者をも減らすことに取り組むことなしには，英米と同様に施設入所者を減らしていくことはできないと考えられる。

　地域生活を支えるサービスの利用がイギリスと比べて顕著に少ない日本においては，知的障害者のケアの担い手の中心は家族であり，とりわけ親によるケアが限界に達したときの受け皿の選択肢が入所施設であった時代が長く続いてきた。また，本節で見てきたように日本は成人したら親元を離れるというカルチャーが弱いこともあり，親元を離れるきっかけがないまま，親元で暮らし，家族に依存した生活を続ける知的障害者が少なくない。こうしたことから，日本において施設入所者を英米並みに減少させ，知的障害者およびその家族のノーマルなライフサイクルを実現させるためには，入所施設からの地域生活移行とともに，親元から地域への移行にも取り組むことが不可欠であるといえる。

第3節 「親元からの自立」が可能な社会の実現

　本章第1節において，多くの障害者が成人してもなお親と暮らしつづけ，経済的な面およびケアの面において家族への依存が続いているということを述べた。障害の種別で比較すると，知的障害者においてその傾向が強いと考えられる。そこで，第2節で知的障害者に対象をしぼって，生活の場の実態について諸外国との比較検討を行ったところ，日本においては，アメリカと比べて成人した知的障害者が親元を離れた暮らしを可能にする居住施設は少なく，またイギリスと比べて親元で暮らしている知的障害者やその家族が利用しているサービスが少ないことが明らかになった。

　アマルティア・センは，平等の定義について論じるなかで，「潜在能力（capability）」の平等について述べている。「潜在能力」とはある人が選択することのできる機能の集合であり，「われわれが行う価値があると認めることを達成するために，実際にどれだけ機会が与えられて」（Sen＝1999：49）いるかという「選択肢の幅」が重要だというのがセンの理論である。センが問題にしているのは，選択された財の組み合わせの良さではなく，「選択の自由の範囲」つまり，どれだけの選択肢の中から選び得たかということである。そして，「選択すること自体，生きる上で重要な一部分である」とし，「選択の機会が増す」ことは「福祉の増進に直接貢献する」としている（Sen＝1999：61）。

　障害者の家族がケアの役割を担いつづけることそのものは，誰に咎められるものでもない。人によっては親元で暮らすことが本人にとっても家族にとっても最も良い生活スタイルであると考えられる場合もあるだろう。しかしながら，知的障害者のケアを家族が担いつづけるという状況に対して，たとえ当事者が不満を感じていなかったとしても，障害があるということに起因して他の選択肢がない，あるいは障害のない人と比べて選択肢が少ないのだとすれば，それは障害者福祉の問題として取り組むべき課題である。

　本書では，知的障害者にとって成人後の暮らし方の選択の幅が顕著に狭めら

れていることを問題とし，この問題を解決するために必要かつ有効な方策の一つとして「親元からの自立」を位置づけ，「親元からの自立」が可能な社会をどのように実現できるかの道筋を明らかにすることを目的とする。ここでいう「親元からの自立」とは，障害者が入所施設から出て地域で暮らすことを意味する「地域生活移行」に対して，親元で暮らしていた障害者が地域で暮らすことをさし，そこでの「自立」の意味合いとしてはさしあたり，障害のある本人が家族と居所を分離すること，またそれに伴って経済的な面あるいはケアの面等における家族への依存が減少に向かうこととし議論を進める。

次章ではこの目的に沿って先行研究をレビューし，それを踏まえて研究の視点を提示したうえで，研究課題を絞り込んでいく。

注
(1) 障害者に対する身体介助や家事等の援助に加え，知的障害者や精神障害者は声掛けや見守り，あるいは心身の体調管理等，日常生活を送るうえでさまざまな手助けを必要としている。本書においては，これらを含めた概念として「ケア」という言葉を使うこととする。
(2) 厚生労働省の担当課に問い合わせてみたところ（2014年9月8日），現在Webで公開されている以上に詳細な集計については，現在はどこにも公開されておらず，今後も公開する予定はないとのことであった。調査票では，給料・工賃等，障害年金などの公的年金等，公的な手当て，家族や親戚からの仕送り，その他と項目別に回答がされているが，その結果について知ることができない状況にある。
(3) 地方自治体が実施した調査は，調査の対象や方法，項目等も一律ではないため，自治体による比較検討等をするには適切な方法とはいえないが，本章においては，「親元からの自立」を検討する際の前提として，障害者が家族に依存しているという事実を一定程度でも確認することが必要であると考え，Webで入手できるいくつかの自治体のデータを参考資料として用いることとした。
(4) なお，障害者福祉施策に関する調査以外のもので，家族によるケアの実態を把握できるものとしては，総務省が国民の社会生活の実態を明らかにするために5年ごとに行う「社会生活基本調査」がある。しかしここでは一日の生活時間における介護時間や時間帯を明らかにすることができるが，家族の介護の有無を問う設問においては「65歳以上の家族を介護」「その他の家族を介護」「介護はしていない」の3

第1章　日本と諸外国における障害者の家族依存の実態

つのみに分類されているため，介護を提供する相手の年代や続柄は明らかにならない。また，厚生労働省が保健，医療，福祉，年金，所得等国民生活の基礎的事項を調査するために3年ごとに行う（中間年に小規模な調査を実施）「国民生活基礎調査」では，介護を要する世帯員の年齢や要介護度，および主に介護する者の介護時間が明らかにされている。しかしこの調査において「介護を要する者」とは「介護保険法の要支援又は要介護と認定された者（要介護者）」と定義されているため，ここからも本章で把握したいと考える成人期の障害者の実態を知ることはできない。

(5)　ただし，この推計値には，主介護者が「兄弟姉妹」であるケースや，副介護者が親や兄弟姉妹である場合等は含まれないため，実際には成人期において家族によるケアを受けている障害者はさらに多いと考えられる。

(6)　厚生労働省が毎年実施している社会福祉施設等調査における施設の種類ごとの年次別在所者数を参照すると，知的障害者入所更生施設および知的障害者入所授産施設の在所者数は2006年まではほぼ一貫して増加傾向にあった。なお，2007年以降は3障害が一元化された障害者支援施設への転換が進み単純に比較することは難しくなる。今後参照できるデータとしては，施設の種類ごとの療育手帳所持の在所者数ということになる。ちなみに平成24年社会福祉施設等調査によると，2012年の時点において障害者支援施設の療育手帳所持の在所者数は，10万6288人（うち17歳以下が868人）である。

(7)　日本においても福祉サービスを利用しながら親元ではないアパート等で暮らす知的障害者も存在しているが，その数を把握した統計はなく，表1-8の人数に含めることはできていない。

(8)　「平成17年度知的障害児（者）基礎調査」においても，自由記述欄には施設への入所を望む声が記されている。

(9)　厚生労働省が実施する社会福祉施設等調査においては障害者支援施設の近年における退所者の状況を明らかにしているが，退所後の住居についての項目が「自宅・アパート」となっており，ここには「家庭引き取り」も家族と離れたアパート等での暮らしも含まれるため，本書においては近年の状況としてその統計を用いることができなかった。

(10)　勝又（2008）の資料では，「障害関係支出の構造（対GDP比）」がグラフで示されており，日本以外の各国の正確な数値は紹介されていないが，このグラフを読みとるとノルウェーやスウェーデンで7.0％前後，イギリスが約3.0％，アメリカが1.5％強に対して，日本はわずか0.783％である。なお，勝又は，障害関係支出として，公的・義務的私的・任意私的の三層構造で費用を集計するOECDの提案を採用している。

第2章

「親元からの自立」ができない状況へのアプローチ

本章では，知的障害者にとって「親元からの自立」ができにくいという問題状況に対して，先行研究が示してきた知見をレビューし，その限界を超えるための視点として「法制度と規範のメカニズムにアプローチする視点」を提示する。そのうえで，法制度の策定過程をめぐる議論の記録を参照しながら，「障がい者制度改革推進会議」の最終的な意見において，障害者のケアを家族に依存しないという意味での「親元からの自立」が明記されなかった点に触れ，本書で取り組む具体的な研究課題を提示する。

第1節　障害者とその家族を視野に入れた先行研究とその限界

障害者とその家族をめぐる問題

先行研究においては，障害者がケアの面で親，特に母親に依存しつづけなければならないことの問題を指摘するものがいくつかある。具体的に見ていくと，障害者とその親をめぐる問題として，その関係性が子にとって抑圧的に働くという点が，1990年代頃から「社会構造」や「社会規範」との関連において論じられてきた（岡原 1995；土屋 2002ほか）。岡原は，障害者が主張する「脱家族」の意味を検討する論考において，愛情の規範化およびそれを表すための行為の規範化によって，親が子を囲い込んでいく様相を捉え，そのことで子の「『自分』が成立する場」（岡原 1995：82）が奪われることを指摘している。岡原のいう「自分」が成立する場が奪われていく具体的な状況を，身体障害者とその親へのインタビューから実証的に明らかにしているものに土屋の論考がある

(土屋 2002)。土屋は，介助を介した親子関係においては「子どもは自らの生活を成り立たせるために，母親に逆らうことができない」(土屋 2002：204)，あるいは身内であるがゆえに介助をする親の意志や都合が優先される場合がある(土屋 2002：203) といった様相を描き出している。

　このように，親によるケアが子にとって抑圧的に働くというのは子の側の不利益の指摘である。一方，ケアをする親の側に生じる問題に目を向け，親が巻き込まれがちな社会規範の問題を論じたもの (石川 1995；要田 1999)，あるいはジェンダーの観点から母親の不利益を論じたものがある (春日 2001；藤原 2002)。

　要田は，親たちの障害児を産んだことの苦悩に「そのまま『同情』することは，障害児の存在を否定すること」だと述べている。そして，親の語る苦悩の中に，障害者を劣った者，価値の低い者，ともすれば「あってはならない存在」とするような社会規範を読みとり，それへの同調をいかに回避するかの模索を行っている (要田 1999：1)。また石川は，親が子どものことが「不憫でならない」から全力で守ってやりたいと痛切に願いそのように行動する姿について，この「不憫」という心情の中に「障害者を哀れむべき無能な者とみなす見方がすでに織り込まれている」と指摘する (石川 1995)。石川 (1995) によると，障害に対する否定的観念が共有されている社会においては，子に障害があることで親はアイデンティティの危機を経験し，自らの価値を取り戻すためにアイデンティティの調整を行うことになる。悲嘆の反応として説明される「障害の否定」，あるいは乳幼児期において過度に訓練に没頭しようとする親の心情は，「障害」を否定することで親が自分自身の存在証明をしようとすることから生まれる志向性といえる。

　石川は，障害児の親としての「適切なふるまい」について，「愛情深い親であること，子供の育児と世話に責任をもつ親であること，子供が社会の迷惑にならないように子供の監視を怠らない親であること」を挙げている (石川 1995)。岡原もまた，「『弱く』『守られるべき』存在」である障害者を「保護し，監視する人がいつでもすぐ近くにいる」ことを期待する世間の眼差しが家族に

向けられていると指摘する（岡原 1995）。

　このように岡原（1995），石川（1995），要田（1999）が，障害者本人を抑圧する存在としての親，また社会的な排除に加担する存在としての親に言及しているのに対して，親はむしろ不利益を被る当事者であるという点に力点を置いて論を展開しているのが春日（2001），藤原（2002）である。春日は，障害児の親が「普通一般の人にとって当たり前の生活を望むことが，障害児の親の場合『愛情』の名において」非難されてしまうと指摘する。そしてその理由については，「障害児に人間らしい生活を保障しない社会」においては，「親がそうした機会をつくってやるしかない」という状況がこれまで長く続いてきたためだと述べ（春日 2001：80），母親もまた「奪われた存在」であると述べる。また藤原（2002）は，重度の障害児や重複障害児の母親の「ケア役割」を検討するなかで，「一人の女性として」の母親という視点から障害児のケアの実態を考察している。藤原はその中で，ケアを長期間にわたり引き受けることで母親自身の人生の選択肢が限定されたものになること，あるいは健康破壊を招いているという事態を指摘し，母親を「もう一人の『当事者』」であると位置づけている。

　以上に見てきたように，障害者のケアを親が担いつづけることは，障害のある本人の側から見ても親の側から見てもさまざまな問題があることがこれまで指摘されてきた。しかし現実には多くの障害者が親元で暮らし，家族に依存して生活せざるを得ない状況が続いてきた。その先には「親亡き後」の問題が横たわっており，いくつかの先行研究がそうした社会福祉問題について言及している。

　西村は，障害者自立支援法の施行を受けて「親亡き後」という問題を歴史的に再検討した結果，2007年の論考執筆当時においてもなお「親が生きている間は家族でケアを，親亡き後は入所施設という構図が厳然とある」ことを明らかにしている（西村 2007）。また，麦倉（2004）は，知的障害者施設の入所者の家族への入所の経緯についてのインタビュー調査をとおしてアイデンティティ形成を考察するなかで，知的障害者が成人期にさしかかったときに本人と家族が

「いかに行動すべきかを示すモデル・ストーリーの不在」を指摘している。

「親亡き後」という将来が描けないことの不安は，時に殺人や心中といった事件に結びつくことがある。戦後の「親による障害児者殺し」事件を検討した夏堀（2007）は，1980年代以降に未成年の障害児が被害に遭う事件が減少しているのに対して，1990年代以降，成人障害者の被害が急速に増加していることと，および1970年代までは身体障害児者が被害に遭うケースが多かったのに対して，1980年代以降は知的障害児者が多くなっていることを指摘する。そして，障害者に対する親によるケアの困難性が「成人してなお親以外に頼れる他者をもたない知的障害者のうえにことさらに現れている」と結論づける。

障害者が成人しても親に依存しつづけることは，殺人や心中といった深刻な事態にも至る可能性を含むという点でも大きな問題があるといえる。

先行研究が示してきた問題解決の方法

では，こうした状況を打開するために，先行研究はどのような解決方法を示してきたのだろうか。まず，抑圧性を伴う親子関係を，障害のある子の側から問題提起し解消する手段として「脱家族」の主張や「自立生活」の実践を位置づける先行研究がある。

岡原は障害者による「脱家族」の主張の必要性やその意味を次のように説明する。すなわち，「障害者は『弱者』であり，『保護すべき』であるという思想」が家族とりわけ母親をめぐる愛情規範と結びついてしまう社会において，「普遍的に価値づけられた愛情という形」に異議を唱えるためには過激な言葉や相当のエネルギーが必要である。そして，「脱家族」の主張を含む障害者の自立生活の実践は，家族を全否定しようとするものではなく，「家族内部の深い情緒的関係によって障害者と親が閉鎖的な空間を作らされてしまい，社会への窓口を失うこと」に対する抵抗だったというのである（岡原 1995：92-97）。このように説明したうえで岡原はさらに，「脱家族」を主張する自立生活の意味することとして，障害者や障害者家族に対するまなざしの変容，家族や愛情をめぐる規範の問い直しを提起している。また土屋は，障害者による「脱家

族」の主張を起点に親子関係を考察するなかで，摩擦や力関係を伴うその関係性を変容させるための方法として，介助と家族を切り離すことで家族の間に「適度な距離」をつくり出すことを提起している（土屋 2002：225-226）。そして，「このためのもっとも単純な—しかし簡単ではない—方法が，自立であったといえる」（土屋 2002：228）とし，介助と家族を切り離すための方法として障害者による自立生活の実践を位置づける[1]。

　しかしながら，身体障害者によって先駆的に試みられた障害者自身による「脱家族」の主張や「自立生活」の実践という問題解決の手法は，知的障害者や精神障害者にも同じように可能であるとは限らない。そこでもう一方の当事者である家族に着目してみたい。障害者による主張や実践を扱った研究は一定の蓄積があるのに比べ，家族の側からの主張や実践を捉えている研究は多くないが，障害者を排除する社会規範，あるいはケアの役割を家族に押しつける社会制度の中にありながら，ケアのあり方を見直し，既存の社会規範からの解放に向かう家族の姿を捉えてきた先行研究もわずかながら存在する。

　たとえば石川（1995）は，社会によって否定的な価値づけがされた障害児の親というレッテルを自分のアイデンティティとして引き受ける家族の様相を描いたうえで，「子供たちとの関わりの中で，自分の差別意識を自覚し，自己解放を求めて活動する親」の姿や，「僅かなきっかけで『ありのままの子供』を肯定する方向に歩み出す」姿を描いている（石川 1995：46-48）。土屋もまた先の論考の中で，「本来ならば親から離れるのは当然である」と自らを納得させようとする親の姿，あるいは「介助を親が全面的に担うことが，〈親が死ぬ時はこの子も道連れに〉という考えに変更していく危うさに気づいている」親の姿を描いたうえで，「介助役割の引き受けを，そのまま肯定しない母親も登場しつつある」とし，障害者の家族の側も「介助役割をあえて手放すことにより，子どもとの新しい関係性の創出を試みている」という見解を示している（土屋 2002：218-221）。

　このように家族の側が，自らの内にある差別意識に気づき，ケアの役割を引き受けることに疑問を抱きはじめることは，既存の社会規範からの脱却を意味

しているといえる。ケアの役割を負わされつづけることに対して家族が抗議の声を上げ，社会規範の変容を求める行動に発展すれば，家族の側による働きかけによって問題解決が実現できることになる。こうした可能性に着目し，その必要性を理論的に展開しているのが要田（1999）である。要田は日本の家族政策や日本型近代家族についての検討をとおして，「共生社会」へ向かう戦略として社会政策モデルの転換を指南するとともに，「共生社会」へ向かうための意思を持続させるための「民主的な個人」，すなわち世間によらない生き方を選択できる自立した個人や，世間に対して家族独自の倫理を生み出していくことの重要性を主張する（要田 1999：305-316）。そして，「障害児をもつ親たちは，〈健全者の論理〉を正当化する価値観の不当性を日々の生活のなかで証明し，異議申し立てしていくことでしか，障害児をもつ親としての真の解放はない」と述べている（要田 1999：36）。

　このような要田の主張に対して，「障害者差別の問題は障害児の親に問い返す性質のものであるのか」（藤原 2006：18）と疑義を呈するのが藤原である。重度障害のある子の養育期に始まり成人期を含めた親子のライフサイクルを視野にいれた藤原の一連の研究（藤原 2002，2006）における重要な指摘は，家族への支援と本人への支援の比重をライフステージに応じて変化させるべきとする点である。藤原は，子どもの療育，教育，そして成人後というさまざまなライフステージにおける語りの分析をとおして，「障害児の家族をサポートし，育児・介護機能を高めることや，家族全体のエンパワーメントなどに主眼をおく家族支援は，結局のところ母親に依存した障害児ケアを再生産する装置になる可能性がある」（藤原 2006：198）と問題提起する。そして，「乳幼児期においては，子どもに対するあらゆる支援を母親がコーディネートするように組み込まれたとしても，それは徐々に軽減されるべきである」（藤原 2006：199）と結論づけ，子が成人した段階においては，障害者本人への支援を充実させることで，母親をケア役割から解き放つという方向性を示した。

　障害者が大人になっても家族に依存した暮らしを続けることの問題は，障害者自身の主張や実践によっても，また家族の側の自覚や生き方の変更によって

第 2 章　「親元からの自立」ができない状況へのアプローチ

も解決される可能性はあるが，先行研究が至ったのは「障害者本人への支援」を充実させることによって解決すべきというものである。このような知見に沿う近年の先行研究として，たとえば「親亡き後」の問題について検討する西村は，「親が生きている間から，継続的に親子分離した支援をしていくことが重要である」と指摘し（西村 2007），知的障害者の親へのインタビューから，「親役割を降りる支援」として，外部の福祉サービスを利用することで「親が元気なうちから親離れや子離れする機会を作っていくこと」の必要性を述べている（西村 2009）。また，「親による障害児者殺し」の事件を分析する夏堀（2007）は，子どもに関するあらゆる責任を背負い込んでしまう「親の意識を規定する力の存在を検討する」ことのほかに，「子育て期から一貫した『親ばなれ・子ばなれ』のための支援のあり方の検討」が必要であると述べ，支援を充実させることによる問題解決を主張している。

　障害のある本人への支援を充実させることによって，成人後の障害者の家族依存の状況を変えていくべきであるという主張はもっともな理屈であり，本研究も基本的にはその考え方を支持するものである。では，その支援を充実させるための主張や働きかけを誰が行うのだろうか。支援を充実させるためには，その必要性を正当な根拠を提示しながら主張するだけでなく，公的な支出を含めた法制度の変革を働きかけることも必要になってくる。福祉サービスが拡充され，専門性を身につけた福祉サービスの従事者が増えてきた今日においては，その役割は支援者に求められるだろう。ところが，実際にはごく近年に至るまでその役割をも障害者の家族が担ってきたというのが日本の障害者福祉における構造的な問題であった。

　グループホームづくりに取り組んできた親へのインタビューから知的障害者の母親たちによる「脱家族介助化」の過程を分析した中山は，「『家族との同居からの自立』を成し遂げられるか否かも，母親たちの取り組みに依存している」と指摘し，「介助役割を社会化していくという意味での『脱家族化』に加えて，「『脱家族介助化』のための基盤整備を母親たちの活動に依存しないという意味での『脱家族化』」が必要であると結論づける（中山 2010）。中山が指摘

する「脱家族介助化」のための基盤整備をも母親たちの力に依存しているという実態は，1990〜2000年代にかけての筆者自身の現場経験を顧みても腑に落ちる重要な指摘である。

　ではこれほどまでに家族が頑張らねばならない状況が，ごく近年まで続いてきたのはなぜだろうか。この点について重要な言及をしているのが中根である。中根（2006a）はフィールドワークにおいて「『ケアの社会化』と相容れない親の声」と遭遇したことから，「介護を継続したいという意志とも願望とも判断しかねる語り」を取り上げて，制度の不備による不安感だけではない「ケアへ向かう力」について分析を試みている。「ケアへ向かう力」とは，愛情規範や家族による扶養義務といった「社会からの圧力と，親自身の内部にある『内発的義務』とで構成」されたもので，ケアをとおして生成される愛情や親密性のことである（中根 2006b）。中根は，「ケアへ向かう力」をフィールドから取り出して示しながら，知的障害者のケアを誰が担うかという問題に対して，「親性の強化（近代家族モデル）によって乗り切るのでもなく，親性を放棄し子供の自己決定（完全な自立主体モデル）に任せきるのでもない」形として「ケアの社会的分有」モデルを提示し，「ケアを外部化できるものとそうでないものに分け」（中根 2006a：147），ケアの外部化と親子の親密な関係とを両立させるという方策を提示している。

　中根が捉える「ケアへ向かう力」には，社会からの圧力と親自身の内部に生じる愛情や親密性の両方が含まれ，親の内に確かに存在する後者の志向性を明らかにしたことがそれまでにはない新しい知見であった。ただし，この「ケアへ向かう力」の解除ではなく維持を目論む「ケアの社会的分有」というモデルの是非は十分に吟味する必要がある。というのも，家族の「ケアへ向かう力」を肯定することが，家族の役割や責任を再規定してしまうことになる可能性が残されるからである。もしかしたら家族は，ライフステージのある局面に至った段階でその親密性を否定してでも新しい関係性に移行するほうが良いのかもしれないし，障害があるがゆえに醸成される親密性が否定されなかったがゆえに家族が過剰に担わされてきた負担についても検討される必要があるだろう。

先行研究の限界

　前節で見てきたように，先行研究においては，障害者が成人しても家族と暮らし，家族への依存が続いていくという問題状況に関して，障害のある本人に生じる問題および家族に生じる問題が明らかにされ，障害者本人への支援を充実させるべきであるとの見解が示されたものの，それを実現するにあたって，誰が何にどのように働きかけるかの道筋は見えてこない。本書ではそこに踏み込んでいくために，まずは次の二つの文献から示唆を得ることとする。

　一つ目は春日（2001）の論考である。春日は重度の心身障害者が社会生活から排除されていること，またそのことで特に成人後の障害者の介助を昼夜担うことで家族までもが健康を損ね，生活が破壊されてしまうことを指摘したうえで，「『愛情』規範，『自助』規範の支配する現代日本社会では，この親の『生活権の保障』といった声は，親たち自身によってはなかなかあげにくい」とし，障害者の自立生活の支援とともに「家族福祉の充実」の必要性を主張する（春日 2001）。春日が捉えたのは，法制度の不備によって生じている問題に対して声をあげるべき当事者である家族が，愛情規範や自助規範等によってそれができにくいという状況であり，「誰が働きかけるか」に踏み込んだ論考となっている。しかしながら，結論にある「家族福祉の充実」は，福祉サービスに従事する専門職への期待と読むこともできるが，家族以外の誰がそれを働きかけるのかの明言には至っていない。

　二つ目は，「ケアの社会的分有」を提起する中根（2006b）の論考である。中根は，規範の影響を強く受ける「親が我が子のケアをしたいと思う気持ち」と「社会福祉資源の乏しさは循環的な関係にある」と指摘している。つまり，社会資源が乏しいという状況から生じる「子を不憫に思う気持ち」は，親が子のケアをしたいと思う気持ちの強化につながるが，そのような気持ちが強くなればなるほど，また実際にケアをしつづけようと親が努力をすればするほど，社会資源が乏しいという状況があたかも解決されたかのように見えてしまい，現に存在する問題が解決されていかないという状況の固定化が生じる。中根は問題状況をこのように循環的な関係として捉えたうえで，「私たちと社会がもっ

ている『家族』への期待，認識の枠組み，愛情規範のすべてを変容させていく」という規範の変容の必要性に言及しつつ，「家族内に閉じこめられたケアを，社会，コミュニティに引き出す」ためのコミュニティソーシャルワークの重要性を指摘している。中根の論考もまた春日（2001）同様，福祉サービスに従事する専門職に問題状況の解決を期待しているものと読める。しかしながら，そもそもそうしたコミュニティソーシャルワークが十全に機能できない状況を変えるべく公的予算の獲得を含めた主張し働きかけるのは誰なのかという点にまでは踏み込んでおらず，「日本において，家族のケア不安を制度的に減らすには時間がかかる」として，その難しさを言及するにとどまる。

　以上の二つの論考が示唆するのは，法制度と規範の問題を相互に影響しあう循環的な関係として問題状況を捉える視座である。次節では，法制度と規範のメカニズムとして問題状況を捉える本書の視点を述べていく。

第2節　本書の視点

法制度と規範のメカニズムにアプローチする視点

　本書では，知的障害者にとって「親元からの自立」を可能にする選択肢が乏しいという問題状況を，法制度と規範が相互に影響を与え合う循環的な関係として捉えたうえで，その変容に向かうための道筋を明らかにする。本書でいう法制度とは，障害者が利用できる社会資源や福祉サービスの状況に影響を与える法律や制度のあり方をいう。よって，「法制度の変革」という場合，民法の扶養義務の規定を変えるといったことまで含めるのではなく，障害者が家族に依存せずに独立して生活ができるだけの十分な福祉サービスが提供されるように，障害者福祉に関連する法律や制度の中身が変わっていくことを意味する。また本書でいう規範とは，社会的に広く共有された規範を意味し，具体的には障害者を劣った者として見る能力規範，障害者の世話は家族がするべきといった自助規範，あるいは愛情深い親であるべきといった愛情規範等のことをいう。本書で「規範の変容」という場合，家族による障害者へのケアの社会化を阻む

ような社会規範が，ケアの社会化を促す方向へと変化していくことを意味する。

　「親元からの自立」を可能にする社会資源や福祉サービスの充足をめざすのであれば，法制度の変容が必要になる。そのためには，その状態に不満を抱く当事者，すなわち障害者本人からのアピールが極めて有効である。しかしながら，知的障害者の場合，とりわけ重度の知的障害がある場合は問題状況を変え得るアピールができないか，またはアピールする力が弱いことが多い。そこで，さしあたり本人を代弁する立場だと認められている家族が主張することが有効だと考えられるが，ここで問題になるのが，社会の規範およびそれを内在化させた個人の認識である。先行研究から見えてくるのは，障害者の家族は愛情規範や自助規範といった規範を内面化しがちであるため，自らの抱える問題の解決を主張できないばかりか，子をケアしたいと思う気持ちを強くする。そして，不十分な社会資源や福祉サービスを家族自身が補おうとすることでかえって問題そのものが見えにくくなる状況を作っている面すらあるということである。このような循環的なメカニズムにアプローチしようとするのが本書の視点である。

法制度の策定過程におけるこれまでの議論

　法制度と規範の循環的なメカニズムにアプローチするにあたり，本節では，障害者の家族をはじめとしたさまざまな関係者が法制度に対して主張し働きかけを行ってきたその中身について検討しておきたい。わが国においては社会福祉とりわけ障害者福祉の法制度において一定の権利およびそれに伴う予算の確保においては，限られた公的予算の配分を当事者や関係者らが主張することで獲得していかなければならない状況にある。ここではその現状についてわかる資料を用いて，「親元からの自立」に関連する事柄についてどのような立場の代表者がどのような主張をしたかをたどっていく。そして，直近の法制度改革において示された方向性を踏まえて本研究の課題を提示する。

　まず，国際障害者年を契機とした障害者運動の側から行政側への働きかけを検討した土屋の研究を参照し，それを踏まえてその後の議論をレビューするこ

ととする。土屋（2002）は日本の障害者施策においてどのように家族と介護／扶養責任が結びつけられてきたのかの過程を描き出すために，障害者運動団体が施策形成過程へ参加する機会をもちはじめた国際障害者年に注目し，障害者運動が自らの要求をどのように具体化し，行政側との合意点を導き出したのかについて報告している。以下は，土屋（2002）の論考から，本研究の問題意識に関連するポイントを抜粋しまとめたものである。

　土屋によると，旧厚生省社会局内に発足した障害者団体の代表者を構成メンバーに含む「脳性マヒ者等全身性障害者問題研究会」における議論においては，介護の負担が家族に集中することによるさまざまな問題について言及されたが，要求を具体化する議論の過程で，自立の条件として介護保障ではなく所得保障の獲得を強調するものになっていった（土屋 2002：93-97）。その理由として土屋は，「かれらが，他者から介護を受けること（＝依存）による自律性の喪失を恐れた」（土屋 2002：96）という点，および「年金に比べて介護料が非常に高額であったため，この要求は非現実的であり，かえって運動を阻害するものとしてとらえられるようになった」（土屋 2002：96）という点を挙げている。

　土屋はまた，同じ時期に全国所得保障確立連絡会が政策作成側へ提出した要望書や意見書から読みとれることとして，「『親への依存からの独立』という主張は，即親子関係を否定するものではないことが明快に述べられ」（土屋 2002：99）ていること，さらに「親から経済的に独立することによって，はじめて『真に成熟した親子の絆』が作り出される」（土屋 2002：100）という「良きものとしての親子関係」のレトリックを運動側が使ったこと，さらにこのレトリックが，行政側の同意を得ることに非常に有効に働いたことを指摘している（土屋 2002：104）。

　こうした要求や交渉を経て1983年に障害基礎年金制度が創設されたことについて，不十分ながら一応の確立を見たものの「重度の障害をもつ人たちの家族への依存状態はとり残され」，さらに「よきものとしての家族」を主張したことでかえって「家族介護に関わる問題点を再び公の場における議論の俎上に載せること」ができず，中でも特に重度障害者については家族による介護が前提

となったまま現在に至っている。以上が土屋の見解である（土屋 2002：108-109）。土屋のこうした論考からは，障害者らによる運動団体の要求や交渉に影響を受けながら法制度が創設されていくプロセスが生々しく見えてくる。特に興味深いのは，実際に権利を獲得できるか否かに日々の生活が左右される障害者たちの運動団体にとっては，その要求がどれだけ正当性をもつか以上に，実現可能か，あるいは行政側の同意を得られるかという点が優先されることがあったという点である。

　土屋（2002）がこの見解をまとめてから10年以上が経過し，この間に支援費制度の導入や障害者自立支援法の成立等，わが国の障害者福祉は施策の面で大きく変化してきた。こうした過程の中で，ケアの面における家族依存についての問題が提起されることはなかっただろうか。

　まずはこの点を確認するために，厚生労働省の諮問機関として2001年に設置された社会保障審議会の障害者部会での議論を見ていくこととする。この部会では，学識経験者等のほか，障害者や家族の団体の代表者等が委員となって2001年12月以降，法制度改正について議論している。これまでの議事録[2]からは，たとえば「家庭で生活していて，夜とかホームヘルパーとかに来ていただけないときの家族による介護というか，支援の仕組みをどうするのか」[3]といった家族介護についての言及はあるものの，ここで議論された支援費制度，障害者自立支援法，あるいは心神喪失者等医療観察法等においても，障害者の「親元からの自立」に触れるような議論はされてはいないことが確認できる。

　しかしその後，障害者自立支援法の見直しに向けて改めて召集された障害者部会において，2008年4月から議論され12月にまとめられた報告書「障害者自立支援法施行後3年の見直しについて」に，「家族との同居からの自立した生活への移行」という見出しが見られる。ただしその内容を見てみると，施設や病院からの地域移行に対置して，「できるだけ地域生活を継続していくという観点」が示され，「家族と同居しているうちから障害福祉サービスを利用したり，グループホーム・ケアホーム等での生活に移行したりするための支援」として相談支援やケアマネジメントにおける取り組みに言及するにとどまり，

「親元からの自立」を積極的に進めていくことを示す内容としては不十分なものになっている。

そこで，この報告書における「家族との同居からの自立した生活への移行」という見出しを掲げることになった経緯について議事録をたどってみる。「親元を離れる」ことに関する言及が最初に出てくるのは，2008年7月15日の第35回会議において障害者団体からのヒアリングのために召喚された特定非営利活動法人DPI（障害者インターナショナル）日本会議事務局長の尾上浩二の次の発言である。

大人になって親元を離れて地域で暮らすという，そういう意味での親元での在宅から地域へという，もう一つの地域移行の軸が打ち立てられないと，どんどん新規入所が繰り返されるということになるのではないか。そういう意味で，2つの意味での地域移行ということが進むような施策が要るんだということを押さえておきたいと思います（第35回会議）。

この会議においてDPI日本会議からは，「どんなに重度の障害があっても地域で暮らせるように」との副題がついた資料が提出されており，ここには，「『施設から地域へ』『（親元等の）在宅から地域へ』～二つの地域移行推進の必要性」が述べられている。具体的な要求としては「重度障害者の地域生活サービス・財源充実を」という項目において，社会資源の充足や人材確保の方策に言及されていることから，親元から自立するための要求内容としてケアの面における家族依存からの脱却という意味を含む要求と考えてよい。

しかしながら，先に述べたようにこの「（親元等の）在宅から地域へ」という要求が，報告書においては「地域生活の継続」という言葉に置き換えられたのである。「地域生活の継続」とは，すでに離家している人の自立生活を続けるという意味にも解釈することができ，家族と同居している人が親元を離れるための支援を特に意味するわけではない。さらに，ここで記されている「家族と同居しているうちから障害福祉サービスを利用したり，グループホーム・ケアホーム等での生活に移行したりするための支援」（傍点は筆者による）という説明は，言葉どおりに解釈すれば，家族への依存状態を継続しながらの福祉

44

サービスの利用を意味しているともいえる。[4]

　土屋（2002）は，所得保障の確立の過程における行政側と運動側の交渉の記録を紐解くなかで，障害者の家族に対する行政側のまなざしについて，「『家族について何も語らない』という行政側の姿勢そのものが，家族に対する慎重な態度を如実に示している」と指摘する。社会保障審議会障害者部会報告「障害者自立支援法施行後3年の見直しについて」においても，障害者団体から出された「親元からの自立」という意味を含む「在宅から地域へ」という要望を，親元も含めた「できるだけ地域生活を継続するという観点」と言い換えるという行政側の判断があったのだとすれば，土屋（2002）が指摘した，行政側の「家族に対する慎重な態度」がこの時点においてもなお堅持されていたと理解することができる。

「障がい者制度改革推進会議」における議論

　続いて，「障害者の権利に関する条約」の締結に必要な国内法の整備に向けて実施された「障がい者制度改革推進会議」での議論を見ていく。これは，[5]
2009年12月8日に閣議決定によって設置された「障がい者制度改革推進本部」のもとで，障害者施策の推進に関する事項についての意見をとりまとめるための会議で，委員には学識経験者や社会福祉事業者の団体の代表者のほか身体障害，知的障害，精神障害，および発達障害のそれぞれの当事者や家族の代表も構成員として含まれている。会議は2010年1月に第1回を開催し，2012年3月に至るまでに38回の会議がもたれ，2010年6月7日付けで第一次意見が，同年12月17日付けで第二次意見が報告書として公表されている。

　まず，「親元からの自立」に関わる経済的な側面については，「障害者制度改革の推進のための基本的な方向（第二次意見）」と題された報告書において，「所得保障」の項目が設けられ次のことが指摘されている。

　　障害者が単身で暮らそうとしても，日常生活に必要な所得を就労や年金によることが困難な状況に置かれていることは明白であり，逆に言えば，家族に依存するか，公的扶助に依拠した生活又は施設や病院で暮らさざるを

得ない状況にある（第二次意見）。

そのうえで，障害者基本法の改正にあたって反映するべき内容として次のことが述べられている。

地域社会で生活するに足りる所得保障の一環として，稼働所得の不足分を補足するような年金，手当施策が取り組まれる旨を反映すべきである（第二次意見）。

このように，経済的な面における家族依存に関しては，推進会議の意見としては家族依存からの脱却が明言されたものとなっている。所得保障については「平成25年通常国会に法案提出を予定している新たな年金制度創出に向けた議論と併せて」検討を行うべきとされており，この推進会議の意見がどこまで反映されるか，また年金制度そのものの財源確保が厳しい情勢の中で年金額がどのレベルに設定されるのか，その情況を今後も慎重に見守る必要がある。

ところで，経済的な面での家族依存からの脱却を意味する文言が記されたのは，障害者自立支援法の制定・施行によって起こされた障害者自立支援法違憲訴訟による影響もあると考えられる。障がい者制度改革推進会議の第1回会議において「障害者自立支援法違憲訴訟原告団・弁護団と国（厚生労働省）との基本合意文書」が厚生労働省から資料として提出されており，ここには，新法制定にあたっての論点の一つとして「収入認定は，配偶者を含む家族の収入を除外し，障害児者本人だけで認定すること」という文章が入っている。また，合意文書とともに提出された障害者自立支援法違憲訴訟団による「要望書」には，「扶養義務の見直し」という項目が設けられ，「障害児者支援のための費用を家族に負担させる制度の根本的な制度改革を実施してください」と記されている。

福祉サービスを利用する障害者に定率負担を課した障害者自立支援法およびその後の違憲訴訟という経緯の中で，介護・介助のサービスを利用する際の費用についての家族依存からの脱却が合意されたことは，福祉サービスを利用する際の費用だけにとどまらず，稼働所得の不足分としての年金や手当てを保障する議論を促した面があるといえる。

次に，ケアの面における家族依存に関する言及について見ていくと，2010年

6月7日付けでまとめられた「障害者制度改革の推進のための基本的な方向（第一次意見）」においては，障害者制度改革の基本的な考え方として「『地域生活』を可能とするための支援」として次の内容が記されている。

　すべての障害者が家族への依存から脱却し，自ら選択した地域において自立した生活を営む権利を有することを確認するとともに，その実現のために24時間介助等を含む支援制度の構築を目指す。制度の構築にあたっては，地域間格差が生じないよう十分留意する（第一次意見）（傍点は筆者による）。

この文章が挿入された経緯を見てみると，具体的な言及としては2010年5月24日の12回会議，および5月31日の13回会議における日本社会事業大学の佐藤久夫委員による次の発言に行きあたる。

　これだけだと家族の責任で家族の負担で何とか地域で暮らしてくださいみたいなことにもなりかねない。家族依存からの脱却というものをきちんと設けて，障害者が権利を持って主体的に地域で選択した生活ができるということを保証するために，家族の犠牲でそれをやるのではない……（第12回会議）。

　「家族依存からの脱却」という項目を掲げたのですけれども，それが反映されていないので，もし独立した項目として掲げることが難しいという理由があるのであれば，新しい4の「地域生活」を可能とするための支援の最後の文章，制度の構築にあたっては，地域間格差が生じないよう十分に留意するという文章の中に1文加えて，制度の構築にあたっては，「家族依存主義から根本的に離脱するとともに」を入れて，地域間格差が生じないよう十分に留意すると改正していただければと思います（第13回会議）。

第13回会議において佐藤委員が言及している地域間格差とは，第8回会議において24時間の介助制度の必要性について議論されるなかで指摘された，自治体の財政負担への懸念から設けられる介助時間の上限によって生じている地域間格差のことをさしていると考えられる。そうであれば，佐藤委員の「家族依存からの脱却」は，所得保障というよりも，ケアの面における家族依存からの

47

脱却を意味していると考えてよい。またこの意見を反映した第一次意見の報告書において「24時間介助等を含む支援制度の構築を目指す」という文章が続いていることから考えても、「ケアの面における家族依存からの脱却」が明言されたと理解することができる。

ところが、「第二次意見」において、基本理念や具体的な施策に対する問題認識がまとめられていくなかで、この「ケアの面における家族依存からの脱却」という言葉が、その意味合いを微妙に変化させていく。

まず、「第二次意見」においては、「地域社会で生活する権利」の項目において、障害者権利条約19条を引用し、具体的に講じる措置として次のことが示されている。

　具体的には、居住地を選択し、どこで誰と生活するかを選択する機会を有することや、特定の生活様式の生活を義務づけられないこと。また、地域社会からの孤立及び隔離を防止するために必要な在宅サービス、居住サービス等の地域生活支援サービス（パーソナルアシスタンスを含む）を障害者が利用できるようにする（第二次意見）。

ここでは整備すべき必要な各種サービスは「地域社会からの孤立及び隔離を防止するため」という基準が示され、「第一次意見」にあった「家族への依存から脱却」という文言がなくなっている。また、「地域社会で生活する権利」に並ぶ次の項目としては「自己決定の権利とその保障」という項目が挙げられ、「自己の意志決定過程において十分な情報提供を含む必要とする支援を受け、かつ他からの不当な影響を受けることなく、自らの意志に基づく選択に従って行われる」ことの重要性が記された。さらに、基本的施策関係の「地域生活」の項目を見てみると、「家族への依存から脱却」という文言がなくなる一方で、問題認識の一つとして「家族支援」という項目が挙げられ、次のような説明が挿入された。

　障害者がその生活を施設や病院から地域へ移行しようとしても、地域で生活する上での社会資源が不足していることや精神障害者の保護者制度等の制度の存在によって、家族に依存せざるをえず、その家族の大きな負担が

地域移行を困難ならしめている。このような現状を改めるには，家族や家庭に対する支援が必要である（第二次意見）。

　この文章は，施設や病院からの地域移行において，社会資源の不足や保護者制度の存在によって家族に依存せざるをえない現在の問題状況を認めたうえで，その問題の根本原因である社会資源の不足を解決するのではなく，依存されることになる家族の負担を軽減するという文脈になっている。この文脈では，ケアの面において家族への依存が容認されるという点で，第一次意見において明言されていた家族への依存からの脱却とは逆行する意味内容であるということもできる。さらに，「家族支援」に並ぶ項目として「地域移行」が挙げられ，次のように記されている。

　　いかなる障害者も通常の生活形態が保障されるべきであり，家庭から分離され，見も知らぬ他人との共同生活を強いられ，地域社会における社会的体験の機会を奪われるいわれはない。障害者に対する支援は，本来，通常の生活形態を前提として組み立てられるべきである。……（中略）……地域移行に当たっては，介助や見守り，医療サービス等，施設や病院の中で行われている諸機能を通常の生活形態，又はそれにより近い少人数のグループホームやケアホームでの生活を前提とした形に転換したうえで，滞在型（常時支援型）の24時間介助を含む地域移行のための多様な選択肢を用意しなければならない（第二次意見）。

　24時間介助については，第一次意見においては，家族依存から脱却し地域で生きるために必要な24時間の介助が必要であるとする文脈であり，その時点においては親元である在宅から地域へという道筋を明示することも可能であった。しかし第二次意見においては，介助については，専ら施設や病院からの地域移行という文脈の中でのみ言及され，親元である在宅から地域へという道筋は示されない文脈になってしまったといえる。

　「親もとからの自立」について知的障害者福祉の歴史的変遷を検討した中山は，国の知的障害者施策が，「『親もと』での生活と『親もと』を離れた『地域での生活』との明確な区別がされておらず，ただ単に『地域生活』とか『居宅

生活』といったひとくくりの言葉で語られている」とし，施設から地域へということを強調することが，親による介助が続くことの問題を見えにくくしてきたと指摘している（中山 2008）。親元での在宅と親元を離れた地域生活は本来明確に区別されるべきという観点にたてば，第二次意見の文章は，「通常の生活形態」に対して「家庭から分離され」た共同生活を批判的に対置している点で，中山が指摘した問題点はこの時点でもなお残るものとなっているといえる。

以上のことをまとめると，「地域での生活」という大義名分のもと，第一次意見に入っていた「家族への依存から脱却し」という文言が削除され，その代わりに親元を含む居宅生活を推奨する内容となったのが最終的にまとめられた第二次意見ということになる。

第3節　研究課題の設定

「障がい者制度改革推進会議」による法制度改革を経た後に残される課題

以上に見てきたように，「障がい者制度改革推進会議」においてまとめられた意見には，障害者の「親元からの自立」は明示されなかったことから，おそらくこの意見が反映されて策定あるいは改正される各種法制度においても「親元からの自立」を支援することの必要性が明示されることはないと考えられる。もっとも，すでに述べたように，この会議は「障害者の権利に関する条約」の批准を見据えて開かれているものであり，第二次意見においては，基本理念において「地域社会で生活する権利」として，障害者権利条約の条文から「すべての障害者が他の者と平等の選択の機会をもって地域社会で生活する平等の権利」が引用され，居住地や誰と生活するかを選択する機会を有すること，あるいは地域での生活のために必要な福祉サービスが利用可能であることが述べられ，続いて「自己決定の権利とその保障」という項目が並ぶ。今後策定・改正されるわが国の法制度がこれらの理念に忠実に基づく内容になっていけば，たとえば介助の必要な障害者が「親元を離れて地域で暮らしたい」と考えたときには，住む場所や生活に必要な介助の確保，あるいは日常生活や福祉サービス

利用に必要な費用という点では，家族に依存することなくその実現の可能性が広がると考えていいだろう。そして，基本的施策についての意見に挙げられた「24時間の介助」あるいはグループホームやケアホームの確保等が実現されれば，身体的に相当重度の障害者であっても親元を離れた地域での生活は可能になると期待できる。

しかしながら問題は，このように権利とその保障を規定するだけでは，「親元を離れて地域で暮らしたい」という意志を自ら表明することが難しい人にとっては，親元を離れにくいという現在の問題状況が続いていくのではないかという点にある。たとえば，親元を離れた地域生活という選択肢を示されてもイメージすることができなかったり，24時間の介助があったとしても介助者に自らの介助について指示をすることができなかったり，親元で暮らすことで心身の状態を良好に保つことができている人たちにとっては，親元を離れた地域での暮らしは不安や困難の多いものになり，その結果，家族が障害者本人と居所を分離することに消極的な場合は親元から離れた生活は実現できないことになる。

さらに支援を提供する側にとっては，法制度の理念あるいは具体的な施策の基準として，成人した障害者の「親元からの自立」が盛り込まれなかったことで，「親元からの自立」に向けた支援を積極的に行う根拠がない状態が続くということになる。このことはたとえば，2003年に内閣府によって出された障害者基本計画において明示された「施設等から地域生活への移行の促進」と対比させて見るとわかりやすい。地域生活移行に関しては近年に至るまで支援の現場において地域生活移行の試行錯誤が重ねられるとともに，その成果や課題に関する研究も2000年代以降に一定の蓄積が見られる（鈴木 2010；松端 2010）。

一方で，法制度の理念や施策の基準に盛り込まれていない「親元からの自立」に関しては，親元で暮らしつづけることが，他の選択肢に比べてより快適である，幸せである，良い等と障害のある本人や家族に認識されている場合，あえてそれに介入するような積極的な支援はなかなかなされにくいのではないだろうか。「親元からの自立」が法制度に明示されないために，親元を離れた

生活に向けて積極的な働きかけや試行錯誤がなされないということは，地域における社会資源の充足や支援のノウハウの蓄積が促されないことにもつながる。その結果，親元で暮らしつづけることが他の選択肢に比べてより快適である，より幸せである等々といった認識が維持されるという循環的な問題状況が続いていくことが懸念される。

では，このような懸念は，「障がい者制度改革推進会議」を構成する委員にはなかったのだろうか。第一次意見をまとめる段階で「家族依存からの脱却」という項目にこだわった佐藤委員が，第二次意見をまとめる段階においてその点に言及しなかった理由は定かではないが，他の委員，とりわけ問題の当事者である障害者本人やその家族からは同じような主張がなかったのだろうか。「障がい者制度改革推進会議」の構成委員には，身体障害のある当事者に加えて，知的障害の当事者の代表としてピープルファースト北海道会長の土本秋夫も委員として参画している。しかしながらここには，より重度の知的障害者，すなわち「親元を離れて地域で暮らしたい」という意志を表明することが難しい人は入っていない[7]。

そして，こうした人のニーズは，これまで専ら家族によって代弁されてきた。「障がい者制度改革推進会議」には，知的障害者の家族の団体として社会福祉法人全日本手をつなぐ育成会常務理事の大久保常明，精神障害者の家族の団体としてNPO法人全国精神保健福祉会連合会理事長の川﨑洋子等も委員として参画し，団体ヒアリングにおいては全国知的障害者施設家族会連合会や全国遷延性意識障害者・家族の会等も意見を述べている。しかしながら，議事録を見る限りでは，家族の立場からは，「家族依存」という問題が言及されたとしても福祉サービス費用の利用者負担の問題や所得保障の要求へと流れる一方，ケアに関しては「家族への支援」が主張されるのみで，家族のケア役割からの解放についての主張は見られない。

2つの研究課題の設定

そもそも「親元からの自立」ができないことの問題は，本人だけでなく家族

第 2 章 「親元からの自立」ができない状況へのアプローチ

のライフサイクルをもノーマルではないものにしているという点にもある。それなのになぜ，家族は「親元からの自立」あるいは「家族依存からの脱却」を主張しないのだろうか。もちろん個別の支援の取り組みとしては，知的障害者が親元を離れて暮らすことに向けた親による試行錯誤も報告されている（小川 2009；中山 2010）。しかしながら，このような公の会議の場での議論や主張を見る限り，「親元からの自立」が障害者の家族の主張として強く社会に発信されるには至っていないと考えられる。愛情規範や自助規範の中でそれを主張しにくい面があるとしても，一個人としての家族の主張ではなく，運動団体という組織の要望として主張することはできないものなのだろうか。そこで本書では，研究課題を次の二つに設定することで，以上に述べてきた問題状況のメカニズムにアプローチしていく。

　一つ目は，これまで知的障害者の家族はどのような法制度改革を求め，また成し遂げてきたのか，そうした運動においてどのように自らの認識変容を遂げてきたのか，そして社会運動体が孕む力学の中でどの点において限界があったのかを明らかにすることである。この考察をとおして，家族からの法制度に対する要求が「親元からの自立」に向かわないメカニズムの一端が明らかになると考える。考察結果は第 3 章で示す。

　二つ目は，成人した障害者が家族と居所を分離したケースに着目し，家族の認識のあり様や変容を考察することである。現行の法制度のもとで重度の知的障害者が地域で自立した生活を営むことは不可能なことではないが，本書が問題とするのは，法制度においてそのことが明記されないために，一部の支援者や家族が独自の考えや価値観によって至る特別なケースであったという点である。そこで，むしろそうした一部の先駆的ともいえるケースに着目しそこで起きていることを記述・考察することで，法制度と規範のメカニズムの変容につながる道筋を探っていくこととする。考察結果は第 4 章および第 5 章で示す。

注
(1) 障害者が親元を離れて自立生活をするのは，親との関係性に対する不満のみがその理由となるわけではない。たとえば三毛（2007）の論考には，親との関係性に対する不満のみならず，将来への不安から自立生活の実現をめざす障害者の姿が描かれている。
(2) 以下，障害部会の議事録，資料，報告書等については，厚生労働省関係審議会議事録等社会保障審議会（http://www.mhlw.go.jp/stf/shingi/2r98520000008f07.html, 2011.10.17）を参照した。
(3) 2004年10月12日開催の第18回会議における社会福祉法人日本身体障害者団体連合会の嵐谷安雄委員の発言。
(4) なお，この報告書を受けて提出・可決された「障害者自立支援法等の一部を改正する法律案」においては，相談支援業務の強化として「地域移行支援」に加えて「地域定着支援」が挙げられ，すでに地域で暮らしている障害者の支援の強化が盛り込まれた。
(5) 以下，「障がい者制度改革推進会議」における議事録や資料，報告書等については，内閣府政策統括官共生社会政策担当「障がい者制度改革推進会議」（http://www8.cao.go.jp/shougai/suishin/kaikaku/kaikaku.html, 2011.10.17）を参照した。
(6) 「障害者制度改革の基本的考え方」として素案に提示された，1．「権利主体」たる社会の一員，「自己選択・自己決定」の尊重，「差別」のない社会づくり，「社会モデル」的観点からの新たな位置づけ，「共生社会」の実現の5つの項目をさす。
(7) 鈴木（2010）は，「自己決定権」を主張する社会運動の問題性を指摘するなかで，「知的障害者のセルフ・アドボカシー運動も，自己決定能力の高い人たちが運動を担うことによって，発言や問題解決に限界のある重度知的障害者が周辺に追いやられる可能性は常にある」と述べている。障害者制度改革に対する意見を集約する公の会議の場に，障害のある当事者が参画するようになったこと，とりわけそこに知的障害のある人も含まれるようになったことはわが国の福祉施策の歴史における前進と捉えていいが，そうした場においてさえ常により重度の障害のある人にとっての事情や要望は反映されにくい。

第 3 章

知的障害者の親による運動における親の認識変容

　本章では，知的障害者の親による社会運動組織の一つである「全日本手をつなぐ育成会」(1)（以下，「育成会」と記す）を取り上げ，その資料を分析する。目的は，これまで知的障害者の親はどのような法制度改革を求め，また成し遂げてきたのか，そうした運動においてどのように自らの認識変容を遂げてきたのか，そして社会運動体が孕む力学の中でどの点において限界があったのかを明らかにすることである。

第1節　なぜ「全日本手をつなぐ育成会」を取り上げたのか

研究の目的と分析対象

　「育成会」の資料を分析対象とする理由は次の二点である。「育成会」は2014年3月の時点で47都道府県と政令指定都市育成会9地区を正会員とする組織で，都道府県・政令指定都市育成会の会員としては，正会員19万1889人・賛助会員10万4535人を擁する組織である(2)。1952年に精神薄弱児育成会，別名「手をつなぐ親の会」として発足し，社団法人を経て1959年に社会福祉法人全日本精神薄弱者育成会となり，1995年に社会福祉法人「全日本手をつなぐ育成会」と改称した。このような組織の規模の大きさおよび50年を超える歴史の長さという点で，「育成会」の資料を用いることは，知的障害者の親の様相を捉えるにあたって有効かつ妥当性の高い知見が見いだせると考えた。

　また，「育成会」の運動は医療や教育，就労等の問題と並んで，成人期および親亡き後の問題の解決を図るために，入所施設やコロニー拡充を訴えてきた。

運動の初期は1958年の日本初の重度知的障害児の入所施設「国立秩父学園」の開設，さらに障害児・者を対象とする入所施設「名張育成園」の設立・経営等に取り組み，1970年代以降は養護学校卒業後の日中活動の場としての小規模作業所づくりを推進してきた。こうしてできた小規模作業所は学齢期を終えた障害者にとって重要な社会資源としての役割を果たしてきた。このように「育成会」の運動はわが国の社会資源の状況に大きな影響を与えてきたという歴史があり，その後も「障がい者制度改革推進会議」の委員として名前を連ねる等，一定の発言力をもちつづけてきた。このように社会的，政治的に影響力をもっている団体の歴史を考察することで，障害者の親がどのように法制度改革に取り組んできたのか，なぜ障害者の家族によって構成される団体が「親元からの自立」を主張できないのかのメカニズムの一端が明らかになると考えた。

研究の視点——「自己変革」への着目

社会運動について考察するにあたり，運動の担い手の認識が運動をとおして変容していくことを意味する「自己変革」という概念に着目する。石川は，社会運動を「社会制度や社会意識を変えていこうとすると同時に，自分達のアイデンティティやライフスタイルを変えていこうとする集合行為」と定義し，「制度変革」と「自己変革」の同時達成をめざす社会運動の「戦略的ディレンマ」について考察している（石川 1988：155）。そして，「制度変革」は「社会制度や社会意識」の変革を意味し，「自己変革」は「人々の意識，アイデンティティ，ライフスタイル」の変革を意味していると述べ，この二つの変革志向性のうち，「圧力団体のロビー活動から区別する」という意味で「自己変革」に特に着目している（石川 1988：155）。

本章においては，組織的な要求をとおして実現する法律や制度の改革，および施策の拡充等を「制度変革」とし，このような「制度変革」をとおして運動体の構成員に起こるアイデンティティや意識の変容を「自己変革」として分析する。

第 3 章　知的障害者の親による運動における親の認識変容

分析方法

　本研究では「育成会」の歴史資料から，教育問題，医療問題，就労問題，施設の整備といった「制度変革」に関わる記述，および資料に記述されている障害の捉え方や親の役割といった親の「自己変革」に関わる記述を抽出し，相互関連的に解釈を加えた。このような作業をすることで，ある「制度変革」を目的とした運動によって，担い手である親の「自己変革」が促されたり，そうした「自己変革」が次なる運動体の活力となっていくいくつかの局面が読みとれた。

　たとえば「育成会」は結成当初から特殊教育の義務化をめざしてきたが，この「制度変革」を成し遂げるために親の「自己変革」が呼びかけられたことがこうした局面の一つとして読みとれる。特殊教育の義務化は，施設増設を含む福祉対策，原因究明のための医療対策と並んで設立間もない「育成会」の最重要課題の一つであった。当時は障害がある子どもは学校に行くことができず，ほとんどの子どもは自宅で親が世話をしているという状況があったため，「育成会」の陳情書には必ず教育問題が盛り込まれ，また関係団体と団結しての陳情や意見具申を行ってきた。しかし，「文部省辻村特殊教育主任以下の涙ぐましい御努力と育成会の血みどろの陳情」にもかかわらず，1960年の国会では，特殊教育機関の義務設置に関する学校教育法の改正法案が見送られた（「育成会」2001：86）。当時専務理事であった仲野好雄が，これを受けて「来年こそ義務設置制の実現を――特殊教育振興のため私たち親はなにを為すべきか」と題して機関誌『手をつなぐ親たち』49号に寄稿した文章が「育成会」の歴史資料に紹介されている（「育成会」2001：86-90）。仲野は，その「最大の原因が親に在る」とし，「面子にとらわれ」て特殊学校や特殊学級に入れたがらない親を批判している（「育成会」2001：88-89）。そして，「従来からの会員が中心となり，お互いに恥や外聞を捨て，……（中略）……わが子を少しでもよく育てあげ，その尊い体験と感謝の心で未だ理解の足りない親たちの啓発に従うことが一番大切だ」と提案している（「育成会」2001：89-90）。

　義務教育に関する「制度変革」を働きかけてきた「育成会」であるが，肝心

の会員の意識や行動がそれを阻む要因であることが認識されたことで，障害のあるわが子のことを恥ずかしいと思う気持ちを親自身が乗り越えることが必要であると主張しているのである。このことは，「制度変革」の手段として「自己変革」を強調するようになったことを意味しているといえる。

　1966年の全国大会では，「15年の反省と将来へのビジョン」と題した報告を仲野が行っているが，ここでは「自己変革」のプロセスがさらに詳細に記され，その重要性がとりわけ強調されている。

　　恥しい匿したいの段階から，わが子の幸せを捜し求め努力する段階には誰でも登れる。わが子の幸せと同様人の子の幸せも考えて共通の幸せを高めるために広く手をつないで使命感に生きつつ努力する——手をつなぐ親の運動を高める第三段階の人々はこの15年間でたいへん多くなった。嬉しいことであるがまだまだ不十分である。最後の第四の段階である「この子を授かった故に，人間としての巾を広め深みを増しその人間性を高めてもらい，生きがいを与えてもらい，この子に感謝したい気持を持てる親」が最近とくに増えだした。親の会15年の歩みの最大の収穫であり効果だと感謝したい気持ちで一杯である（「育成会」2001：146-147）。

　特殊教育を広げるためには，親自身が子の障害を認め，「恥や外聞を捨て」て特殊学級に入れることが必要であるとして，親に対して変革を働きかけてきたが，運動を進めるなかで，「人間性」や「生きがい」といった新しい価値に気づき親自身が成長していくという姿が見られたのである。

　ここで発見された第4段階，すなわち親の成長の重要性が強調される記述はその後も続き，1969年には，制度に働きかける「外に向う力」に対して，親の成長を「内に向う力」と名づけ，運動の重要な到達点の一つに位置づけている（「育成会」2001：178-179）。さらに，1971年には障害のある子を育てるなかで親自身も大きく人間的に成長していることを，「親の会運動の当初予期しなかった大きな収穫であり，これこそ私たちの運動の根底をなすものである」と記している（「育成会」2001：192-193）。

　当初は「制度変革」の手段として「自己変革」が位置づけられていたが，運

動を進めるなかで単に子の障害を認めるという意味の「自己変革」とは異なる次元の「自己変革」がもたらされ，次第に「自己変革」は手段ではなく目標の一つとなっていったと捉えることができる。

このように，「育成会」の資料を「制度変革」と「自己変革」という視点で分析していくことで，それらが相互に作用しながら運動体として変化していく様をさまざまな局面において描き出すことができる。本章においては，こうした変化が考察できる局面のうち，次の二つについて考察結果を記す。一つ目は，1980〜90年代に見られるもので，国際障害者年の国内の取り組みに参画していくことで，親が本人の主体性に気づいていくという「自己変革」がもたらされ，それがさらに組織の運動目標や名称および説明概念の変化に及ぶというものである。もう一つは，1980年代以降に広がった小規模作業所づくりをはじめとする日中活動の場づくりの事業が，親にとって「自己変革」の場として機能していたというものである。

先行研究

分析結果に入る前に，障害者福祉分野において運動に焦点をあてた先行研究を簡単に見ておきたい。まず「日本脳性マヒ者協会青い芝の会」の運動に代表される，障害のある本人による運動についての研究の蓄積が見られる（立岩 1995；田中 2005；副田 2008）。一方，家族や支援者らによる運動を研究対象としたものはごくわずかである。その一つである堀（2006；2007）は「先天性四肢障害児父母の会」の運動の歴史を研究しており，法制度に働きかける運動の歴史的変遷や，運動の担い手のアイデンティティの変容，あるいは組織戦略について取り上げている。

「育成会」の運動を考察対象とした先行研究としては，嶋崎（1997）による「全日本手をつなぐ育成会」およびその支部団体を分析対象とした研究や，高橋ら（2004）による都内の育成会の会員ニーズ調査の結果を分析した研究等が挙げられる。これらは社会運動団体としての「育成会」の組織戦略や運動をとおして表出される親の思い等を考察しているものの，障害者家族が運動を担う

ことの意味，すなわち運動をとおしてもたらされる親自身の変容やそのことの意味を捉えようとしたものではない。

第2節　本人の主体性への気づき
　　　——国際障害者年を契機とした「自己変革」

権利の主体者としての「本人」が立ち現れるプロセス

　障害者への福祉施策が皆無に近いなか，「育成会」は障害のある子をもつ親たちによって1952年に創立され，自ら訴えることの困難な本人に代わって，障害の発生予防，特殊学級の設置，施設の増設等の要求を行ってきた。70年代においても「この子をもった親の苦しみ悲しみは私たち一代で十分」（「育成会」2001：220）だというふうに，障害を良くないもの，排除すべきものとする親の側のみからの見解によって障害の発生や予防が運動の目標に掲げられ，「親亡き後」を憂えての施設増設の働きかけが続けられてきた。障害のある本人の尊厳や自己決定を重視する現在の社会的な認識と比べると，この時代のこうした主張は障害者本人を「独自の人格」（岡原 1995：99）と認める観点が乏しいことに気づく。

　国際障害者年を迎えるにあたり「育成会」は，障害者および保護者の11団体からなる専門委員会に名を連ねることになり「国際障害者年が身体障害者年化せぬよう」（「育成会」2001：278）に働きかけをしていった。そして同時に「育成会」の内部に対しても国際障害者年の理念に基づいた具体的実践を促していった。

　まず国際障害者年の翌1982年の中央情勢報告には国際障害者年で学んだものとして「あらゆる場合に障害者自身の発言を尊重せよということが大きく叫ばれ」たことが記され，これを受けて「自ら訴えることの困難なこの人々に代わって発言し行動することを旗印に掲げて来た親あるいは親の会，関係する人々はどうあるべきか」という問いかけがなされている（「育成会」2001：291）。そして1984年の中央情勢報告では「本人の身になって考え行動しよう」と呼び

かけられ（「育成会」2001：307），1986年には「本人の身になってと同時に，本人に聞く態度こそが人権の保障の基本と思います。"本人に聞く"実践報告をもっとたくさん生み出しましょう」と呼びかけられる（「育成会」2001：318）。さらに1988年には「何にも増して障害者本人の声に耳を傾けましょう。声なき声を聞きとること。そこから本当の代弁，権利の擁護が生まれます」（「育成会」2001：332）と記されている。

　岡原は，愛情の規範化およびそれを表すための行為の規範化によって，親が障害のある子を囲い込んでいく様相を捉え，そのことで子の「『自分』が成立する場」（岡原 1995：82）が奪われることを指摘している。「育成会」の運動においては，国際障害者年への働きかけ，すなわち「制度変革」をきっかけとして，知的障害のある「本人」が成立する場を作る努力が始められたといえる。その模索の中には，障害のある本人自身が権利を有する主体であることに気づいていくという親の側の「自己変革」の契機があったと考えられる。

　この後1989年の「育成会」の全国大会で本人部会ができ，1991年の全国大会での初めての本人による意見発表を経て，1994年以降は本人決議が毎年出されてきた。さらに1995年には本人の要望を受けて，会名から「精神薄弱者」という言葉をはずす変更がなされる等，親のみの視点にたった親による運動から，本人を中心に据える視点をもつ運動へと変容を遂げていった。

入所施設の拡充という組織の主要な目標の見直し

　この一連の変化は，施設の増設という組織の目標をも変えていくことにつながる。1994年の第4回「地域生活の推進と生活寮等グループホーム」セミナーの基調報告で，知的障害者の親であり当時理事長であった春山廣輝は「彼らの願いを原点に——もう施設はいらない!?」（「育成会」2001：400-402）と題した問題提起を行い「内外から大きな反響があり，批判も賛同も寄せられた」（「育成会」2001：400）ことが資料には記されている。

　春山は「育成会」の運動において本人の気持ちが具体的に語られるようになったことを受けて，「彼らが一番望むこと，それは何と言っても，地域の中

で生きたいということ」だとしている（「育成会」2001：401）。そのうえで，地域支援にお金を投入することなしには親の施設指向も抜け切れないと指摘し「待機者がいくらいるかという数字，それがひいては施設増設等につながっていく，こういうようなかつての福祉の流れを，どこかで一度，見直しというよりもストップをかけない限り，本当の意味の日本の知的障害のある人の福祉は確立できないのではないか」と提起している（「育成会」2001：402）。設立当初から，「親亡き後」の不安を根拠に入所施設の必要性を訴え，自ら経営にも関わりながら施設の拡充を進めてきた「育成会」が，本人の声を聞き，本人を運動の中心におくことでその志向に自ら疑義を投げかけるに至ったと解釈できる。

　ところで，「日本脳性マヒ者協会青い芝の会」が，告発型の運動を展開して社会にインパクトをもたらしたのはこれよりも10年以上前の1970年代のことである。障害のある子どもを殺した母親の減刑を求める世論に抗議したのが1970年，そして70年代は脱施設・脱家族を主張した運動を展開した。ところが，「育成会」の歴史資料を見る限りにおいては，こうした抗議が運動の理念や方針に何らかの影響を与えたようには見受けられない。その背景には，自ら訴えることの困難な知的障害のある人は，自ら訴えることのできる身体障害者とは違うという差異の認識があったと考えられる。体は不自由でも大人として自ら主張することができるようになる身体障害者と違い，知的障害者には守り育ててくれる家族が必要であり，親亡き後には愛情を注いでくれる専門職（＝施設）が必要であるとの考えがあったと推測される。

　こうした差異を超える契機となったのが，「国際障害者年を身体障害者年化しない」ための働きかけだったと考えられる。すなわち，身体障害も知的障害も同じ障害者だと主張する必要性に迫られたとき，「あらゆる場合に障害者自身の発言を尊重せよ」という要請を知的障害者にも当てはめる模索が始まったといえる。「育成会」におけるこの一連の流れは，「制度変革」を働きかけることによって，権利の主体者として障害のある本人を捉えるという気づき，すなわち「自己変革」がもたらされ，さらにそのことが親の施設志向に変革をもたらしたと意味づけることができる。

第3節　小規模作業所づくりの意義およびその限界

　次に,「自己変革」をもたらしたもう一つの具体的な局面として「育成会」による小規模作業所づくりを取り上げ,その意義と限界を示す。

　1970年代にインパクトを与えた障害者自身による告発型の運動と対置させるなら,障害者の親を主な構成員とする「育成会」の運動は,各種制度や施策に一定の影響を及ぼしてきたという点で権利要求型の運動といえるだろう。しかし,ここで着目するのは,単に権利の獲得や制度改正の要求を行うのみならず親自らが社会資源の創出やその運営を担ってきたという点である。「育成会」運動におけるさまざまな局面のうち小規模作業所づくりを契機とした「自己変革」を取り上げる理由は,「親元からの自立」に深く関係する成人期の障害者の問題に対する取り組みであったこと,またこの取り組みに多くの障害者の親が実際に関わり,さらに親が尽力して立ち上げた事業所が近年に至るまで地域で不可欠な社会資源として機能してきたという実態があるからである。

小規模作業所の増加の背景

　小規模作業所づくりをめぐる「自己変革」の考察に入る前に,小規模作業所づくりが広まった背景やその実態について概観しておく。家族の介護力に依存してきたわが国の政策のもとでは,成人した障害者の心身のケアを家族が全面的に担いつづけることになる。そして,これらのケアを担う親の負担は雇用就労が難しい重度の障害者の場合に特に顕著になる。

　厚生労働省が発表した「平成17年度知的障害児（者）基礎調査結果の概要」(厚生労働省 2007)では,卒業した知的障害者の日中活動の場の状況は,在宅者のうち通所施設が30.2％,自分の家が25％,職場・会社が17.5％,作業所が15.9％となっている。雇用就労ができない場合に家族を一時的にケアから解放する役割を担ってきたのが,授産施設をはじめとする通所の法定内施設であり,また日中活動の場が「自分の家」とする人が25％にもなることから,その受け

皿は決して十分ではなかったといえる。

このような状況の中で広がったのが法定外の事業である小規模作業所で，障害者の仕事や日中活動の場として，家族や障害児教育の関係者等を中心とした活動から創出され全国的に広がってきた。国や地方自治体による補助金を少しずつ拡大しながら1980年代に急増し，障害者自立支援法施行前にはその数は6000か所以上にも増加した（きょうされん障害者自立支援法対策本部編 2006：10）。しかしそれにもかかわらず，2006年の同法施行前までは法制度の中に位置づけられることはなかった。

小規模作業所の運営のために拠出される公的な費用は法定内施設に比べて極めて少なく[3]，小規模作業所の多くは利用者の家族等の関係者，および運動に共感して参加する人たちによる無償労働なしに運営が成り立つものではなかった。このことに関しては，きょうされんが1996年に実施した調査において，職員の賃金は約7割が年収100～300万円台であるという結果を示している。また，職員のうち7％が「障害のある家族が同じ作業所に通っている」という結果が出ていることを踏まえて，「全体として少なくない家族が作業所スタッフとして運営に関わっている」という見解を示している（共同作業所全国連絡会 1996）。

このような状況のもとでは，家族が運営に参加することが障害のある本人が作業所を利用するためには要件になるといった状況が容易に起こり得る。特に地域のボランティアの協力を得るにあたり「家族ではない人が手伝っているのだから，家族は先頭を切って運営に協力するべきだ」という規範が関係者らに共有されると，運営に協力しようとしない，あるいはしたくてもできない家族を排除することにもつながっていく。このようなごく小さなコミュニティにおける規範が引き出す家族の無償あるいは極めて安価な労働が小規模作業所の運営を支えてきたといえる。

親にとっての「自己変革」の場としての小規模作業所づくり

石川（1988）によると，「制度変革」には「敵手にとって取引を行い妥協」しやすい「集中型の単一運動組織」が適している一方で，「自己変革」には

第 3 章　知的障害者の親による運動における親の認識変容

「直接的コミュニケーション，対面的相互作用を通じて意識覚醒，アイデンティティの相互承認，自己表現が行える」ような「地域に根ざした小規模運動体」が適している（石川 1988：159）。これに従えば，小規模作業所づくりをはじめとした社会資源づくりの取り組みは，地域に根ざした小規模なものであるという点で，直接的コミュニケーションを可能にし，対面的相互作用が起き得る共同行為を伴うことから，親の「自己変革」の契機が存在していた可能性がある。

　1986年の機関誌『手をつなぐ』において，知的障害者の親であり「育成会」の理事長であった仲野好雄は，小規模作業所が親の会の活動を活性化していることを強調して次のように述べたことが記録されている。

　　まず仕事を通して，他人の子や親を見つめることができる。更に資金が足りないとなると，親たちが目的を一つにより強固に団結し，踏ん張る。今一つ，地域の中で親子してボランティア活動を続けることにより，その作業所を通して，地域社会に理解を求めることができる（全日本精神薄弱者育成会 1986：21）。

　また別の号では，障害のあるわが子の成人後に「育成会」の存在を知り，視野が広がっていった母親の手記が掲載されている。

　　授産所に入れていただき，同じ境遇の方々が苦労しながら，親子共に一所懸命生きておられる姿や，それをご指導くださる先生方に接し，パッと世界が広がりました。おかげで，自分自身の意識改革もでき，いろいろな援助制度のことも勉強させていただきました（全日本精神薄弱者育成会 1985：19）。

　「育成会」関係の記録の他にも，家族による作業所づくりや施設づくり等を記録する文献に，「最初は障害を持っている自分の子どものために，と思って運動にかかわっていましたが，この講座を通じて一人の市民として何をなすべきか，を考えるようになった」（「たんぽぽ」の運動を記録する会 1990：90）という親の言葉や，作業所運営に関わるなかで「（障害のある子が）大人になってまで，なぜ親の責任が求められるのか」「長年障害をもった子どものために自

65

らの生活を犠牲にしてきたのだから，もう社会が責任をもつべきだ」（いずれも共同作業所全国連絡会 1997：99）という声が親から出てきたエピソードが紹介されている。これらは，社会資源づくりに参加することで障害者の問題を社会の仕組みの中で捉えられるようになったり，親子の関係性を距離を置いて客観的に捉えるようになるといった親の「自己変革」を示す例である。

では，このような社会資源づくりの取り組みは，成人期の知的障害者とその親が抱える問題の何を解決し得たのだろうか。麦倉（2004）は，知的障害者施設の入所者の家族のアイデンティティ形成を考察するなかで，知的障害者が成人期にさしかかったときに本人と家族が「いかに行動すべきかを示すモデル・ストーリーの不在」を指摘しているが，小規模作業所づくりは，成人期の障害者を支える社会資源が圧倒的に足りないなかで親がとることのできる行動の一つのモデル・ストーリーとなったといえる。一方，小規模作業所の中には法人格の取得を経て入所施設やグループホームの開設といった「親亡き後」の問題を解決するまでになった組織もあるが，多くの作業所はそこまでの発展は遂げていないと考えられる。このことから，養護学校卒業後の日中活動の場を作るという社会資源づくりは，本人の成人期に親がとる行動の一つのモデル・ストーリーを示したものの，「親亡き後」の問題を含めた親にとっての不安や不満を解決するには至らなかったといえる。

「育成会」という運動団体にとっての小規模作業所づくりの意義

次に「育成会」という運動体にとっての小規模作業所づくりの位置づけおよび果たした機能について述べる。「育成会」の運動は，当初から「制度変革」の働きかけを行う「運動」と，会員が直接的に携わり実践する「事業」を組織戦略の柱にしてきた。たとえば「育成会」の運動の初期に広がった「事業」の一つに相談事業がある。1956年には山下清展を全国で開催しその会場で医療と教育に関する無料相談を行い（「育成会」2001：49-51），その後相談事業は「育成会事業の推進」の一つの項目に並べられ（「育成会」2001：114），1963年には「相談事業の組織化」が言及されている。この間に「育成会」は会員を急速に

伸ばしていく。全国各地で展開した相談事業は,障害のある子をもってどうしたらいいかわからずに右往左往している親の不安や不満に手をさしのべることを意味し,「育成会」の運動にとっては会員獲得につながる重要な事業となったのである。

　その後,1973年の養護学校義務制実施の「予告政令」を経て1979年には「育成会」が設立当初から働きかけてきた養護学校教育の義務制がスタートし,1980年代には相談活動よりも小規模作業所に関する記述が多くなっていく。養護学校義務制スタート前の1978年の中央情勢報告では「学校教育の義務制への途は開かれたが,義務制からの途はどうするのかといった声」があることを紹介している（「育成会」2001：257）が,このことは養護学校の義務制の実現を境目として,障害のある子をもつ親の主な不安や不満が子どもの就学時から卒業時へと移っていったことを示唆しているといえる。小規模作業所づくりは,養護学校義務制によって就学の問題からある程度解放された親たちの次なる課題に応えるものであった。それは同時に,「育成会」の運動にとっては会員を増やし運動を発展・拡大させていくための戦略,すなわち相談事業に続く次の戦略として機能してきたと考えられる。

　小規模作業所が本格的に増加しはじめた80年代は「育成会」が「事業」を特に強調した時期である。1981年の基調報告では,「小規模事業,グループ活動」は「運動に対して資料を提供して裏づけをすると同時に新しい意欲や要望を生み出し,運動を一層発展させる原動力」であると述べ,最後に「汗を流し,身銭を切り,ちえをしぼり働く親の会を維持し発展させるための会員の奮起」が呼びかけられている（「育成会」2001：282-287）。1984年には,「地域福祉活動・小規模事業の実践に,思い切って重点をかける」という方向性が示され（「育成会」2001：307）,1985年には小規模作業所（通所援護事業）をさして「活力ある親の会の最大の役割」だと述べられる。さらに小規模作業所の国庫補助の対象が身体障害者や精神障害者にも広がった1987年には「思い切って小規模作業所を振興しましょう」と呼びかけられ（「育成会」2001：323-326）,1998年に「育成会」が小規模作業所全国連絡協議会を結成したときには「予定の倍をこ

える」1026の作業所が加入したとされている（「育成会」2001：472）。

　ところで，社会運動論の一つの論点にフリーライダー問題がある。運動の目標が達成され，集合行為に貢献しなくても，すなわち運動に対して汗を流さなくてもその恩恵を受けることが可能になると，フリーライダー（汗を流さずに恩恵を受ける人）が増える一方で集合行為に貢献する人が減り，その結果運動が衰退していく（川北 2004：59）という問題である。

　先に述べたように小規模作業所は法定外の事業であったために，親が運営に貢献するかどうかが成人後の障害のある本人の日中活動を保障することに直接的な影響を及ぼすものであった。「育成会」は小規模作業所の法定内事業化を働きかけてはきたが，近年に至るまでそれが実現されなかったことは，結果的に小規模作業所がフリーライダーを防止しながら「育成会」の会員を獲得するという機能を果たしていたといえる。また，1977年には小規模作業所に対する国からの運営補助である「精神薄弱者通所援護事業」が始まったが，この国庫補助は「育成会」を通じて「育成会」に所属する地域の親の会に交付されていた。親の会以外にも多様な運営主体による小規模作業所があったにもかかわらず「育成会」のみが受け皿となったのは，この事業が社会資源への補助としてではなく「地域の親の会を育成するための補助制度としてスタートした」（共同作業所全国連絡会 1998：262）からである。この交付方式に対しては，「育成会」と同様に小規模作業所づくりを促進してきた団体であるきょうされんが「不公平きわまりない団体補助交付方式」（共同作業所全国連絡会 1998：124）として批判してきたが，このようなシステムもまた「育成会」にとっては会員獲得の機能の維持強化につながっていた可能性が指摘できる。

　とはいえ，「育成会」が会員獲得を目論んで，親が小規模作業所づくりに携わることの負担に目をつぶってきたわけでは決してない。「育成会」は，小規模作業所については法定内事業化を訴えてきており，2001年の資料では小規模作業所を，本来は「国が保障すべき義務である」にもかかわらず「やむにやまれず作業所を整備してきた」と位置づけている。また「法内施設に比べて親が運営に参加しやすい」というメリットも認めつつ，親が運営に携わることに

よって「運営者側のエゴや価値観を，知らず知らずに選択肢をもたない利用者に強要する危険性」があること，また「会員のための資源から客観的な社会資源へ」という転換が必要なこと，さらには「指導員が親でなければならないという傾向は徐々に減りつつあるようですが，いずれにせよきちんとした技術と能力が必要になる」として，親ではない専門職が運営に携わる必要性を指摘している（「育成会」2001：502-504）。

このようなさまざまな問題を孕みながらも，親による小規模作業所づくりは，直接的コミュニケーションをとおした「自己変革」の機会を孕む「地域に根ざした小規模運動体」（石川 1988：159）として「育成会」の運動に活力を与え，また，組織の規模の維持拡大に貢献してきた。その結果，「育成会」は法制度改革に対して意見を述べることのできる立場を獲得，強化していった。

親による運動がもつジレンマ

小規模作業所づくりが全国に急速に広がった背景には，とりもなおさず社会資源の圧倒的な不足という現実がある。障害者を取り巻く社会状況が厳しいものであればあるほど，愛情規範の影響を受けた親は障害のある本人のケアだけでなく，社会資源づくりに動員されることになる。そして，愛情や頑張りを発揮すればするほど，社会資源が足りないという問題が，客観的にはあたかも解決されたかのように見えてしまうことで，問題が問題として広く認識されないということが起き，そのことがかえって問題解決を遅らせてきた面がある。そして，小規模作業所づくりは親のこうした愛情や頑張りを発揮させるメカニズムに極めて適合的であったといえる。

本節でも指摘したように，この小規模作業所づくりは「自己変革」の契機を孕んでいた。「地域に根ざした小規模事業体」に関わることで，運動の担い手である親が，いつまでも自分が課題解決の担い手でありつづけることに疑問をもったり，「親元からの自立」の必要性に気づいたりすることは十分に考えられる。しかしながらそうした疑問や気づきが法制度改革の議論の中で，あるいは小規模作業所づくりの実践の中で大きな声にはなっていかなかった。その理

由は次のとおりである。

　「親元からの自立」が実現することで親がケアの担い手でなくなることは，親は当事者ではなくなることを意味している。もちろん，ケアを担うことが当事者としての親の役割のすべてではない。たとえばグループホーム等に入居することで直接的なケアの役割が解消されたとしても，現実的にはさまざまな場面での決定や財産の管理等において親の役割が継続していくことが考えられる。しかしながら，目に見える圧倒的な負担としての日々のケアを担うことでこそ，親は当事者という立場を堂々と行使できているという側面は否めないのではないだろうか。もしそうであれば，「親元からの自立」を主張することは，このような発言の力を手放すことを意味していると考えていいだろう。具体的にはたとえば，法制度の創設や変革における駆け引きにおいて，「自分たちはこれだけ負担しているのだから」という自らの頑張りを主張することは，より差し迫った要求を通す際に，あるいは徐々に要求のレベルを上げていくプロセスにおいては説得力があると考えられる。

　また法制度に対する発言力以上に直接的な影響を与えるのが，社会資源の維持発展という事業の展開における影響である。小規模作業所づくりにおいては，親の愛情や頑張りへの共感が養護学校の教員や地域の住民といった周囲の人の協力を引き出し，作業所の設立・運営を可能にしてきたという現実がある。このように作業所づくりのイニシアチブをとってきた親が「親元からの自立」を主張することは，周囲の人には親が運動のリーダーとしての役割から降りることの宣言ともとれる。たとえ「親元からの自立」という主張が，他ならぬ障害のある本人の権利として主張されたものであっても，親のひとかたならない頑張りに感銘を受け協力してきた人たちに，それが容易に理解されるとは限らない。そのため，運動のイニシアチブが次の担い手，できれば家族という立場ではない支援者に引き継がれない限り，小規模作業所という場の存続そのものを左右する事態につながる可能性がある。障害者の親たちが地域の社会資源に対して果たした貢献は極めて大きく，それゆえ「親元からの自立」を簡単には口にすることができない。こうした状況は，親という当事者によって担われてきた運

動,とりわけ事業を伴う運動が必然的にもつジレンマからくるものといえる。

親による運動の意義と限界

以上,「自己変革」という視点を用いて「育成会」という一つの運動団体の資料を考察してきたが,本章の最後にこの親による運動を,本研究の視点である法制度と規範のメカニズムに位置づけなおすこととする。

本章でみてきたように,「育成会」の運動は,養護学校の義務化や入所施設の増設といった「制度変革」を働きかけるなかで,担い手である親自身に「自己変革」をもたらしてきた。この「自己変革」はやがて規範の変容へとつながっていく可能性がある。

たとえば,かつて見られた知的障害のある子を特殊学級へ入れたがらない親の「恥しい匿したい」という気持ちは,知的障害者を価値の低い存在,あってはならない存在として見る能力規範を親もまた共有していたことを意味している。「育成会」の組織はそのような気持ちを乗り越えようと呼びかけ,その結果,障害のある子と向き合う体験を「尊いもの」として捉え,また「感謝」の気持ちを抱くようになった親が現れてきた。また,国際障害者年以降は,知的障害者の声に耳を傾けようと呼びかけられ,権利の主体者として認める方向へと親たちの認識も変容していった。このことは,運動の担い手である親たちが,従来の社会規範から脱し,知的障害者に対するオルタナティブな見方,すなわち知的障害のある人も障害のない人と同等の価値があり権利があるという見方を獲得していったことを意味している。このオルタナティブな見方が,「育成会」という組織の啓発活動,あるいは各地で展開する事業をとおして地域や社会に向けて伝えられていくことで,社会規範の変容が促されてきた可能性がある。とりわけ地域の住民やボランティアとの協働の場である小規模作業所づくりの取り組みは,そうした考え方を関係する人々に直接伝えることができるという点で,社会規範の変容に少なからず貢献したと考えられる。

しかし,就学期の問題である養護学校の義務化,卒業後の行き先である小規模作業所づくりと,時代の変化とともに新しい課題に取り組んできた「育成

会」が，次なる課題である「親元からの自立」という課題に対しては明確な主張をしにくい立場にあり，ここに親による運動の限界がある。

　社会運動は「社会制度や社会意識を変えていこうとすると同時に，自分達のアイデンティティやライフスタイルを変えていこうとする集合行為」（石川1988）という定義に立ち戻れば，社会運動の担い手になることは，問題を他の誰かの問題としてではなく，「自分達」の問題として引き受けることを意味しているといえる。障害者の親たちは，障害のあるわが子が生きていくうえで直面する問題を，まさしく「自分達」親の問題として引き受けることで，運動の担い手としての当事者性を維持してきた。それ故，法制度改革における議論において，当事者性を手放すことを意味する「親元からの自立」を簡単に主張するわけにはいかないというジレンマ状況が生じる。さらに，小規模作業所づくりという事業においても，「親元からの自立」の必要性を親の立場で主張することは，地域に不可欠の社会資源として役割を果たす運動体の求心力を揺さぶるという点で大きなリスクを伴う。

　このように考えると，親が頑張ることでこそ力をもち得る「親による運動」によっては，「親元からの自立」に向けた法制度および規範の変容を望むことは難しい。親による運動がこれまで成し遂げてきた，決して小さくない成果を認めつつ，またそこまで親に担わせてきた社会のあり様を深く反省しつつ，「頑張る親」に依存した障害者福祉から脱却する必要がある。そのためには「頑張る親」ばかりを見ていても解決の糸口は見えてこない。むしろ「頑張る親」から降りた親こそが時代の先駆者であると位置づけ，次章以降，障害のある本人との居所の分離を体験した家族の認識を考察対象として論考を進める。

注
(1) なお，「全日本手をつなぐ育成会」は，会員の減少等の理由により2014年6月に解散し，後継団体としては，全国各地の育成会が役割を担いながら有機的なつながりをもつ連合体として活動していくことを目的とした任意団体の「全国手をつなぐ育成会連合会」が発足した。
(2) 「全日本手をつなぐ育成会」ホームページ。(http://www.ikuseikai-japan.jp/

aboutus/aboutus01.html, 2009.6.26)。
(3) 国庫補助は1か所あたり1年間に110万円で，自治体による補助金は，200万円前後～1800万円超と自治体間で著しい開きがある（きょうされん 2006）。障害者自立支援法の施行に伴い，2005年度までで廃止された。
(4) 1952年に設立後，14年後の1966年には都道府県の「育成会」の会員数合計は30万人を超えている（「育成会」2001：125）。

第4章

親元からの自立に関する
インタビュー調査と質的データ分析

　前章では，知的障害者の親による運動の一つ「全日本手をつなぐ育成会」の資料を用いて，親による運動が果たしてきた成果と限界を示した。親による運動は法制度と規範の変容に一定程度の貢献をしてきたが，「親元からの自立」については，法制度への働きかけも規範への働きかけも容易ではないことを述べた。そこで次に，言葉での意思表示が難しい知的障害者で，20～30代に家族と居所を分離した知的障害者に着目し，その家族を調査協力者として質的研究を行うこととした。本章では，2013年に筆者が行ったインタビュー調査（以下，「2013年調査」と記す）において得られたインタビューデータを質的データ分析によって分析した結果を示す。

第1節　調査の目的

　「2013年調査」は，知的障害者の家族が，本人と居所の分離を決定し，その後の生活が安定するまでのプロセスについて語った家族のインタビューデータを考察することで，愛情規範や自助規範を内在化させて生きてきた家族の認識が居所の分離を経てどのように変容するのかを明らかにするために取り組んだ。
　知的障害のある本人ではなくその家族を調査協力者とする理由の一つは，インタビュー調査において自分の考えや体験したことを十分に言語化することが難しい比較的重度の知的障害者のケースを分析したいと考えたからである。いま一つは，そのような重度の知的障害者の場合，居所を分離するかどうかを決定するのは実質的には家族であると考えられるからである。つまり，知的障害

者が親元を離れて地域で暮らすことを支援する際に，家族にとっての子育てを含む経験やそこで獲得した価値観，またそれらに基づく物事の捉え方や判断の仕方を理解することが不可欠になる。そして，それらを理解することによって，「親元からの自立」ができにくい法制度と規範のメカニズムを変える糸口をつかむことができると考えた。

第2節　先行研究の検討

　本節では先行研究の検討結果を示す。なお，先行研究の検討は筆者が2013年夏に本調査を実施する前に行い，検討結果に基づいて調査計画を立てた。その時点では，知的障害者の居所の分離を経験した家族を対象とした調査研究はわずかに谷奥（2009），中山（2010）のみであった。しかしながら本書をまとめるにあたって再度文献検索を行ってみたところ，2013年以降にいくつかの文献がこのテーマに関して新しい知見を示していることがわかったため，本節では，調査後に再度検討した先行研究に，「2013年調査」を改めて位置づけ直すこととする。

先行研究の結果の概要

　まず，先行研究においてすでに同様の調査が行われているか，行われているとしたら新たな課題はどこにあるかを明らかにするため，国内の文献について知的障害者の家族を調査対象とする研究を選ぶ作業を行った。CiNii Articlesを用いて関連するキーワードをいくつか入力し，ヒットした文献を次の作業によって取捨選択していった（2014年9月13日時点での検索結果）。

　まず文献のタイトルや抄録を見て対象外とわかる文献を省き，残ったものについて文献の内容を確認し，成人した障害者の家族を対象として実施された量的調査，質的調査をピックアップした。さらに，就労をテーマにしたもの，障害受容をテーマにしたもの，性の意識をテーマにしたもの等を除くことで，居所の分離や家族依存といった本研究のテーマに関連するものを選び出した。

なお，先行研究の中には年齢を限定せずに子どもから成人期，高齢期の障害者の家族を対象とした調査もあるが，その場合は平均年齢が20歳以上である調査を選び出して検討することとした。「親元からの自立」が体験されるのは20歳以上とは限らないが，ひとまず年齢を区切ることで「障害児の子育て」の問題と区別することとした。

検索したキーワードとピックアップした文献数は次のとおりである。まず①「知的障害」「親」で検索したところ247件がヒットし，「精神薄弱」「親」では90件がヒットした。それらのうち該当するものとしてはそれぞれ15件，2件を選び出した（表4-1，表4-2）。次に②「障害」「自立」「親」で検索した。ヒットしたのは131件で，①と重複するものを除いたうえで，4件を選び出した（表4-3）。さらに，③「知的障害」「家族」，および「精神薄弱」「家族」でも検索したところ，それぞれ202件，22件であった。このうち①②で選び出した文献と重複するものを除いたほか，該当するものを選んだところ9件，1件となった（表4-4，表4-5）。さらに，④「障害」「自立」「家族」で検索したところ320件がヒットしたが，重複を除くと該当するものはなかった。以上の作業によって選び出した文献は合わせて31件である。なお一つの文献の中で複数の調査結果が報告されている場合は，上記の条件に該当するもののみ選び，表には文献で表示されている順序どおりに調査1，調査2…と表記した。

調査者によって描かれてこなかった「親元からの自立」

本研究の問題意識に沿ってこれらの文献を見ていくと，親元からケアホームやグループホーム等の地域の住まいに移行したケースは調査研究においてほとんど捉えられてこなかったことがわかる。

西村（2009），望月ほか（1999），田中（1985）の調査2，新藤（2009a，2009b），三原ほか（1996），武田（2004）は，量的もしくは質的調査の項目の中に，将来の生活場所や人生の終焉場所，あるいは子の自立に向けてしていること，不安や要望，期待等が含まれているが，いずれも調査対象者が知的障害者と同居する家族となっている。また，麦倉（2004），藤島ほか（1992）は調査対象者が施

表 4-1 キーワード「知的障害」「親」

論文タイトル	著者／掲載年	調査対象者／生活の場の状況／調査方法	調査目的	調査および分析の内容
離家を契機とした知的障害者と母親の関係再構築——グループホーム入居の事例から	内田安伊子／2014	知的障害者（29～47歳）の母親（50代後半～70代後半）9人／親元からグループホームに入居／インタビュー調査	親の求める自立へのモデルケースを示しそこに見られる課題の検討	入居後の子への接し方，親子をめぐる周囲の状況を母親のタイプ別に分析
施設利用に関する保護者の意識について——知的障害者施設保護者の調査結果をもとに	中山和子／2014	入所および通所の更生施設・授産施設を利用する10～80代の知的障害者の保護者（40～80代）110人／入所施設もしくは自宅から施設に通所／アンケート調査	知的障害者施設の利用者と保護者の意識の理解	施設入所に対する不安の有無やその内容，それらが施設利用後に変化したか否か，相談相手の有無やその相手について統計をとり考察
知的障害者支援施設における個別支援計画の導入が家族に与える影響——親役割診断尺度（PARS）の結果から	大橋徹也／2014	知的障害者支援施設の利用者（年齢は不明）の家族12人／自宅から施設に通所／親役割診断尺度のシートに家族が記入	施設の利用者への個別支援計画の導入が家族に与える影響の実証	親の子に対する「干渉」「受容」「自信」「自立促進」「適応援助」「分離不安」について，個別支援計画導入時点から導入後までの変化を分析
知的障害者の生活の場の移行と親子の自立——生活の場の移行を経験した知的障害者の親たちの語りに見る親役割の変容	田中智子／2013	成人期障害者（20代前半～40代後半）の親（50代前半～70代後半）／親元から入所施設・グループホームに入居／インタビュー	生活の場の移行の選択に至るまでに，どのような関与があれば生活の場へ至るのかの考察	時間軸に沿ってケアに対する態度とその規定要因を考察し，生活の場の移行を経てどのようにケア役割を変容させたか，又変容させないのかを分析
重度の知的障害を持つ子どもの親の生活と人生に関わる研究——社会的支援の探索と適切な養育環境の調整プロセス	黒岩晴子／2013	重度の知的障害者（平均年齢32.47歳）の親（61.25歳）9人／生活の場は不明／インタビュー	親の生活史を通し，現在の暮らしの中での選択や社会支援につながった経過，今後の見通しの考察	修正版グラウンデッド・セオリー・アプローチを用いて，養育プロセスにおける困難にどのように対処し今後を模索しているのかを分析
知的障害のある人の青年期における親子関係の変容についての一考察——親による語りのエピソード記述をとおして	森口弘美／2010	知的障害者（21歳）の母親（50代）1人／ケアホームに入居し毎週末に親元に帰宅／インタビュー調査	障害のある子をもつ親の「子離れのし難さ」の要因や意味の検討	ケアホームに子を入居させるにあたっての葛藤，および入居後の親子関係の変容について考察。調査者自身の主観についてもあわせて考察

第 4 章　親元からの自立に関するインタビュー調査と質的データ分析

知的障害者の父親の意識に対する考察	三原博光,松本耕二/2010	知的障害児者（未就学〜50代）の父親341人／障害者施設の利用者または障害者団体に所属する人であり，生活の場の状況は不明／質問紙調査	家族や職場の同僚，社会に対する意識を考察する	障害の告知，育児や家事，社会に対する気持ちや行政への期待などについて年齢や障害程度との関連とともに分析
知的障害者の母親たちの「脱家族介助化」過程——成人知的障害者の母親たちに対するインタビュー調査の結果から〈論説〉	中山妙華/2010	知的障害者（20〜40代）の母親（40〜60代）7人／いずれも共同作業所の利用者であり，うち一部はグループホームに入居，一部は親元で生活／聞き取り調査	「脱家族介助化」の過程とその意義，課題を明らかにする	共同作業所づくり，グループホームづくりに中心的に携わった母親1人のデータによって「脱家族介助化」に向けた母親の取り組みを分析し，全体のデータによって課題等を検討
親役割を降りる支援の必要性を考える——「親亡き後」問題から一歩踏み出すために	西村愛/2009	知的障害者（23〜36歳）の母親（56〜67歳）5人／いずれも親元で暮らし，うち4人は通所の社会資源を利用／インタビュー調査	知的障害のある子が親亡き後も生きていくために何が必要かを明らかにする	子どもが生まれてから現在に至るまでの親としての思いや悩みを自由に語ってもらうことで，親役割，役割期待や周囲の無理解，親亡き後のためにしていること，不安等について分析
「最重度」知的障害のある人のグループホーム入居決定要因に関する一考察——3家族の親へのインタビュー調査を通して	谷奥克己/2009	最重度知的障害者（28〜30歳）の親（50〜55歳）3人／グループホーム入居歴が5〜7年／インタビュー調査	グループホーム入居を決定した要因を明らかにする	グループホーム入居に至るまでの子育て，学齢期，卒業後のプロセスを語ってもらい，地域移行に対して親族が否定的態度を示す要因と照らし合わせて分析
知的障害者の老後に対する親達の不安に関する調査	三原博光,松本耕二,豊山大和/2007	知的障害者（20〜60代，うち20〜30代が75.8%）の親（大部分は母親・40代以上）368人／通所施設利用者52.9%，入所施設利用者が28.6%，「多くの知的障害者は，家族と同居しながら施設へ通っていた」との説明あり／アンケート調査	知的障害者の老後に対する親の不安を具体的に明らかにすることで，施設などの支援に反映する	子どもの加齢感や加齢の認識状況，きょうだいへの介護の期待，職場での定年制の導入，高齢知的障害者の生活場所や人生の終焉場所についての意向や希望について質問，年齢や障害程度，現在の生活場所等との関連を分析

知的障害者の高齢化に対する親の意識——知的障害者の親達に対するアンケート調査を通して	三原博光,松本耕二,豊山大和／2006	知的障害者（多くが20～30代）の親（40代以上）274人／通所66.4%,居住施設8.9%,「多くの障害者は家族と同居」との説明あり／アンケート調査	知的障害者の高齢化に対する親の意識を明らかにする	子どもの加齢感や加齢の認識状況、きょうだいへの介護の期待、職場での定年制の導入、高齢知的障害者の生活場所や人生の終焉場所について意向や希望について質問、年齢や障害程度、現在の生活場所等との関連を分析
知的障害者入所施設A・Bの地域移行に関する親族の態度についての一考察	鈴木良／2006	知的障害者（26～69歳）の親族（49～81歳）21組／入所施設から自立訓練ホーム、グループホーム、寮への移行を経験／面接調査	親族の地域移行への理解・協力を促進するうえで必要な方策を明らかにするために、地域移行に否定的態度を示す背景にある要因を分析	質問項目は本人の施設生活、地域移行プロセス、本人の地域生活に関することであり、「安心」(「施設福祉サービスへの安心」)や「不安」(「親族の悪影響に関する不安」「地域福祉サービスへの不安」など)の中身によってカテゴリー化することで問題の解決策を導き出している
知的障害者家族のアイデンティティ形成についての考察——子どもの施設入所にいたるプロセスを中心に	麦倉泰子／2004	重度および最重度の知的障害者（20～60代）の保護者（父・母・きょうだい）11人／入所施設を利用／インタビュー調査	これまでの施設福祉政策が障害をもつ人の家族によっていかに経験されたのかを記述することで、よりよい家族支援サービスを行っていくための基礎的な資料とする	出生・進学・卒業などの重要なライフイベントに関する質問、および人間関係に関する質問から、施設入所に至るまでの親たちの経験、アイデンティティの変化等について分析
〈原著〉重複障害を持つ知的障害者の親の思いについて——在宅児通院治療を長期間続けた親の面接から	望月まり,秋山泰子／1999	重複障害のある知的障害者（22～54歳）の親（協力者の年齢は不明）21例／自宅で暮らしながら、2人の「在宅」を除き日中は就業あるいは作業所等を利用／面接	ライフサイクルを見通した生涯支援のあり方を検討するために、重複障害をもつ知的障害者とその親の生活・心理状態を明らかにする	治療相談の開始からの経緯、負担感や認識しているサポートについて、また将来については施設入所の意向を明らかにし、ストレスや負担感、不安等と、年齢やサポートの有無との関連を分析

第 4 章　親元からの自立に関するインタビュー調査と質的データ分析

表 4-2　キーワード「精神薄弱」「親」

論文タイトル	著者／掲載年	調査対象者／生活の場の状況／調査方法	調査目的	調査および分析の内容
精神薄弱者の就労・自立と老後の実態と課題——精神薄弱者の親の意識調査	田路慧,住居広士,井出和人ほか／1995	精神薄弱者（平均年齢26.2歳）の親（平均年齢53.9歳）54人／自宅で暮らし，通所授産施設を利用／配票調査法	自活に向けた親の考えや授産施設に対して期待する役割などについての意識を明らかにする	就労および知的障害者の老後や親亡き後について，親の期待や希望などを調査し，その傾向から社会資源や専門の介護職員の要請等といった課題を考察
障害者の高齢化・老化をめぐる諸問題——精神薄弱者を中心として	田中るみ子／1985	調査 2：精神薄弱者（30歳以上）の親（50～70代）27人／通所および在宅者／アンケート調査　調査 3：精神薄弱者（30歳以上）の親（60～80代）5人／3人は入所施設，2人は在宅／面接調査	精神薄弱者の高齢化・老化の実態と，それに伴う親のニーズを明らかにし，障害者福祉推進の手がかりを得る	外見上の老化の実態を分析し，加えて親に感じられる老化の兆候，通院や有病の状況，家族構成と将来の世話や保護者として心配なこと等を明らかにしている。研究全体としては，施設職員や施設を対象に実施した調査 1，調査 4 と合わせて考察した結果をまとめている

出所：筆者作成。

表4-3 キーワード「障害」「自立」「親」

論文タイトル	著者／掲載年	調査対象者／生活の場の状況／調査方法	調査目的	調査および分析の内容
障害者自立支援法導入による在宅障害児・者の母親の養育負担感の変化とその関連要因	松澤明美, 田宮菜奈子, 柏木聖代ほか／2013	身体および知的障害児・者（2～48歳）の母親（22～74歳）108人／自宅で暮らしながらサービスを利用／アンケート調査	自立支援法導入による母親の養育負担感の変化とその関連要因の明確化	自立支援法導入による母親の養育負担感の変化に対して，家族の状況サービス利用の情報の有無，サービス利用量の変化等といった関連要因を分析
親と暮らす障害者の自立──重度障害児・者を抱える親へのインタビュー調査を中心に	新藤こずえ／2009a	知的障害をもつ重複障害者（10～40代）の親（40～70代）7人／通所の福祉サービス事業所を利用し親と暮らす／インタビュー調査	親の自立観や親が子どもを自立しゆく存在とみなしているかどうかを明らかにすることで，障害者が子どもから大人になるプロセスを保障するための糸口をつかむ	養育・親子関係，子どもの将来像や自立観，および日常的な介護の状況や経済状況をあわせて聞き取り，親の自立観や子の自立に向けての親の動き等について考察
障害を持つ子の社会的自立に対する親の意識に関する考察──障害福祉サービス事業所Xを事例として	新藤こずえ／2009b	身体障害のみの1人を除き知的障害者（重複障害者を含む・15～30歳）の親（40～70代）20人／通所の福祉サービス事業所を利用／質問紙調査	障害のある子の社会的自立について親がどのような考えを持っているのかを探る	親の人生観，親子関係（育児観や子どもに日頃言っていることなど），子どもの職業生活や将来像などについて質問し，その傾向を職業的・経済的自立，ADL自立，自己決定権を行使する自立に照らして考察
地域社会における障害者家族の実情──両親と兄弟姉妹への実態調査を通して	三原博光, 田淵創, 豊山大和／1996	調査1：一人っ子の障害者（約55％が20代，約58％が重度の知的障害）の親29人／生活状況は不明／アンケート調査 調査3：障害のないきょうだいがいる障害者（障害種別・年齢は不明）の親（年齢は不明）94人／生活状況は不明／アンケート調査	障害者の家族に対する福祉的援助について考察	調査3では，きょうだいへの調査も実施し，地域社会の人間関係や親亡き後の障害者のケアについてその傾向を明らかにし，障害のないきょうだいの有無により比較

出所：筆者作成。

第 4 章　親元からの自立に関するインタビュー調査と質的データ分析

表 4-4　キーワード「知的障害」「家族」

論文タイトル	著者／掲載年	調査対象者／生活の場の状況／調査方法	調査目的	調査および分析の内容
知的障害者施設の生活制限に関わる専門的ケアの考察——施設職員・世話人・家族の意識調査から	大塚良一／2012	知的障害者（年齢は不明）の家族（年齢は不明）30人／施設・グループホーム等に入居／アンケート調査	知的障害者支援における生活制限に対してどのような意識を持っているかの解明	生活制限の具体的な行為のそれぞれに対して、行っても良いかどうか、同意が必要かどうかを家族、施設職員、グループホーム世話人についてそれぞれ集計
知的障害者家族にみる日常生活を維持する力——M-GTAによるプロセス研究	得津愼子／2010	強度行動障害を呈してきた知的障害者（22～40歳）の親（55～69歳）8人／グループホーム2人、ケアハウス1人の他は自宅で暮らす／インタビュー調査	家族の力を活かす専門的な援助へのニーズを探るために、家族が日常をどのように感じ、生き抜いているかのプロセスを明らかにする	これまでの困難をどう乗り越えてきたか、その時の決め手は何かという問いから、家族が安定した生活に向かってきたプロセスを分析し、困難なプロセスを支える力について考察
知的障害者の家族のニーズ研究	米倉裕希子，水谷正美，和田知美／2009	知的障害者（4～72歳・平均28歳）の家族（22～88歳・平均53歳）／家族と同居70％、家族と別居21％／アンケート調査	地域社会における障害者福祉のあり方、家族に対するアプローチの仕方について検討する	生活状況、サービスの利用状況、これからの生活の希望や将来の不安、親の会（育成会）への期待等についてその傾向を明らかにし、年齢やサービス利用の有無等との関連を検討
オーストラリアにおける脱施設化の実態と課題——障害者本人・職員・家族を対象にしたインタビュー調査を通して	孫良／2007	知的障害者（34～67歳の本人調査協力者21人のうち、家族調査の承諾を得られた6人）の家族／入所施設から地域への移行を経験した人／インタビュー調査	脱施設化がどのように実施され、意図どおりの結果をもたらしたか、そうでないとすれば問題はどこにあったかを明らかにする	家族だけでなく、本人および職員に対して、施設での生活、移住のプロセス、地域生活等について言語化することで、地域移行のプロセスに関する問題や地域生活支援の問題点や課題を検討
知的障害のある人の家族における自立生活支援に対する意識の実態——社会就労センター	田中敦士，佐藤竜二，朝日雅也／2006	知的障害者（社会就労センターの利用者・年齢は不明）の家族（20歳未満～60歳以上・過	一般就労や地域での生活についての家族の意識を明らかにすることで、	一般就労への移行に対する意向とその理由、将来の暮らしの場や暮らし方とその

83

利用者の家族に対する全国実態調査		半数が50歳以上）1,264人／入所220人・通所1,022人／アンケート調査	地域で自立生活を送るための諸条件を検討する上で基礎的なデータを収集する	理由の傾向を明らかにし、障害の程度による比較や入所・通所による違いを検討
脱施設化方策の検討——脱施設化計画および脱施設化意向調査結果を中心に（〈特集〉脱施設化とインクルージョン社会）	峰島厚／2004	知的障害者（年齢は不明）の保護者（10歳未満〜70歳以上・70歳以上が37.0%・81.8%が親）660人／入所施設／アンケート調査	入所施設利用者、家族、職員の地域生活以降に関する実態と意向を明らかにする	施設入所時からの利用者の変化、地域移行についての考え方、2週間以上の帰省を想定した場合の不安等について傾向を明らかにし、年齢や障害程度との関連、また利用者や職員の考え方や不安とのズレを検討
知的障害者と暮らす家族の介護ストレス——介護ストレスとソーシャル・サポートの緩衝効果	武田春美／2004	知的障害者（18〜63歳・平均30.5歳）の主介護者（30〜85歳・平均57.97歳）181人／介護者と一緒に暮らしている（続柄は記載ないが、考察の記述から介護者の多くが家族であると想定して考察していると考えられる）／質問紙委託調査	介護者のさまざまなストレスがどのようなソーシャル・サポートによって緩衝されるのかを検討する	ADLの状況、介護負担感、ストレス反応、ソーシャル・サポートについてそれぞれの因子分析および関連を分析
調査報告 重度知的障害（児）者介護問題の社会階層性——2001年『重度知的障害（児）者の家族での介護支援についての実態調査』結果から	山本敏貢／2003	「障全協」会員および共同作業所を利用する知的障害児者（19歳以上）の家族3,039人／自宅で暮らし作業所等を利用／アンケート調査	利用者契約制度（支援費制度）の改善をめざし、家族介護の実態を明らかにする	知的障害者や生計中心者の年齢や介護の状況、困りごとや相談相手、サービスの利用状況等と生計中心者の社会階層との関係を分析
ドイツにおける知的障害者の入所施設から地域の住まいへの移行に関する実態と課題——職員、家族へのインタビュー調査結果より	杉田穏子／2003	知的障害者（31〜62歳）の家族8ケース（うち両親は2ケースでそれ以外はきょうだいや祖父母等）／施設から地域へ住まいを移した人／インタビュー調査	ドイツにおける脱施設化プロジェクトの実態と課題を明らかにする	知的障害者本人の施設生活、地域への移行のプロセス、地域での本人の生活についての感想から、プロジェクトの特徴や課題を明らかにしている

出所：筆者作成。

第4章　親元からの自立に関するインタビュー調査と質的データ分析

表4-5　キーワード「精神薄弱」「家族」

論文タイトル	著者／掲載年	調査対象者／生活の場の状況／調査方法	調査目的	調査および分析の内容
〈研究資料〉精神薄弱者の家族と施設：精神薄弱者施設入所者家族調査をもとにして	藤島岳，天野マキ，旭洋一郎ほか／1992	精神薄弱者（20代～40代以上・平均年齢32.9歳）30人の家族（20代～60代以上）／入所施設／アンケート調査	家族がどのような問題を持ち，施設利用に何を期待しているかを知ることで，社会的自立にとって家族はどのように位置づけられるのかを明らかにする	入所者の障害の状況，介護上の苦労，家族の状況や今後の介護，福祉施策や施設への期待についてその傾向を分析

出所：筆者作成。

設入所者の家族であり，これまでの経緯や変化および今後の期待や要望等を分析している。鈴木（2006），孫（2007），峰島（2004）も施設入所者の家族や親族を対象とした調査を行っているがこれらは地域生活移行をした経験，あるいはまだ経験していない地域生活移行に対する不安等がテーマになっている。これらの調査研究には，親元で育った障害者が成人したときに親元から独立して地域で暮らすという，本来もっともノーマルであるはずのライフサイクルをたどる障害者とその家族の姿はない。その理由としては，親元から独立して地域で暮らす知的障害者がほとんど存在しなかったことが挙げられる。

「親元からの自立」，すなわち「親亡き後」ではなく親がまだケアを担えるうちから親元を離れ地域で生活するようになった知的障害者の家族の体験を扱う調査研究が見られるようになったのは，谷奥（2009）以降とごく近年のことで，（森口2010），中山（2010），田中（2013），黒岩（2013），内田（2014）とようやく蓄積が見られるようになってきた。これらについては本節で検討を加える（88頁）。

調査項目が規定する知的障害者の「自立」の概念

先行研究の検討によって明らかになったいま一つの点が，知的障害者の自立という場合，何をもって自立というのかという基本的な概念が現在に至っても

なお一致を見ていないように見受けられるという点である。

　たとえば田中ほか（2006）は「地域で自立生活を送るための諸条件を検討する上で基礎的なデータを収集する」という目的で調査を行っているが，調査内容の柱は「一般就労への移行」および「まちで暮らすこと」である。ここでは「自立生活」は，一般就労をすることと施設でも親元でもない地域で暮らすこととして捉えられている。

　また，藤島ほか（1992）においては，「社会的自立にとって家族はどのように位置づけられるのか」を明らかにすることを目的として，自立に向けての教育や訓練に力を入れている入所施設の入所者の親を対象に調査をしているが，その内容は入所者である子の障害の状況（日常生活動作における介助の必要程度），介護上の苦労，今後の介護のことや施設への期待等である。そして，調査対象者について「障害程度は全体的に重く，将来的にも職業的自立は困難で，完全な身辺自立さえ難しい人たちも多い」ため，将来にわたって施設入所しか選択肢がないと考える家族が多いと結論づけており，ADL自立と職業的自立以外の自立の概念が示されない。このことから，この文献において「社会的自立」という言葉はADL自立と職業的自立を意味していると考えざるを得ない。

　同じく「社会的自立」という言葉を使っている文献に新藤（2009b）がある。ここでは若者一般の自立という意味で「社会的自立」という言葉が使われており，内閣府が行った「青少年の社会的自立に関する意識調査」をベースに調査項目を作成している。そして調査結果について，「職業自立・経済的自立に関連すること」，「ADL自立に関連すること」，「自己決定権を行使する自立に関連すること」の3つの自立の視点で考察を加えている。しかしながら障害者の具体的な自立の姿やその条件については，「自立は難しいと思う」という親の思いを紹介するにとどまり，「社会的自立」をする障害者の姿が具体的に描かれることはない。そのため，この調査研究において「社会的自立」は，ADLの自立や職業および経済的な自立，自己決定による自立を意味していると考えられる。

　身体障害者の自立で問題になってきたADLの自立，自己決定による自立，

あるいはセルフマネジメントによる自立に対して，知的障害者の自立に関しては，ケアの管理や金銭管理といった認知的な活動に対して支援を受けながら自立した生活を送る「支援を受けながらの自立（自律）」（岡部 2006：117），あるいは発達保障の思想による人間的発達（加藤 1997：101）という概念が提起されてきた。しかしながらこの点に関して本節における先行研究の検討からいえることは，身体障害者の自立の概念が ADL の自立や職業および経済的な自立から，自己決定による自立へと変遷してきたというある程度の共通見解に至っているのに対して，知的障害者の自立の概念については少なくともこうした調査においても反映されるレベルでの一致した見解を共有するまでには至っていないということである。

　このことは，調査そのものが与える社会的な影響という点からも注意を要する。すなわち，自立をテーマとした研究において，職業的自立や ADL の自立が調査項目としてたてられている場合，調査協力者である当事者に職業的自立や ADL の自立が障害者の自立であるかのような印象を与えてしまうという問題である。たとえば，先に挙げた藤島ほか（1992），新藤（2009a）の調査に協力した家族は，自立の意味を職業的自立や ADL の自立，あるいは自己決定を行使する自立のことだという考えを，調査に協力したことで強くしてしまう可能性がある。また，重複障害のある知的障害者の親の思いを面接によって明らかにしている望月ほか（1999）においては，「将来について」の親の心理状態を，「入所させたい・させたくない葛藤」「まだ入所させたくない」「入所させる気がない」「まだ考えられない」という 4 つのグループに分け，家族の結びつきや親の年齢との相関関係を分析しており，少なくともこの文献からは，この調査において入所施設以外の選択肢が調査者から示されたとは想像し難い。調査者によるこのような問いのなげかけ方は，調査協力者である家族に「重度障害者の将来の行き先は親元か入所施設なのだ」というイメージをもたらしたり，あるいはそうしたイメージを強化したりすることになりかねない。研究者が最終的な調査結果をどのようにまとめようとも，調査の時点において重度の知的障害者の親の中から「ADL や職業的自立が難しい自分の息子／娘には自

立は難しい」「最終的には入所施設に行くしかない」と考える人が出てきかねない可能性に対しては，研究者は最大限に敏感であるべきではないだろうか。

　もとより，障害者や障害者の家族同様に研究者もまたその時代の社会規範から完全に自由になることは不可能であり，調査時点における社会規範あるいは福祉に関する社会状況からの影響を完全に排することはできない。しかしながら，障害がより重度であるほど当事者の置かれている状況やニーズが多様であることを鑑みれば，できるだけ幅広い自立の概念に開かれた態度で調査に臨むことが必要である。とりわけ，自立の概念に関して一致した見解を見ていない状況においては，自立とはどのような状態をいうのかについての知見を見出せるような探索的な研究が求められているといえる。

「親元からの自立」の姿を描いた先行研究の考察

　本節において選び出した先行研究のうち，「親元からの自立」すなわち親元から地域での暮らしへの移行を経験した人の家族を対象としたものは5件であるが，ここではそのうち筆者による森口（2010）を除いた中山（2010），谷奥（2009），内田（2014），田中（2013）の4件について内容を検討する。ただし，谷奥（2009）は修士論文の概要を紹介したものであるため，修士論文そのものである谷奥（2007）を入手し内容を検討した。

　まず，谷奥（2007）は，入所施設から地域生活移行への取り組みを進めるうえでの親の不安要因が「『不安の解消』要因に転換していく要因やカテゴリーを解明」（谷奥 2007：10）するために，地域生活移行が最も難しいとされる最重度の知的障害者に着目しその親にインタビューを行っている。地域生活移行への取り組みを進めるという目的にもかかわらず，親元からグループホームへと入居した障害者に着目した理由について谷奥は，「何故『入所施設』に入ったのかという親側の経過や動機」をも視野に入れつつ検討する必要から，「自宅から入所施設ではなく，本人をグループホームに入居決定する要因」（谷奥 2007：10）を考察するとしている。

　ここで描かれているのは，子に重度の障害があるとわかったときに，施設に

入所させるのではなく地域で生きることを決め，地域の小・中学校に通って多くの生活体験をし，卒業後に地域の福祉作業所に通い，福祉作業所とつながりのあるグループホームへの入居に至る「最重度」知的障害者の親子の姿である。谷奥（2007）の研究の目的は「親元からの自立」ではなく，あくまでも「地域生活移行」の取り組みへの貢献であるが，親元からグループホームへの入居のプロセスを捉えることで，麦倉（2004）が指摘した「モデル・ストーリーの不在」状況に一石を投じたものと位置づけていいだろう。

次に，中山（2010）では20～40代の知的障害者の母親に聞きとり調査をしているが，この文献で取り上げられているのは，知的障害の息子をもつＡさんの聞きとり調査で，調査時点で息子のａ男さんはグループホームで週4日生活している。ここで取り上げられているＡさんは，ａ男さんの乳幼児期に当時地域になかった障害児の通園施設を立ち上げる運動をし，学校を卒業する時点では共同作業所を立ち上げ，その後さらにグループホームを立ち上げるなど，地域のリーダー的な役割を担ってきた人だと考えられる。そして，ここで描かれるのは，社会資源を作り上げ，その存続を支えつづけていくことを「当然のこととしてとらえている」家族の姿である。

中山（2010）は，親が介助を担いつづけることを問題とし，「脱家族介助化」の過程を考察するという視点にたったものであるが，子の介助だけでなく「多くの時間を，獲得した社会資源を維持していくためにも費やしている」母親の実態を記述し，介助役割の社会化だけでなく，そのための「基盤整備を母親たちの活動に依存しないという意味での『脱家族化』」の必要性を指摘した点で重要な論考であるといえる。しかしながら，ここでは社会資源作りに奔走することを「当然のこと」として捉える親の認識がこの後さらに変容する可能性については考察されておらず，また家族依存の障害者福祉の問題解決のためにどのような支援が必要かという点に関して具体的な知見を得るには至っていない。

谷奥（2007），中山（2010），森口（2010）の研究がごく少数の事例を解釈することに重きをおく事例研究の域を出ていないのに対して，質的研究として一定の普遍化を図ろうとしているのが，内田（2014），田中（2013）である。まず内

田 (2014) は，グループホームへの入居を機に離家した知的障害者の母親9人を対象にインタビュー調査を実施し，知的障害者の親たちの求める自立へのモデルケースを示しそこにおける課題を指摘している。内田は，「親によるケアがまだ可能な時期に離家させることの意味は，離家してから親が亡くなるまでの期間を親子共に経験できることにある」とし，子が離家してからの母親の気持ちの変化や子へのかかわり方の変化を考察しているという点で，知的障害者の自立に関するモデルケースの蓄積に寄与するものとなっている。しかしながら，その分析においては，調査対象者である母親の「子の接し方のタイプ」別に分析を進め，その結果を「子の離家後の生活が楽しく充実したものであるためには母親の意識と行動が重要である」とし，「子を抱え込まず，社会を信頼し，ケアの社会化に対する過剰な罪悪感を抱かず，子の状態を注意深く冷静に見守りながら，子との新しい関係を築くこと」と母親の課題を示すにとどまっている。

本書においては，藤原による「障害者差別の問題は障害児の親に問い返す性質のものであるのか」(藤原 2006：18) との指摘に基づき，障害者の家族が社会の中でどのような位置に置かれどのような役割を担わされてきたかを明らかにしてきた。このような先行研究や知的障害者家族の歴史を踏まえるならば，内田が指摘した母親の課題については，「では，その課題が解決されるためには，どのような支援が母親／子に必要か」あるいは「どのような社会が目指されるべきか」を明らかにする方向に進めていくべきであると筆者は考える。

最後に，田中 (2013) を見ていく。田中は，親元からグループホームや入所施設に生活の場を移行した9人の親の語りを分析し，親元で暮らしていた知的障害者が「どのような関与があれば生活の場へと至るのか」，また「暮らしの場の移行に伴い親自身は，どのように親役割を変容させるのか（あるいは変容させないのか）」について考察している。その結果，親役割の変容に関しては，「ケア役割遂行期」において「周囲の環境に影響を受けながら」生活の場の移行が決定されるが，その際の「タイミングと関わり方が重要である」と指摘している。さらに，「障害者のケアを十分に展開することができたという実感」，

すなわち社会資源の開拓も含め「親自身が納得する選択ができること」の重要性，および「親自身の人生に対する肯定のようなもの」，すなわち「親自身のことを受容してくれる他者の存在」により「丸ごとの自分を受容される経験」の重要性を指摘している。

　しかしながら，生活の場の移行や親役割の変容につながる支援のあり方に迫りながらも，その関与のあり方に限っていえば「タイミングと関わり方が重要である」との指摘にとどまり，どのようなタイミングで，どのようなかかわり方が必要か示されていないことから，結果の提示に曖昧さを残していると言わざるを得ない。このように曖昧さが残る要因の一つは，この文献が4年間かけて計画された研究の1年目の成果をまとめた中間報告的なものであるという点にある。いま一つの重要な要因は，分析対象者9人の年齢が50代後半〜70代後半，子の年齢が20代前半から40代後半と大きな幅があるということが挙げられる。わが国においてはここ10年強の間に制度が大きく変わるとともに，学齢期および学齢期を終えた時点で利用できていた福祉サービスの選択肢に大きな違いがあり，それにより子育て期に求められた親役割や，親元から居所を分離することに対する考えも大きく変わってくると考えられるからである。

「親元からの自立」の事例を取り上げた文献

　知的障害のある本人の地域生活を支援することの意義やノウハウを伝える目的で記された文献の中には，知的障害者の「親元からの自立」の事例が紹介されているものがある。たとえば寺本ほか（2008）には，知的障害や自閉の人たちの自立生活を支援してきた事例として，入所施設から退所した1人の事例のほか，親元で暮らしていた人が自立生活をはじめた4人のケースを紹介している。また，ピープルファースト東久留米（2010）は，知的障害者が地域で生きていくための支援のノウハウを知的障害のある当事者および支援者向けにまとめたものであり，ここにも入所施設を出てグループホームで暮らすようになった1人のケースのほか，実家からグループホームへ移り，さらに一人暮らしへと居住形態を変化させた1人のケースが掲載されている。

これらの事例には，親と子の関係性の状況から親による世話が限界になったことで自立生活を始めたケース（寺本ほか 2008：88-100，ピープルファースト東久留米 2010：71-81）や，あるいは自立生活をしたいという意志をくみとった支援者が障害のある本人と一緒にその気持ちを親に報告に行ったり（寺本ほか 2008：122-130），また思春期・反抗期を迎えた息子を精神科に入院させてしまった親を説得して退院の手続きをとってもらったり（寺本ほか 2008：100-112）という場面が描かれている。
　このように近年は，知的障害者が親元から離れ，支援を利用しながら地域での自立生活を実現する試みが，本人と支援者による協働によって取り組まれはじめているが，これらの文献からは，親と子の関係性や親の意志や判断が，そのプロセスのあり方に大きく影響していることが理解できる。

先行研究に対する本研究の位置づけ

　本節では成人した知的障害者の家族を対象とした調査研究をレビューした。親元から地域の住まいに移行した知的障害者の家族を調査対象としたものは近年に至るまでほとんど見られず，事例研究や質的調査研究がようやく蓄積され始めた段階であるといえる。「2013年調査」では親元からケアホームもしくは福祉ホームに居所を移した知的障害者の家族7人を調査協力者としているが，本調査研究は近年ようやく学術研究においても扱われるようになってきた親元から独立して地域で暮らす知的障害者とその家族のモデルケースを，さらに蓄積することに貢献するものである。加えて，一定の普遍化をめざす質的調査であるという点では，先行研究から一歩進めて，調査協力者の年代や調査地域をある程度絞り込むことで得られた新しい知見を示そうとするものである。
　本調査の調査協力者は1990～2000年の間に学齢期を終えた知的障害者の家族である。卒業後の通所先を家族が自ら作ったり支えたりするのが当たり前という社会状況の中で学齢期を過ごし，卒業の前後からグループホーム等の地域の住まいが徐々に広がりはじめた世代である。加えて，本調査で協力を得ることができた3つの事業所が，いずれも作業所づくり運動によって設立されたか，

あるいは運動体を母体として法人化された事業所であったことも協力者を特徴づけている。つまり，わが子や仲間のために作業所を立ち上げたり運営に尽力することを厭わない人たちであったと考えられる。このように卒業後も本人のケアを当然担いつづけるつもりで頑張ってきた家族が，居所の分離という選択肢を示された際にどのような心配をしたのか，また不安や心配がありながらも居所の分離に踏み切った理由が何かについて分析することは，本研究の目的であるメカニズムの変容の糸口を探るうえで一定の知見をもたらすものと期待できる。そして，現在もなお親元で暮らすさまざまな世代の知的障害者に対する支援のあり方，とりわけ障害者とその家族の関係性が濃密であるがゆえに家族が居所の分離をためらうような場合にどのような支援を行うことが有効かについての一定の示唆が得られるものと考える。

第3節　調査の概要・調査協力者・倫理的配慮・分析方法

調査の概要

「2013年調査」では，ケアホームやグループホーム，福祉ホーム（以下，ホームと記す）に主な居所を移した知的障害者の家族に対して半構造化インタビューを行い，質的データ分析を行った。インタビューを実施したのは2013年6～8月で，分析対象としたデータは7人分合計12時間20分で，一人につき約80～130分であった。

インタビューにあたって用意した質問項目は，入居に至った理由やきっかけは何か／それまで将来のことをどのようにイメージしていたか／入居に際しての不安や心配としてどのようなものか／不安や心配がありながらも決断できた理由は何か／入居後の本人の変化はどのようなものか／入居後の家族の変化はどのようなものか／将来の不安や希望はどのようなことがあるか，である。なお，インタビューにおいては，「入居後の家族の変化」に関して，特に認識の変化に関する語りを引き出すように心がけた。

また，調査の趣旨を説明する際に，筆者が長年障害者福祉の支援の現場で仕

事をしてきたこと，またこの調査が「親元からの自立」ができにくい状況を変えていくためのものであることを強調して伝えるようにした。なお，前節で指摘した「自立」の意味については，インタビュー前の説明の時点では「居所の分離」と説明するにとどめ，ADL の自立や自己決定による自立等の説明はあえてしなかった。ただ，インタビューの途中で「自立」の意味についての説明が必要になった場合には，「私は，本人が良い方向に変化や成長をしていくことと考えている」と，さまざまな意味合いを含む表現で説明をした。

調査協力者の選定および概要

「居所の分離」をめぐる決断の仕方を左右する社会資源の状況は，地域によって大きく異なるため，本調査においては同県内の隣接する２つの市という限られた範囲の中で調査協力者を探した。まず，障害者の相談支援事業に従事している専門職（自治体委託の相談支援事業等に従事する相談支援専門員）に，当該地域において比較的重度の知的障害者のホームでの暮らしを支援している事業所を挙げてもらい，最終的には３か所の事業所に，ホームに入居している障害者の家族（入居するまでのケアを主に担ってきた人）を調査協力者として紹介してもらいたい旨を依頼した。

なお，３か所の事業所に対しては，調査協力者の選定にあたり，次の条件を示した。一つ目は，言葉による意思表示が難しい程度の知的障害者の家族であるという点である。親と暮らし，親のケアを受けている人の割合が，身体障害者よりも知的障害者の方が高い理由の一つが，「親元を出たい」という明確な意思表示がないが故の決断や支援の難しさがあると考えたからである。二つ目は，20〜30代で居所を分離した人である。その理由は，親元での暮らしが全く不可能になった時点でやむなくホームに入居するのではなく，親がまだ元気な間に居所の分離を選んだプロセスを分析したいと考えたためである。調査協力者および障害のある本人の状況についての概要は表4-6のとおりである。[1]

第 4 章　親元からの自立に関するインタビュー調査と質的データ分析

表 4 - 6　調査協力者の概要

事業所	X	X	Y	Y	Y	Z	Z
調査協力者	A	B	C	D	E	F	G
	母（60代）	姉（40歳）	母（60代）	母（60代）	母（60代）	母（60代）	母（60代）
入居している本人	30代前半・男	30代後半・男	40代前半・男	40代前半・男	30代後半・女	30代後半・男	30代前半・男
	知的障害	知的障害	知的障害	知的・身体障害	知的障害	知的障害	知的障害
住まいの形態	ケアホーム	ケアホーム	ケアホーム	ケアホーム	ケアホーム	ケアホーム	福祉ホーム
入居年数	8年	7年	7年	7年	12年	7年	7年
ホームで連続して過ごす日数	6日／週	6日／週	4日／週	2～7日／週	6日／週	6～7日／週	年末年始以外

注：「ケアホーム」は調査当時の制度で2014年度からはグループホームに統合されている。
出所：筆者作成。

倫理的配慮

　調査協力者に対しては，事前に事業所をとおして調査の目的・内容・方法を簡単に記した依頼状を渡した。そして，インタビュー当日は，インタビュー内容を録音し逐語録を作成すること，録音媒体の保管方法，報告書・論文等で公表する旨，またその際の守秘義務の遵守，インタビュー時に回答を拒否できることや，調査への協力をいつでも取りやめることができることを，それらを記した書類を示しながら説明し，調査への協力の同意書に署名を得た。
　分析のプロセスにおいては逐語録を整理したものを調査協力者に送り，論文化に際して引用する可能性がある旨を伝えて加筆・削除・修正を依頼した。さらに本書の出版にあたっては，本章が学術雑誌ではなく書店に並ぶ書籍として公になる旨を調査協力者と 3 か所の事業所に伝えて内容の確認を依頼した。そして，一人ひとりのインタビューデータをより詳細に記すことになる第 5 章のエピソード記述についても，調査協力者と事業所に送り加筆・削除・修正を依頼した。なお，調査は同志社大学倫理委員会の承認（2013年 1 月28日承認）を得て実施したものである。

表4-7 コード化とカテゴリー化の結果

カテゴリー（合計10）	コード（合計58）
① 将来の暮らしのイメージ	いずれ入所施設／親元で生きていく・基本的には親元で暮らす／考えられない
② 親元以外の既存の居住形態に対する印象	入所施設：家族から離れ，関係も切れてしまう／遠い／支援に対して意見が言えない／かわいそう／預けっぱなし／満室で入れない／大きな集団 ケアホームやグループホーム：能力的に無理／ニーズに合致しない
③ 入居のきっかけ	支援者からの提案／活動の流れの中で制度化に至った
④ 入居を考えた背景	宿泊体験の延長／自宅での暮らしの不具合／事業所の運営上の要請
⑤ 不安や心配，葛藤	本人にとっての快適さ／理解力に関わる心配／判断力に関わる心配／意思疎通に関わる心配／健康や体調に関わる心配／仲間との関係／対応の困難さ／衣食住に関わる心配／迷惑をかける心配／安全に関わる心配／支援者の力量や支援体制に対する不安／うしろめたさ／不憫さ／支援や事業所のあり方に対する葛藤
⑥ 不安や葛藤がありながらも入居を決めた理由	事業所のことをよく知っている／支援にあたる人（職員など）を知っている／近い／条件が合致した
⑦ 本人の変化・成長	できなかったことが，できるようになった／自信がついた／快適に過ごせるようになった
⑧ 不安や心配，葛藤の解消	ホームでの暮らしがうまくいっていることが本人の様子から感じられる／支援者の様子や支援の体制を知って安心につながった／連絡帳をとおしてホームの様子がわかる／連絡帳をとおして伝えることができる／ケアについて伝えておく／ある程度割り切る
⑨ 家族の変化や気づき	家族の生活の変化／きょうだいとの関係の変化／親子の関係の変化／家族の精神面の変化や気づき／親元から離すことに対するイメージの変化／居所を分離する必要性を認識／家族ケアの客観視／自立観の確認や変化／家族と異なる本人の気持ちに気づく
⑩ 将来の心配や希望	本人の将来についての希望／本人の将来についての心配／語り手自身の将来についての希望／地域や社会が変わってほしい／想像できない

注：「／」はコードとコードの区切りを意味している。また，「・」は一つのコードの中で言葉を並列させる時に用いている。
　②のカテゴリーに分類したコードのみ，「入所施設」と「ケアホームやグループホーム」をイメージした人の間でコードが分かれたため，「：」で示す形で分けて記載している。
出所：筆者作成。

第 4 章　親元からの自立に関するインタビュー調査と質的データ分析

分析方法

　インタビューデータは，「質的データ分析法」（佐藤 2008）を参考に分析と考察を行った。具体的に行った手順としては，まず逐語録を読み込み，オープンコーディングを行った。そして，これらのオープンコーディングの中で，似たような語りを集約し分類することで，より抽象的・概念的なコードに整理した（コード化）。こうして作ったコードを，インタビュー時の質問項目を参照しながら，仮のカテゴリーを作っていった（カテゴリー化）。このとき同時に，コードマトリックスを作成することで，カテゴリーやコードの全体を見渡しながら相互の関連性について考察を行い，本研究で着目すべき10のカテゴリーを絞り込んだ。次に，再び逐語録に立ち戻り，この10のカテゴリーの枠組みに沿って，最初に作ったコードを修正しながら再度コード化を行った。この一連の作業をとおして表4-7のように10のカテゴリーと58のコードを作成した。また，コードマトリックスから10のカテゴリーを絞り込んだ段階で，カテゴリーどうしおよびコードどうしの相互の関連を検討するために，視覚的な図を作成した。その後，何度もデータに立ち返りながら図の修正を重ね，最終的に完成したのが図4-1である。

　なお，分析方法，結果の導き出し方の妥当性を確保するため，研究会および学会での発表を行い，そこで出された指摘や助言を参考にしながら考察や修正を加えた。

第4節　質的データ分析の結果

　ここでは，表4-7の項目に沿って調査結果の概略を説明したうえで，図4-1に沿って質的データ分析の結果を示していく。その際，作ったカテゴリーについては表4-7に対応させた番号をつけて「①……」，コードについては番号をつけずに「……」と表記する。当該カテゴリーやコードに分類した元データを引用する際には"……"と表記する。また，図4-1においては，カテゴリーどうし，コードどうしの関連を考察するなかで見出された意味づけや解釈

図4-1 居所の分離をめぐる家族の経験および認識

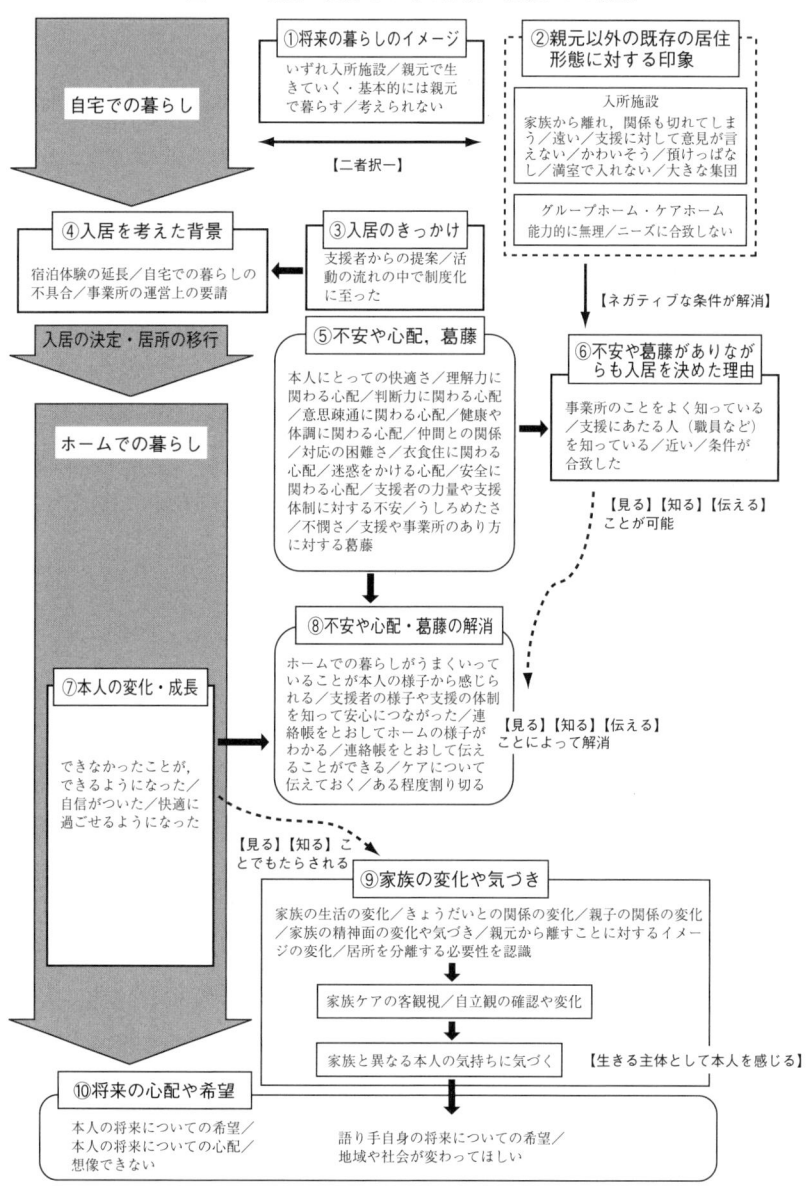

```
                    ①将来の暮らしのイメージ      ②親元以外の既存の居住
                    いずれ入所施設／親元で生     形態に対する印象
                    きていく・基本的には親元
 自宅での暮らし      で暮らす／考えられない     入所施設
                                                 家族から離れ，関係も切れてしま
                              【二者択一】        う／遠い／支援に対して意見が言
                                                 えない／かわいそう／預けっぱな
                                                 し／満室で入れない／大きな集団

                    ③入居のきっかけ            グループホーム・ケアホーム
 ④入居を考えた背景   支援者からの提案／活        能力的に無理／ニーズに合致しない
 宿泊体験の延長／自宅での暮らしの  動の流れの中で制度化
 不具合／事業所の運営上の要請      に至った
                                                 【ネガティブな条件が解消】

 入居の決定・居所の移行
                    ⑤不安や心配，葛藤          ⑥不安や葛藤がありなが
                                                 らも入居を決めた理由
                    本人にとっての快適さ／理解力に
                    関わる心配／判断力に関わる心配   事業所のことをよく知っている
                    ／意思疎通に関わる心配／健康や   ／支援にあたる人（職員など）
 ホームでの暮らし    体調に関わる心配／仲間との関係   を知っている／近い／条件が
                    ／対応の困難さ／衣食住に関わる   合致した
                    心配／迷惑をかける心配／安全に
                    関わる心配／支援者の力量や支援
                    体制に対する不安／うしろめたさ
                    ／不憫さ／支援や事業所のあり方   【見る】【知る】【伝える】
                    に対する葛藤                    ことが可能

                    ⑧不安や心配・葛藤の解消

                    ホームでの暮らしがうまくいって
                    いることが本人の様子から感じら
                    れる／支援者の様子や支援の体制
 ⑦本人の変化・成長   を知って安心につながった／連
                    絡帳をとおしてホームの様子が
                    わかる／連絡帳をとおして伝え   【見る】【知る】【伝える】
 できなかったことが， ることができる／ケアについて   ことによって解消
 できるようになった／ 伝えておく／ある程度割り切る
 自信がついた／快適に
 過ごせるようになった

                    【見る】【知る】こ
                    とでもたらされる

                    ⑨家族の変化や気づき

                    家族の生活の変化／きょうだいとの関係の変化／親子の関係の変化
                    ／家族の精神面の変化や気づき／親元から離すことに対するイメ
                    ージの変化／居所を分離する必要性を認識

                    家族ケアの客観視／自立観の確認や変化

                    家族と異なる本人の気持ちに気づく   【生きる主体として本人を感じる】

 ⑩将来の心配や希望

 本人の将来についての希望／   語り手自身の将来についての希望／
 本人の将来についての心配／   地域や社会が変わってほしい
 想像できない
```

出所：筆者作成。

を【……】の形で表記しているが，以下においても同様の形で記述する。また，語り手である家族のことは「家族」あるいは「協力者」とし，ホームで暮らす障害者のことを「障害のある本人」あるいは「本人」と表記する。

調査結果の概要

先に述べたように，協力が得られた3つの事業所はいずれも障害者家族が関与する運動によってできた事業所であり，事業所の職員を介して利用者の家族を紹介してもらった経緯から，事業所との信頼関係が厚く，かつ運動を中心的に担ってきた家族が何人か含まれていた。本人の年代が30代後半〜40代前半の協力者Cさん，Dさん，Eさん，Fさんからは，作業所づくりのために寄付金を集めたりバザーでの販売を目的とした製菓や縫製の作業に携わったり，あるいは親の会の事務局を担うといった経験が語られた。そのような活動をしないことには，卒業後の行き先がない時代に子育てをしてきた人たちである。一方，本人の年代が調査時点で20代後半〜30代前半である協力者Aさん，Gさんの場合は，高校（特別支援学校高等部）を卒業した時点で，行き先となる通所の事業所が少なくとも1か所は存在していた。

このような世代による差異は，「①将来の暮らしのイメージ」や「②親元以外の既存の居住形態に対する印象」においては見られず，7人はいずれも，本人が成長する過程においては親元か入所施設かの二者択一しか将来をイメージできていなかった。親元以外の唯一の選択肢であった入所施設に対するイメージは概してネガティブなもので，また近年見られるようになったグループホームやケアホームについても，障害の程度や本人の状態から考えて「無理」「合致しない」と考えていた。

世代による差異が如実に現れたのが，ホームへの「③入居のきっかけ」である。本人が比較的若い世代の協力者Aさん，Gさんはいずれも「支援者からの提案」で居所の分離を実現している。一方，運動に深く参画してきた人たちからは「活動の流れの中で制度化に至った」経緯が語られた。たとえば，Eさんからは"あのころは何か作業所1つにグループホームをつくらないといけない

というかそういう感じ，動きだったんですよ，小さい作業所が"と，その経緯が語られた。運動の中心的な役割を果たしていたEさんは，自ら望んでというよりも，自らを取り巻く地域の情勢に影響を受ける形で娘を入居させることになった。"初めはそんなので1泊か2泊ぐらい。そのうち慣れたら（増やしていって）……というけれど，そんなにずっと泊まってくるなんていうことも考えてもいなかった"というEさんであるが，実際に運営を始めると事業の安定のためにホームの稼働率が問題になってきた。"稼働率はやっぱり上げていかないといけないというプレッシャーもかけられてきますよね。『そうか……』という感じで。……（中略）……離していかないといけないのかとか，どんどんあきらめみたいなものがちょっとついてくるというか……"。このように，Eさんからは，運動によって立ち上げた事業の運営における責任の一端を担うが故の入居の経緯が語られた。他にも，地域のボランティアが主導する活動の中で宿泊の練習を始めた（Cさん，Dさん），あるいは緊急の時に預けられる社会資源が地域に全くなかったために親数人で協力して運営するグループホームを立ち上げ月に数回宿泊する活動をしていた（Fさん）といった経緯が語られた。これらは具体的な出来事はそれぞれ異なっているが，いずれもグループホームが現在のように広がる前の，親が運動を担っていた時代ならではの入居の経緯であろう。

「④入居を考えた背景」には，「事業所運営上の要請」（Eさん，Fさん）や「宿泊体験の延長」（Aさん，Cさん，Dさん，Fさん）のほか，「自宅での暮らしの不具合」（Bさん，Gさん）が語られた。Bさん，Gさんとも本人の自宅での生活リズムが崩れ昼夜逆転になり，家族が夜に眠れない事態となり入居を決めた経緯が語られた。

「③入居のきっかけ」および「④入居を考えた背景」から見えてくるのは，7人のうちほとんどが家族の側が主体的に希望したわけではなく，「仕方なく」「あきらめて」「もう限界」といったネガティブな事情から入居に至った経緯である。Aさんだけが唯一，宿泊体験を楽しんでいる様子から"今のところうまくいっているから（ケアホームへの入居も）やってみましょう"という前向き

な気持ちで入居を決めている。しかしながらそのAさんも，本人はホームに適応できずにいずれ帰ってくるだろうと思っていたと語っている。つまり，本人が親を恋しがり，支援者から「やっぱり無理だ」と判断されたらまた家に戻ってくればいいという気楽な気持ちでホームへの入居を決めただけであって，「親元からの自立」を願ったわけでも期待したわけでもなかったのである。

インタビューでは居所の分離にあたって家族に生じたさまざまな「⑤不安や心配，葛藤」が語られた。「健康や体調に関わる心配」や「仲間との関係」，あるいは本人に対する「うしろめたさ」や「不憫さ」といった家族ならではの葛藤なども語られた。これらさまざまな心配の中で注視すべき点は，理解する力や訴える力が弱いという障害の特性ゆえに生じる心配である。具体的には，「健康や体調に関わる心配」については，たとえば健常者の場合であっても家族に生じる自然な思いであると考えられる。しかしながら知的障害があるということは，"痛いとか，かゆいとか，そういうことが言えない"が故に，"なかなかやっぱり気づいてもらえないかもとか，大丈夫かなとか"（B）という心配につながる。ほかにも，"どうして僕だけここにいないといけないんだろうとか，どうしてお姉ちゃんたちは迎えに来てくれないんだろうとか，そういうことを思って悲しくなるんじゃないか"（B）という「理解力に関わる心配」や，"いやー，かわいそうかなと思って。何も自分のことを訴えられないのにどうするのかなという，その心配はすごくあったんですけれども"（G）といった「意思疎通に関わる心配」なども語られた。どんな障害であれ，障害のある本人が成人して親元を離れて暮らすとなると家族にはさまざまな不安や心配が生じるであろうが，知的障害者において生じる理解力や意思疎通といった面での不安や心配は，そうした障害を補う支援が目に見えにくく，支援者に移行することが容易ではないこととも関連していると考えられる。

「2013年調査」では，語られたさまざまな不安や心配に対して，「⑥不安や葛藤がありながらも入居を決めた理由」について尋ねた。「事業所のことをよく知っている」「支援にあたる人（職員など）を知っている」「近い」「条件が合致した」というコードにまとめられたが，これらは「②親元以外の既存の居

住形態に対する印象」で語られた内容と対照的であった。具体的には，「遠い」「支援に対して意見が言えない」入所施設に対して，入居することになったホームは「近い」，そして事業所や職員をよく知っている，つまり支援に対して意見が言えるという新しい状況があった。また，Gさんは，グループホームでは無理だと考えていた理由が"民家を借りてやっている分にはどれだけ物を壊すかなと思う心配"であったが，支援者に入居を勧められた福祉ホームは"ある程度こういう頑丈な建物だったら，大丈夫かな"と思えたという点で「条件が合致した」ことで入居に至った。

　実際にホームでの暮らしが始まると，障害のある本人は「できなかったことが，できるようになった」「自信がついた」等といった変化や成長を遂げ，やがて不安や心配を抱いていた家族も「⑦本人の変化・成長」を感じることとなった。たとえば，"結構我慢できるようになったりとか，いろいろな人にかかわれる。ちょっと手を貸してあげるとか周りの人に，そういうこともみんなと暮らしているからできるのかな"（C）といったことは，目に見えて「できなかったことが，できるようになった」変化であるといえる。また，"自信がやっぱり付いてきたと思いますね。仲間と暮らすことへのやっぱり自信というのが"（Eさん）といった，目には見えないが家族にとって感じられる成長についても語られた。

　そして，このような本人の変化・成長を実際に見たり感じたりすることで，「⑧不安や心配，葛藤の解消」につながった人たちもいる。具体的には，週末に帰宅したときの本人の変化に気づいて，"そんなのが親から見たら面白いし安心感がありますよね。うちの息子との関係が良好だから，息子が偉そうにこういうふうにしてやっているわけだから"（A），あるいは"ここに来て最初のころ，ケアホームの居心地が悪かったときは，私が来るとすぐ寄ってきたんですけど，このごろは帰れと言われて，何しに来たんだという感じで，するっと逃げられますからね。ああ，満足して暮らしているんだなと思って"（F）というように，「ホームでの暮らしがうまくいっていることが本人の様子から感じられる」ことでもたらされる安心感が語られた。もちろん中には"それ（本

人の他傷行為）を考えたらきりがないわと思って，そこは割り切らないとね"（G）といった，完全な解消には至っていない心配事について，「ある程度割り切る」という形で妥協せざるを得ない現実もある。しかしながら，7人の協力者はいずれも，「支援者の様子や支援の体制を知って」あるいは「連絡帳をとおして」不安や心配を解消するか，もしくは「連絡帳をとおして伝える」，また職員に直接「ケアについて伝えておく」といった方法で解消に向けての働きかけを行っていた。なお，筆者はこのカテゴリーに分類されたコードを【見る・知る・伝える】というキーワードとして意味づけたが，この点については次の**分析結果（1）**（105頁）で詳述する。

　本人および家族にとっての居所を分離した生活が次第に安定し，不安や心配がある程度解消されてくると，家族の側には生活そのものの変化のほかに，家族同士の関係性の変化や家族の認識の変化がもたらされることがある（「⑨家族の変化や気づき」）。まず「家族の生活の変化」としては，"カットひとつに行くにしても土日で主人がいるときしかいけない。病院へも行けない"（G）という状態からようやく自由な時間ができたといった語りが見られた。また，居所の分離は，こうした日々の生活の変化だけでなく，将来の生活の展望にも変化をもたらす。たとえばCさんは，"私も最初は気になって仕方がなかったお泊まりだけど，だんだん慣れてきたら，その間すごく気分が楽になったんです。ほかでも（自宅以外でも）この子は生活できると思って"（C）といった「家族の精神面の変化や気づき」がもたらされ，現在の生活だけでなく将来の生活に関しても安心感を抱くようになった。さらに，こうした将来の展望の変化は，きょうだいにも影響を及ぼすことがある。"うちの娘たちが，（きょうだいである障害のある）息子を『引き取って一緒に暮らすっていうのはしんどいけど，週末帰ってくるぐらいならいつでも対応できる』とかって偉そうに言っていたことがあって，……（中略）……ああ，そうか，きょうだいのためにも主たる生活場所がケアホームであるという安心があるっていうのが，違うんだなと思って"（A）といった「きょうだいとの関係の変化」について語る協力者もいた。なお，このカテゴリーには，「家族ケアの客観視」「自立観の確認や

変化」「家族と異なる本人の気持ちに気づく」といった本研究の主題である家族の認識の変容に関わる重要なコードが分類されたが，これについては分析結果（2）(107頁）で詳述する。

最後に「⑩将来の心配や希望」についても語ってもらった。"アパートで1人暮らしをさせてみたい"（A）といった前向きな期待から，"いい顔をして過ごしてくれたら"（C）といったささやかな望みまで，それぞれの希望が語られる一方で，居所を分離した後の生活が安定してもなお残る将来の不安も語られた。たとえば，"親がもう全然見られなくなるとかいなくなるとなったときに，どうにか私と弟でいいリズムをつくっていければ"（B），"あとはもう本当に私たちが年を取って家庭で見られなくなったときに，うまく移行してほしい"（C）といった親亡き後の心配，また"65歳になったら，ここの施設じゃだめみたいで，65歳になったら老人ホームらしいんですけど。だから，ここでそういうのをつくってくれたらね"（D），"65歳になったら介護の方っていわれるけど，たぶんほとんどの子が入れないと思うんですね，そういう施設には"（F）といった本人の老後に関わる心配が語られた。

これらの語りからは，居所を分離してもなお，親亡き後を含めての将来の不安や心配が続いていくと解釈することができる。しかしながらここでは，これらの語りが極めて具体的であるという点を指摘しておきたい。施設入所という選択を行った障害者家族のインタビューを分析した麦倉（2004）は，「入所後の生活についての語りがほとんどなされず，なされたとしても具体性に欠ける」という特徴から，「将来に対する展望のなさ」を指摘し，「子どもの施設入所という出来事は，『物語の終わり』として存在している」と意味づけている。麦倉が考察した親たちの語りと比較すると，本研究で語られた将来に向けての展望は極めて具体的である。「親亡き後」の不安は，現在の生活リズムをどのように次のステップに移行するかという具体的なイメージを伴ったものになっており，また，本人の老後の心配については65歳になると障害者福祉の制度から介護保険制度に移らなければいけないという具体的な課題として認識され，またその解決を現在利用している事業所に託したいという期待も共に語られて

第4章　親元からの自立に関するインタビュー調査と質的データ分析

いる。なお,「語り手自身の将来の希望」および「地域や社会が変わってほしい」というコードについては,分析結果（3）(111頁) で詳述する。

分析結果（1）：【見る】【知る】【伝える】ことによる「不安や心配・葛藤の解消」

まず,居所を分離することに対する不安や心配があるなかで,その決定を後押ししたのが【見る】【知る】【伝える】ことができるという要素であった。この要素は居所を分離した後に,本人の様子や支援の状況について【見る】【知る】【伝える】ことを可能にし,それによって家族は不安や心配を解消させていた。まずこの点の分析結果について図4-1に沿ってデータを引用しながら説明していく。

調査結果を概説したように,「①将来の暮らしのイメージ」を見てみると,協力者7人はもともと調査時点のようなホームでの暮らしを具体的にはイメージできておらず,その理由として「②親元以外の既存の居住形態に対する印象」が語られた。入所施設に対しては,「家族から離れ,関係も切れてしまう」「遠い」「支援に対して意見が言えない」「預けっぱなし」等といったコードが,またグループホームに対しては「能力的に無理」「ニーズに合致しない」というコードが分類された。中でも,入所施設に対しては次のように虐待の心配を語る人もいた。

"ものが言えない子というのは,心配の度合いが違います。弟はしょっちゅう,引っかき傷もつくって帰ってくるんです。たぶん自分でかきむしってるんです。そうなんだけど,全然見知らないところへ預けていたら,ちょっと何かされているのかなと思っちゃったりするかもしれないし。"（B）

"遠かったら何があっても分からない。結局は密室な状態だからその心配がすごくありました。ましてやしゃべらない子ですからね。何があっても言われる心配とかはないから（もしもひどい扱いを受けても,そのことを本人が誰かに言ってしまうという心配がないから）,そういうのはすごく

思いましたね。向こうの言う通りしか分からないしね。"（G）

　これらはいずれも虐待の心配に関する語りであるが，着目したいのは，Bさんも G さんも，"ものが言えない子""しゃべらない子"という「訴える力が弱い」という障害の特性をその心配の理由に挙げていることである。家族にとっては，「遠い」「支援に対して意見が言えない」「預けっぱなし」の入所施設は，入所して幸せになれるかどうかどころか，そもそも本人がひどい扱いを受けずに安全に暮らすことができるかどうかの心配をしなければならない選択肢だったのである。

　岡原（1995）は，障害者を「『弱く』『守られるべき』存在」だと見なし，そのような障害者を「保護し，監視する人」として家族を位置づける世間のまなざしを批判的に論じたが，本調査で語られた虐待の心配はまさに，ひどい扱いを受けないようにわが子を保護し，支援の状況を監視せざるを得ない立場を実際に生きてきた家族の経験であるといえる。

　このような入所施設やグループホームのイメージに対して，新しく浮上した選択肢であるホームへの入居は，家族にとっては「事業所のことをよく知っている」「支援にあたる人（職員など）を知っている」「近い」等といった【ネガティブな条件が解消】することを意味するものであった。いつでも様子を見ることができるような「近い」場所で，事業所や支援者のことを「よく知っている」ことは，本人のホームでの様子や支援の状況について【見る】【知る】【伝える】ことを可能にし，「⑧不安や心配，葛藤の解消」につながっていく。この「⑧不安や心配，葛藤の解消」に分類されたコードは，「ホームでの暮らしがうまくいっていることが本人の様子から感じられる」「支援者の様子や支援の体制を知って安心につながった」あるいは「連絡帳をとおして伝えることができる」等，ほぼすべてのコードが，ホームに入居した本人の様子や支援の状況を何らかの方法で【見る】【知る】【伝える】に該当するものであった。

　つまり，協力者たちにとって障害のある本人との居所の分離は，その時点において家族としての役割や責任を終えることを意味してはいなかった。ホームへの入居は，虐待等を含むひどい扱いを受けていないかどうか，本人は快適に

過ごせているかどうか，適切な支援が提供されているかどうかを確認する役割と責任をもちつづけながら，さしあたりの生活の場と日常生活のサポートを支援者に移行することを意味していたといえる。

分析結果（2）：【生きる主体として本人を感じる】に至るまでの家族の認識の変容

　家族が障害のある本人を保護し，監視する役割から解放されるためには，「『弱く』『守られるべき』存在」であった本人が，自立した一人の人間として生きていけるような状況を作ることが必要である。**分析結果（1）**では，本人のホームでの様子や支援の状況，あるいはホームでの暮らしをとおして変化や成長を遂げる本人の姿について【見る】【知る】【伝える】ことが，「⑧不安や心配，葛藤の解消」につながったことを示した。しかしながらそれだけでは，家族が「保護し，監視する」役割から解放されたとはいえない。【見る】【知る】【伝える】ことで課題が解決されている状況というのは，今後何らかの危険が本人に及ばないかどうかを，見つづけ，知りつづけることを家族に要請するからである。またそのことは同時に，障害のある本人が依然として家族に保護されつづけることを意味するからである。

　そこで重要になるのが，本研究で見出された次のプロセスである。すなわち，家族はホームでの暮らしによって変化・成長する本人を見ることで，家族によるケアを客観視できるようになる。同時に，「何かが自分でできるようになること」とは違う新しい自立観を確立し，【生きる主体として本人を感じる】ようになる。このように，障害のある本人が，家族に依存せずに実際に生活できるだけでなく，主体的に生きる一人の人間だと感じられることではじめて，家族は「保護し，監視する」役割から解放されるのではないだろうか。以下，この点についてデータを引用しながら説明していく。

　「⑨家族の変化や気づき」には，「家族の生活の変化」をはじめ比較的多くのコードが分類されたが，「家族の認識」に着目する本研究においてとりわけ注視したいのは「家族ケアの客観視」「自立観の確認や変化」「家族と異なる本

人の気持ちに気づく」という3つのコードである。まず「家族ケアの客観視」については，具体的に次のような語りが挙げられる。

"（パニックに関して）よくよく考えると私との関係で（パニックを起こしているのであって），ほかの方たちは全然そんなことなかったというのが今は分かるんですけど，その当時は本当に，とても何があるか分からないしと思いました。"（C）

"今思うと前にやっちゃうんですね，親は。分かるんですよ，全部。してほしいことが分かるので，お願いに来るまでもなくやってあげていたんですね。だからこっち（通所で利用していた事業所）でやってもらえないと，怒っていたんだと思うんです。"（F）

CさんとFさんは，ともに「今は分かる」「今思うと……」と表現していることから，実際に日常のケアを支援者に託す経験をしたことではじめて，家族によるケアを客観視する機会を得たと考えられる。

協力者たちがホームへの入居を検討しはじめた背景には，Aさんを除いて「自宅での暮らしの不具合」や「事業所の運営上の要請」といった，やむにやまれぬ事情があった。つまり，「仕方なく」ホームでの暮らしをスタートさせた。そこには，「本当は家族の元で生活させてやりたい」という気持ちがあり，家族の「親元で暮らすほうが本人にとっては幸せなはずだ」という認識があったと考えていいだろう。しかしながら，実際にホームでの暮らしが始まると，本人は家族の不安や心配をよそにホームでの仲間や支援者との暮らしを楽しみ，さまざまな変化や成長を遂げていく。このような姿や様子を知ることで家族は，親元で暮らしていたときには成長しなかった側面が，家族ではない支援者のケアを受けることで成長することがあると気づく。つまり，家族よりも支援者によるケアのほうが良い面があると考えるようになる。これが「家族ケアの客観視」[4]である。

次に「自立観の確認や変化」であるが，このコードに分類された語りの一つに，Bさんの次の語りが挙げられる。

"やっぱりこうやって離れて暮らすことで，自立は絶対できないけれども，

何となく自立心のようなものは，あの子たちなりの，あの子なりのものは何か芽生えているんだろうなと。自分の部屋に（親を）入らせなかったりとかするところを見るとね。"（B）

Bさんは本人（弟）のホームへの入居に関しては，最初は"共同生活なんてある程度会話ができる子しか無理"だと考えていた。しかしながら，ホームで過ごす泊数を増やしていくなかで，Bさんは何気ない日常の出来事の中で本人の"伸びを感じる"ようになる。決して会話ができるようになったわけではないにもかかわらず共同生活ができていること，また，その共同生活による変化や成長を感じることで，"あの子なりの"成長を遂げていることを実感するようになった。先の語りには，当初は"会話ができる"というような「何かが自分でできること」を意味する自立しか考えられなかったBさんが，"自立心のようなもの"と表現した，自立に関する新しい考え方を獲得しつつあることが表現されているといえる。

また，Dさんの次の語りからは，作業所づくりの運動やホームでの暮らしをとおして獲得してきた自立観と，その自立観に対して揺れ動く親心が表現されている。

"ちゃんと皆さんの手を借りて自立しているのに，私にしたら，私がいなきゃとか思いますね。"（D）

"皆さんの手を借りて自立している"という認識を，Dさんがどのように獲得したかについてインタビューでは語られなかったが，この語りからはDさんの頭の中には「何かが自分でできること」を意味する自立とは異なる自立観があることがわかる。

家族が障害のある本人を保護・監視する役割を担いつづけてきたのは，本人たちが自立できない存在だと周囲から捉えられてきたからである。障害のある本人たちはホームへの入居によって，決してしゃべれるようになったわけでもないし，周囲の人の手を借りずに生活できるようになったわけでもない。それにもかかわらず，実際には親元を離れた暮らし，つまり自立した暮らしができている。この事実を前にして，家族は"何となく自立心のようなもの"が芽生

えていることを認め，"皆さんの手を借りて自立"していることを認められるようになる。ここには，「何かが自分でできるようになること」とは異なる新しい自立観を確立する契機があるといえる。

最後に「家族と異なる本人の気持ちに気づく」についてであるが，ここには次のようなデータを分類した。

"やっぱりこっちもうれしくて「またお姉ちゃんが連れていってあげるね」と言ったんだけど，でも私たち（家族）と行っても楽しくないのかもしれない，仲間でそうやって行くのがまたよかったのかもしれない。"（B）

"親が生きている間になるべく多く時間をつくってあげて――でも，あの子はわりと皆さんと一緒が楽しいみたいで，あんな歩けない子が皆さんの後を必死で追い掛けるようになって，すごく歩くようになったようなところもありますね。……（中略）……あの子は何も言わないのでね。作業所が楽しいんだと言うかもしれませんね，もし言葉で言うんだったら。"（D）

これらは語り手である協力者が本人の気持ちを推測して語っている部分であるが，このコードには，居所の分離を経て本人を慮る気持ちが湧いてきた，あるいは増してきたと解釈できるものを分類した。たとえば，Bさんのこの語りは，ホームの行事に送り出す際に，「ディズニーランドに行っても本人は楽しめないのではないか」と心配していたが，「とても楽しかった」ことを表現する本人の姿に成長を感じたという内容の中で語られたものである。Bさんにとっては，「また連れていってあげたい」と思うぐらい嬉しい成長だったというのが語り全体の趣旨であったが，その最後に付け加えられるようにして"でも私たち（家族）と行っても楽しくないのかもしれない，仲間でそうやって行くのがまたよかったのかもしれない"と語っている。また，Dさんの語りは，現在望んでいることとして「親が生きている間になるべく多く（親と過ごす）時間をつくってあげたい」という思いを語っている途中で一旦言いよどみ，"でも，あの子はわりと皆さんと一緒が楽しいみたいで……（中略）……作業所が楽しいんだと言うかもしれませんね，もし言葉で言うんだったら"と，イ

ンタビューをとおして話しながら，言葉で表現することができない本人の気持ちを斟酌しようとしているかのような語りが続いている。

家族はホームで暮らしはじめた本人の成長や変化を実感することで，家族よりも支援者と過ごすほうが良い面があることに気づいていく。実際に家族に依存せずに生きていけるようになること，さらには自立に対する認識が変化することで，家族は【生きる主体として本人を感じる】ようになるのではないだろうか。そのきっかけ，もしくはその現れの一つが，家族が「家族と異なる本人の気持ちに気づく」ことであると意味づけた。

分析結果（3）：家族自身の将来の希望，地域や社会に対する願いが語られることの意味

筆者はインタビューで「これから将来に向けて思っておられることが何かあれば教えてください」という質問を投げかけた。「本人について」「自分自身のことについて」といった限定を何もせずに自由に語ってもらったところ，数人からは本人についての将来の希望や不安が語られた。これについては調査結果の概要（99頁）に示したとおりである。

以下ではそのほかに，「語り手自身の将来についての希望」が同時に語られた点，および地域や社会への要望に関して語られた点について考察していく。まずは，「語り手自身の将来についての希望」については，具体的には次のような語りが挙げられる。

　　"離してから残りの人生は有意義に使わせていただいています。本当に。職員さんには迷惑を掛けていますけれども，本当に。今度は自分が迷惑を掛ける立場に……（中略）……年を取ったらね，お世話になる立場ですものね。それまでの間だけでもちょっとは楽になって自分の時間をもって。自分も楽しい一生だったなで終わりたいから。"（G）

Gさんの語りに見られるように，子育て期を終え，子どもが独立した後に，自らの老い先を意識しながら残りの人生をより良く生きたいと願うことは，障害のない子を育ててきた親のライフサイクルに近づいていることを意味してい

るといえる。そして，このように，障害者の家族が自分自身の将来についての希望を語れるようになるためには，障害のある本人のことを，自立して生きる主体的な存在であると感じられ，「保護し，監視する」役割から解放されることが必要なのではないだろうか。

また，協力者の中には「地域や社会が変わってほしい」という希望や期待を語る人もいた。

　"住民の意識が変わるんですよ，建つと（障害者の居住のための社会資源ができると）。……（中略）……やっぱり住んでこそですので，本当に北部は何もないので，やっぱり意識が低いですね。だから（障害者が住む社会資源が）欲しいなと思うんですね。通勤もそうだけど（地域に事業所がないことの問題は，通所の事業所を利用する人にとっての問題でもあるが），特にそういう住民の意識が変わってほしいと思います。"（F）
　"全部自分（親）がするんじゃなくて，人にはちょっとかかわってもらって，こんな子もいるということを知ってもらわないといけませんし，いろいろな人にね。障害といっても軽い子から重い子までいるんだから，やっぱりいろいろな子を見てもらわないといけないし，家の中で閉じこもっていたら分からないから，やっぱり一般の人に理解を広げないと。"（G）

ここで紹介したFさんとGさんの語りに共通するのが，「意識が変わる」「理解を広げる」という「認識の変容」に言及している点である。このように地域や社会に対して「認識の変容」を期待する前段階には，家族自身の認識の変容，すなわち「自立観の確認や変化」があると考えられる。家族は，「『弱く』『守られるべき』存在」である本人を「保護し，監視する」役割を担ってきたが，居所の分離によってもたらされたのは，たとえしゃべれないままであっても，支援の必要性は変わらずとも，「その人なりの自立」があり，親元を離れても主体的に生きることができ，またその権利があるという認識である。本人が主体的に生きていくことを可能にするのは，本人だけの力では無理だし，家族がその役割を担うのは適切ではない。地域や社会が，主体的に生きる一人の人間として本人のことを認めることでこそ可能になるのである。このように，ここ

で抽出された「地域や社会が変わってほしい」というコードは，「自立観の確認や変化」に関連させて意味づけることができる。

第5節　結論と残された課題

　「2013年調査」で分析した7人の協力者に共通するのは，本人が成人後も家族がケアを担いつづけるつもりであったが，何らかの事情やきっかけによって本人との居所の分離を決断し，ホームで暮らす本人の成長や変化を感じることで，家族にもさまざまな変化がもたらされたプロセスである。ここではまず，親元で暮らす知的障害者に対する支援のあり方に対する示唆についてまとめる。そして，そのような支援こそが，「親元からの自立」ができにくいメカニズムの変容につながる道筋の一つとして位置づけられることを述べる。

分析結果（1）から
　【見る】【知る】【伝える】ことが一つの鍵となることを述べた。「家族から離れ，関係も切れてしまう」「遠い」「支援に対して意見が言えない」「預けっぱなし」等というイメージのある入所施設に対して，ホームへの入居は「事業所のことをよく知っている」「支援にあたる人（職員など）を知っている」「近い」等という新しい選択肢を意味していた。つまり，【見る】【知る】【伝える】ことができる状況は，「居所の分離」という家族の決断を後押しする可能性があるといえる。
　また，【見る】【知る】【伝える】ことは，「事業所への信頼」「支援者との信頼関係」といった抽象的な言葉で語られがちなものの内実を示したものといえる。【見る】【知る】ことができるのは，単に場所が近いからだけではなく，疑問に思うことがあれば気軽に尋ねることができたり，気兼ねなく事業所を訪れたり，連絡帳をとおして情報を共有できていることを意味している。また，家族が心配なことや気づいたことを【伝える】ことができるのは，「聞いてもらえる」「受け止めてもらえる」という確信をもつことができ，伝えたことを支

援に生かしてもらえると思えるからである。

　これを支援の側に置き換えると，本人の様子，あるいは支援の方法や考え方を率直に家族に伝えること，さらに家族がこれまで行ってきたケアの仕方や心配事などにはまずは耳を傾け受け止めていくことが，入居の決定を後押しし，さらには居所の分離に伴う家族の不安や心配の解消につながることになる。

　このことが意味するのは，本人と家族の関係性が切れてしまわない支援をするということである。ただしそれは，本人が家族と過ごす時間をもつこととイコールではない。たとえばGさんは息子が帰宅するのは年末年始のみであるが，それでもGさんは本人について気づいたことを事業所に伝え，また本人の成長を感じながら年月を重ねている。障害のない私たちが，成人して親元を離れても多くの場合家族としての関係が継続するように，障害のある人においても，支援者と家族の間で本人に関する情報や状況を共有することで，本人と家族が関係をもち続けることができるような支援が求められる。

　分析結果（2）から
　家族が【生きる主体として本人を感じる】ようになるプロセスについて述べた。障害のある本人がホームで生活できるということだけでなく，主体的に生きる一人の人間だと感じられることで初めて，家族は「保護し，監視する」役割から真に解放されることを指摘した。そのように考えると，「親元からの自立」においては，ただ家族の負担が軽減されたり，家族が責任や役割から解放されることのみがめざされるのではなく，本人と家族の間に自立した人間どうしの関係性が取り結ばれることが重要で，そこまでを含めたプロセスをいかに支援するかを考える必要がある。

　分析結果においては，家族が【生きる主体として本人を感じる】に至ったきっかけあるいはその現れとして「家族と異なる本人の気持ちに気づく」というコードを位置づけた。また，そこに至るプロセスにおける「家族ケアの客観視」「自立観の確認や変化」というコードとの関連を説明した。前者の「家族ケアの客観視」が可能になるための支援としては，居所を分離することで本人

が変化したこと，職員にとって成長だと感じられることを家族にも積極的に伝えることが挙げられる。

後者の「自立観の確認や変化」に関しては，次の語りにその支援のあり様が表現されている。

　"やっぱりここの方（支援者）って，一人一人ちゃんと1人の子を自立している社会人，成人として扱ってくださるじゃないですか。……（中略）……本人はそんなのも分かっているのか分かってないのかわからないけれど，やっぱり一社会人として1つの社会の中で暮らしているんだなというのは思います。"（B）

Bさんのこの語りに表現されているのは，X事業所の支援の考え方であり，X事業所の支援者が共有する本人への接し方である。前節で紹介したように，Bさんは"自立は絶対できないけれども，何となく自立心のようなもの"という新しい自立観の獲得について語っているが，X事業所の支援の考え方をさまざまな場面で感じ取ることがそのきっかけの一つになったと考えていいだろう。ただしこのような支援者の考え方が，家族の考え方と一致するとは限らない。

　"若い職員さんたちだったので，本当に格闘があったと思いますけれども，親ではない立場から，息子たちに対して「こういうふうになってほしい」と思うこともあったでしょうし，それがなかったら子どもも成長しなかったと思うので，本当にありがたいと思います。"（C）

ここでは家族であるCさんの考える支援とY事業所の職員の考えが異なったという経験が語られている。そうした経験に対してCさんは最終的に，Y事業所の職員たちの「親ではない」からこその考え方や働きかけを理解し，それによって息子が成長したことを述べている。

先に，分析結果（1）において，家族がこれまで行ってきたケアの仕方や心配事などにはまずは耳を傾け受け止めていくことの重要性を指摘したが，それだけでは家族が提供してきたのと同じケアを支援者が代行するだけになってしまう。家族に「自立観の確認や変化」がもたらされ，家族が【生きる主体として本人を感じる】ようになるためには，家族の考え方やケアの仕方とは異なる

支援者としての考え方や価値のあり方を伝えたり実際の支援に反映させたりすることも同時に必要である。それはたとえば，家族が障害のある本人のことを「自立ができない子ども」だと考えていることに対して，支援者が「一人の尊重すべき大人」として実際に接していくことであったり，「さまざまな自立の形があっていい」といった支援者の考え方を家族に伝えたりすることになるだろう。

このように，本人と家族の関係性が切れてしまわないことに加え，本人と家族の間に自立した人間どうしの関係性が取り結ばれるような支援というのが，分析結果から言えることの二つ目である。

分析結果（3）から

分析結果としては，障害のある本人の将来に対する希望や心配についてのみならず，語り手自身の将来の希望が語られたことを，ノーマルなライフサイクルに近づきつつあると意味づけた。家族が自分自身の暮らしや人生について考え，悩み，語ることができる状態は，「親元からの自立」の支援が最終的に至る一つのゴールと考えていいのではないだろうか。

障害児者支援において，家族を障害者本人を支える社会資源の一つと見なしたり，あるいは支援を展開するうえで連携すべき協働者と位置づけたりすることは，おそらく現在も支援の現場では見られる考え方だろう。また，本書で見てきたように，日本における障害者福祉の歴史においては，障害者の家族が社会資源作りやその運営を担っていた時代があり，このような時代には支援者よりも家族が主導する支援が広く行われていたともいえる。しかしながら，家族による支援は，障害者本人の成長に伴って「徐々に軽減されるべき」（藤原 2006：199）であり，本人が成人したタイミングで「親役割を降りる」（西村 2007）ことができる状況がめざされるべきである。その先にあるのは，障害のない子を育ててきた家族と同じように，自分自身の老いと向き合いながら，将来の不安や希望を語ることができる家族の姿であるというのが，本調査結果から言えることである。

「親元からの自立」と支援

　以上,「親元からの自立」を,物理的に居所を分離することとしてのみならず,家族との関係性の変容を含めたプロセスとして提示できた点,また先行研究では具体的に示されてこなかった支援のあり方について一定の知見を示すことができた点に本調査研究の意義がある。

　そして,このような支援を行うことこそが,「親元からの自立」ができにくいメカニズムを変容させる道筋の一つである。「親元からの自立」ができるためには,社会資源や福祉サービスの充足をめざした法制度の変容が必要になる。しかしながら,知的障害者はその障害の特性ゆえに問題状況を変えるためのアピールができず,愛情規範や自助規範といった社会規範を内面化した家族もまたその主張をすることは難しく,不十分な社会資源や福祉サービスを補おうとすることでかえって問題状況が見えにくくなるという固定化した状況が生じていた。

　このような状況の中で生きてきた7人の家族は,事業所が提供する支援によって本人との居所の分離を経て認識の変容を遂げ,最終的には「自立観の変化」や「地域や社会が変わってほしい」という願いを言語化するに至った。この変容を可能にしたのは,X,Y,Zのそれぞれの事業所が提供した支援であるといえる。このように,家族が居所を分離した本人と関係を取り結びながら認識の変容を遂げられるような支援を地道に積み重ねることは,地域で自立した生活を送る知的障害者の増加のみならず,「家族が本人を守ってあげなければ」と考えていた家族が「地域や社会が変わってほしい」と願うことにつながっていく。障害者の家族として生きてきた人たちの認識が変わり,彼らの言動を通じて周囲の人が影響を受けることは社会規範の変容につながる可能性がある。とりわけ同じ境遇を生きている家族たちの潜在的なニーズを喚起することができれば,法制度の変革に向けて声を上げていくことにつながる可能性もある。これが,メカニズムの変容につながる道筋の一つである。

　ここで留意しておきたい点が,3つの事業所によって提供された居所の分離の支援が,法制度が「親元からの自立」を要請していない時点において提供さ

れた一歩踏み込んだ支援であるという点である。おそらくそこには，目の前の障害者をどのように理解し支援すべきかに関する支援者の膨大な試行錯誤があり，その試行錯誤を支える組織あるいは集団が共有する何らかの価値や理念があると考えられる。ここでそのメカニズムから自由になるためには専門性あるいは専門職としての価値や倫理が重要になってくると結論づけることもできるが，そのようなことは改めてここで述べるまでもないことであろう。そこで次に，このメカニズムから脱するための変革の担い手を支援者のみに負わせるのではない別の道筋を，研究者が自らの内に内在化させた社会規範を問い返すことをとおして探っていくこととする。

　たとえ高度な専門性や専門職としての豊かな経験をもつ支援者であっても自らが生きている社会の規範から完全に自由にはなり得ないように，障害者福祉を研究する研究者もまた同じ社会の規範の中でそれらを自らの内に内在化させて生きている。筆者自身を振り返ってみても，「親元からの自立」を要請しない法制度を維持する社会の中での仕事をしてきた経験をもち，また自助規範や愛情規範といった社会規範の中で生活をしながら研究をしているのである。次章では，再び本調査で得られたインタビューデータを，研究者自身の認識を考察対象とする方法論であるエピソード記述を援用して得られる知見を示していくこととする。

　最後に，本章で行った質的データ分析の限界としては，次の点が挙げられる。まず，本調査において分析したのは，信頼関係を結んでいる事業所を介して調査の協力を依頼した家族の語りであるため，事業所に対するネガティブな言及が含まれる語りはほとんど出てきていない。調査協力者が信頼をおいている事業所を介した調査であるからこそ語られたこともある一方で，だからこそ語られなかった点もあるということは本調査研究の限界である。

　二つ目は，障害のある本人が変化・成長を遂げるような，「本人に対する支援の内実」を明らかにすることができていないことが挙げられる。家族はただケアの物理的な負担から解放されれば認識を変容させるというわけではない。ホームで暮らしはじめた本人の様子を見て，何かができるようになったり，自

信をつけたりするといった本人の変化や成長を感じ取ることで初めて，それまで担ってきたケア役割から心身ともに解放されるというのが，本調査から得られた知見である。それ故，次に重要になってくるのは，本人が変化・成長するような支援の内実について検討することである。

しかしながらその点については，今回の調査ではほとんど言語化されることはなかった。たとえばBさんの「やっぱりここの方（支援者）って，一人一人ちゃんと1人の子を自立している社会人，成人として扱ってくださるじゃないですか」といったX事業所の姿勢について言語化された部分はそれにあたるが，このような語りは他にはほとんど見られず，Bさんのこの語りにしてもやや抽象的な表現であることは否めない。このことは，今回の調査においてその支援の結果もたらされた本人の変化や成長について極めて微細かつリアルに語られたのとは対照的である。おそらくその支援は，家族が見えていない場所で行われているものであり，見ていないからこそ家族はよりはっきりと本人の変化を感じ取ることができるとも考えられる。よって，本人に対する支援の内実に迫っていくためには，家族を調査協力者とするのではない研究方法や研究計画が必要になってくると考えられる。

注
(1) 調査協力者の選定を事業所に依頼した際には「親」を対象としたいと考えていたが，事業所との相談の結果，親と一緒にケアを担ってきて，居所の分離に対しても親と同じように悩んだ経験のある「姉」も調査協力者として含めることとした。
(2) この時期、当該の地域の親の会が，作業所に1つグループホームを立ち上げることを呼びかけていた。
(3) 原則としては障害福祉サービスに相当する介護保険サービスがある場合は介護保険サービスに係る保険給付が優先されるが，グループホーム（共同生活援助）はこれには該当しない。よって65歳になると現在暮らしているホームから退去しなければならないわけではない。
(4) なお，田中（2013）の分析結果において，この「家族ケアの客観視」に近い言葉として，親が「自らのケアを相対化する視点を持つ」ことの重要性が指摘されている。田中はそれが必要な理由として不安を抱えながらさまざまな選択をする親に

とって「ケアが納得したものとなるため」であるとし,「自らの子育てを評価する視点を持つ」に至るプロセスについて説明している。このことから,田中が述べる「相対化」とは,家族が自らのケアを良きものとして納得するという意味合いで使われていると考えられる。ここでは,逆に「家族以外のケアの良さに気づく」という意味合いで「家族ケアの客観視」という言葉を用いている。

第5章
エピソード記述による考察

　前章の質的データ分析をとおして明らかになったのは，障害のある本人のホームへの入居を機に家族に認識の変容がもたらされたプロセスおよびその変容に影響を及ぼす支援のあり方に対する示唆であった。本章ではこの同じ「2013年調査」のインタビューデータを，鯨岡（2005）が提起するエピソード記述という異なる方法論を援用することによって前章で示したものとは別の知見にアプローチする。その知見とは，知的障害者の自立について，自立した状態であるか否か，自立に向かう変化を遂げているのかどうかを理解するための新たな視点である。

第1節　本章で用いる方法とその意義

エピソード記述の概要
　エピソード記述は，「エピソード」の記述と「メタ意味」の記述の二つの段階で構成されている。まず「エピソード」は，捉えたい事象の客観的な流れを描き出し，読み手がおおよその共通了解が得られることを目的に，そこで何が起きたのか，その背景にはどのような状況があったのかを記述する部分である。ここには，客観的に観察されたことをすべて書くのではなく，「書き手がその事態をどのように捉えているか」を記述すること，また「自分の思いや，場の雰囲気」を盛り込む（鯨岡 2005：36）ことでエピソードの場面を読み手が理解できることをめざす。これが第一段階である。
　第二段階は，「それを描き出したいと思い立った書き手の背景（暗黙の理

論)」とエピソードとの関連を「多方面にわたって吟味し，その意味の全幅を押さえる」ことを目的とする「メタ意味」の記述である（鯨岡 2005：37）。この吟味のプロセスを「メタ観察」と言うこともある。エピソード記述は特にこの第二段階が重要である。鯨岡は，捉えた事象の初次的な意味からさらに広い文脈に位置づけることで「その出来事の表面の意味を越えた意味，あるいはその奥の意味」（鯨岡 2005：23）を明らかにすることで，記述されたエピソードが体験記や記録ではない「質的アプローチにつながる」（鯨岡 2005：27）と述べている。そして，「メタ意味がどのように紡ぎだされるかは，関わりの歴史はもちろん，関わる相手を取り巻く背景，当事者の過去の経験，当事者の抱える『理論』（意識された理論や意識されない暗黙の理論）によって異なってくる」（鯨岡 2005：23）と説明する。つまり，「エピソード」に描かれた場面や出来事について，記述者自身が「なぜ私はそのように感じたのか」「私がそのように感じたことは，私自身のもつ理論と照らし合わせるとどのように意味づけられるか」を深め言語化したものが「メタ意味」であるといえる。

　エピソード記述の特徴の一つは，扱う事象を「常に描き出す『私』の主観を潜り抜ける中でしか捉えられないもの」（鯨岡 2005：17）として記述するという点である。そうした点から鯨岡はこの方法論を，「何も感じない（感じてはならない）透明な観察者の目にあくまでも対象として捉えられるもの，測定可能で再現可能なものだけを議論しようという『客観主義＝実証主義の立場』とは一線を画す」ものと位置づけている。ただしこのことは，「客観的な見方」をしないことを意味しているわけではない。むしろ「生の実相のあるがままに迫る」には，関わり手に主観的に感じられたことを捉える見方と共に，「その生の実相を関わり手である自分をも含めて客観的にみる見方」（鯨岡 2005：22）とが同時に必要であると鯨岡は述べている。

　図5−1は，鯨岡（2005）を参考に，エピソード記述を社会福祉の質的研究に援用するにあたって筆者が図示化したものである。「関与する私」の「関与する」とは，直接的な援助をしたりコミュニケーションをとることに限らず，「自分もその場で一個の主体として生きながら，その場で関わる人を一個の主

第5章 エピソード記述による考察

図5-1 インタビューデータの逐語録分析とエピソード記述

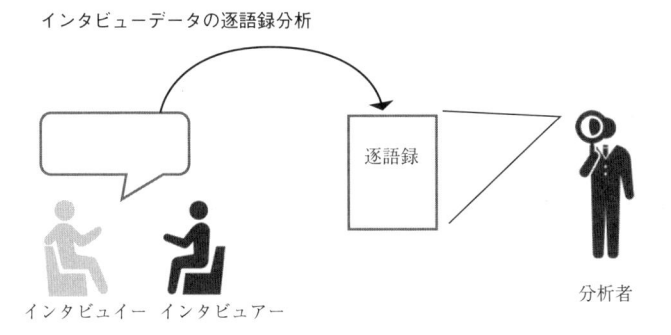

インタビューデータの逐語録分析

インタビューデータをもとにしたエピソード記述

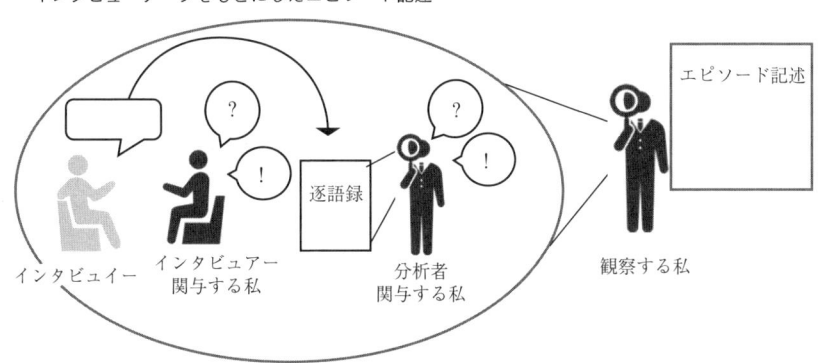

出所：鯨岡（2005）を参考に筆者作成。なお，濃い色の人物アイコンはすべて同じ一人の研究者を表している。

体として受け止め，その人と生きようと努める」（鯨岡：2005）ということを意味している。質的研究においては，インタビューの場面や逐語録を分析する過程で，研究者が「なぜだろう？」と疑問をもったり，「そうだったのか！」と気づくことがあるが，図に示した「関与する私」とは，このように疑問を抱いたり気づきを得る主体的な存在として研究者自身を捉えるという意味である。そして，エピソード記述は，「関与する私」が主観的に感じたことを，「観察する私」が考察したものであるというのが筆者の理解である。

次節以降，このエピソード記述を用いて，前章で分析したインタビューデー

タの解釈を試みるが，それに先立ち本節ではエピソード記述という方法の背景にある理論について詳述することとする。

エピソード記述の3つのアプローチ

エピソード記述を提起した鯨岡は，心理学の中でも発達研究を専門とする研究者である。鯨岡の見解によると，「従来のアカデミック発達心理学は，普遍的事実を求める結果，多数の子どものデータを基に平均的子ども像を描き出すことへと方向づけられてきた」（鯨岡 1999：14）。何歳になったらどんなことができるようになるといった個体の能力を軸に「普遍化」「抽象化」を行おうとしてきた従来の方法的態度に対して，鯨岡は，発達とは養育者との相互的なかかわりによって発現するという考えから，「『子ども―養育者』という関係対を研究の最小単位」（鯨岡 1999：iii）とする新しい理論である「関係発達論」の構築に取り組んできた。この理論を構築するうえで，鯨岡は「現象学的アプローチ」「臨床的アプローチ」「間主観的アプローチ」という3つの視点を提示し，具体的方法論としてエピソード記述を提起ている。

まず「現象学的アプローチ」についてであるが，現象学の重要なキー概念に現象学的還元がある。鯨岡は現象学的還元を次のように説明したうえで，自らの理論を展開するうえで「生きられる還元」という概念を提示している。すなわち，現象学的還元を，「素朴な意識（自然的態度）が下す諸判断を括弧に入れ（エポケー），その上で志向的意識の対象を想像作用のなかで様々に変容させて，そのような視点変更にもかかわらず不変であるものこそ，当該対象の本質」（鯨岡 1999：101）であるとする方法態度と説明する。そのうえで鯨岡が着目するのは，現象学的還元をいざ実行に移そうとするときに生じる「抵抗」であり，この抵抗が「それだけ研究者がさまざまな常識や自明さのなかに深くとらえられている」（鯨岡 1999：102）ことの証左であると指摘し，この「抵抗と抵抗分析のうちに，現象学的アプローチの核心を見ようとする立場」（鯨岡 1999：102）に立つことを表明している。そして，「自分の意識や存在のあり方にまとわりついている様々な自明なものが，出会いの場ではっと気づかされる

第5章　エピソード記述による考察

形で急に浮き上がってくるような経験」を「生きられる還元」と呼んでいる（鯨岡　1999：112）。

　二つ目の視点が「臨床的アプローチ」である。先に述べた「生きられる還元」が理性的で反省的な次元で為されるものであるのに対して，感性的な次元で引き起こされるもう一つの還元として「臨床的還元」を位置づけている。（鯨岡　1999：117）。

　鯨岡によると，「生きられる還元」は，「純粋な理性的反省の作業を踏み越えたものでありながら……（中略）……，基本的には認識者の位相に立って」（鯨岡　1999：122）論じられるものである。ここでいう「認識者の位相に立つ」とは，たとえば研究者がフィールドに行ったときに研究者としての位相でもって子どもを理解しようとするような態度のことである。それに対して「臨床的還元」とは，専門的な学知が邪魔をして，目の前の障害児をつい障害特性をとおして理解しようとしてしまうような状況から，お互いのぎこちない関係性がふと解除され，自然に「共に在る」ことが可能になるような事態をさす。このような事態を「還元」と意味づける根拠として鯨岡は，研究者としての学知があることでかえって目の前の子どもや養育者等との「出会いの場を自然に生きられないという実感が，第一義的に『抵抗』として感じられるもの」（鯨岡　1999：116）であったという自身の経験を挙げている。

　三つ目の視点が「間主観的アプローチ」である。間主観性とは現象学に関連づけられる概念であり，鯨岡は「一方の主観的なものが，関わり合う他方の当時主体の主観性のなかに或る感じとして把握される」経緯と説明している（鯨岡　1999：129）。そして，間主観性に言及する際に鯨岡が特に強調することが，「他者の主観的なものが直接的にこちらへと押し寄せ……（中略）……，まさに我が身が共鳴して感性的に感じ取らされたものと意識され，その限りでは動かしようのない一つの事実として受け止められる」（鯨岡　1999：130）という受動性である。

　具体的には，たとえば乳児がガラガラにじっと目を向けている，あるいは離乳食で初めてのものを口にしたときに顔をしかめるといった場面において，母

親は，「ガラガラが欲しいのね」あるいは「すっぱいね」と自らも顔をしかめたりしながら乳児に対応するが，その際母親は，乳児の様子を事実として観察して子どもの気持ちを解釈したというよりも，母親自身にとっては「もっと直接的に子どもの気持ちそのものである」（鯨岡 1999：131）と感じられている。つまり，母親は子どもの気持ちを能動的に理解しているというよりも，むしろ「感じ取らされる」というような受動的な体験をしており，このような様相を間主観的な把握と呼んでいるのである。もちろんここに「解釈」が入り込む余地がないわけではないが，なるべく解釈という回路を通さずに，他者から直接的に押し寄せてくる「或る感じ」をつかむことによって，還元がより可能になるというのが鯨岡の解説である。

　以上，エピソード記述の方法論として重要になる三つの視点について要約した。言うまでもなくこれらの三つの視点は相互に深く関係しているが，ここではこれらの視点の中でも特に鯨岡が提示する「生きられる還元」の独自性に言及する。そのうえで，本研究においてエピソード記述によって何を明らかにできるのか，さらには筆者が本章において何を示そうとするのかを述べていくこととする。

「生きられる還元」としての現象学的還元

　現象学は質的研究の方法として関心がもたれるようになってきており，特に看護領域においては解釈学的現象学をはじめ，現象学的な看護研究の手法について一定の知見が重ねられている。一方社会福祉分野においてはまだ十分にその方法論が検討されているとはいえない。[1]しかし数少ないそれらの先行研究で説明されている「還元」の方法は，研究者が自らのうちにある従来の理論的枠組みをできるだけ排し，あるいはそれに伴う先入観を自覚しながら，インタビューデータやフィールドワーク等をとおして捉えられる事象のあるがままに迫ろうとするものである。

　それらの中からいくつか例を挙げると，たとえば広瀬（2009）は介護を経験した家族にとっての介護経験について，ポジティブな側面をも含めてその意味

を現象学的アプローチによって捉える調査研究において，「『介護者は困難な状況下では否定的な感覚が肯定的な感覚に勝っている』といった前提を払うとともに，そのような前提を意識化した状態で現象をありのまま記述するといった超越的態度に沿った現象学の視点から，介護者の語りのデータの質的分析を行う」と説明している。また，ボランティアに参加した学生にとってその体験の意味を現象学的アプローチによって解き明かそうとする植田（2011）は，ボランティア体験に関する代表的な従来の見方をいくつか挙げたうえで「無意識に前提としている上記のような客観的な見方を明確に自覚し」，そのうえで「参加生徒の立場や願望といった彼らのあり方（実存状況）を一つひとつ見つめ直し，私たち（研究者・教育者）自身の先入見に気づくことを通してはじめて，生徒らにとってのボランティア体験の価値が取りだされる」と説明する。

　これらはいずれも研究者が調査や分析をする際に意図的かつ意識的に行うプロセスとして現象学的還元を説明するものである。それに対して鯨岡は，研究者の素朴な意識（自然的態度）を括弧に入れるという行為が容易ではないという認識に立ち，「感じ取らされる」というように受動的に体験される間主観的把握や，あるいは出会いの場で思いがけず気づかされる形で急に浮き上がってくるような事態に着目する。そして，「さまざまな人との出会いのなかで，不意に向こうから訪れてくる形で受動的に身に被る」（鯨岡 1999：114）という経験によってこそ可能になる抵抗分析を「生きられる還元」と名づけている。つまり研究者が自らの身体や感性を介して受動的に感じとった主観的体験を考察の対象とし，その意味を記述しようとするのがエピソード記述であるといえる。

本章においてエピソード記述を行う意義

　本書において筆者は「親元からの自立」を，「障害のある本人が家族と居所を分離すること，またそれに伴って経済的な面あるいはケアの面等における家族への依存が減少に向かうこと」と最初に定義づけた（第1章第3節）。そして「2013年調査」を計画する際に，先行研究を検討するなかで，「身体障害者の自立の概念が ADL の自立や職業および経済的な自立から自己決定による自

立へと変遷してきたというある程度の共通見解に至っているのに対して，知的障害者の自立の概念については……（中略）……一致した見解を共有するまでには至っていない」（第4章第2節）ことを確認し，よって「できるだけ幅広い自立の概念に開かれた態度で調査に臨むことが必要である」と考え，インタビュー調査や分析に取り組んだ。

　この時点で筆者は，従来の「ADL の自立」や「職業および経済的な自立」といった自立に対する固定化したイメージはできるだけもたないでおこうと努めていた。しかしながら，本研究においてはこのような態度をとることをもって現象学的アプローチとする立場はとらない。研究者が意識的に自らの物の見方や考え方にできるだけ捕らわれないように心がけることは，他者をより深く理解すること，とりわけその主観へのアプローチを意図するという意味では，質的研究を行う際に共通する基本的な態度だと考えるからである。また，どのように注意深く態度変更を行っても，なおその前提として研究者の抱いている先入観から逃れることは極めて難しい。だからこそ何らかの出来事をきっかけにしてその先入観に気づくような事態を考察対象とすることで，捉えたい事象の本質をより深く掘り下げることができるのではないかと筆者は考える。

　インタビュー調査やフィールドワークなどを行う質的研究においてはしばしば，研究者自身も気づいていなかった先入観や自明だと考えられてきた理論に気づかされるという事態が期せずして訪れることがある。本研究では，質的研究のプロセスにおいてそのような形で受動的に被った気づきを考察し，研究者の内に存在していた自明性を明らかにすることを，鯨岡の言う「生きられる還元」と同義と意味づける。そして，その「生きられる還元」をエピソード記述として言語化することで，本来の考察したい事象に対して従来とは異なる仕方で理解を深める一助とする。

　筆者はこれまで，知的障害者の「親元からの自立」を研究テーマに家族にインタビューを行いその語りを分析してきたが，「2013年調査」以前の調査を含めこうした作業を行うなかで，筆者がもっていた自立に対する捉え方が徐々に変化してきていた。先にも述べたように，筆者は「できるだけ幅広い自立の概

第5章 エピソード記述による考察

念に開かれた態度」で臨んでいるつもりであったのだが，調査研究をとおして気づいたのは，それでもなお捕らわれていた大前提であった。その大前提とは，「自立」を個人の状態や個人を取り巻く状況として理解する捉え方である。インタビューやその分析をとおして，家族にとって感じ取られている本人の変化や成長のあり様が少しずつ筆者自身にも感じ取れるようになってきたとき，家族がその変化・成長を，個人の状態や個人を取り巻く状況の変化とは異なる仕方で認識していることが理解できてきたのである。

　結論から述べよう。これまで私たちは障害者の「自立」というとき，個人の状態がどのようなものであるか，個人を取り巻く状況に何が備わっている必要があるかというふうに，さまざまな条件を設定してきた。それに対して，筆者がここで提示するのは，障害者本人が世界をどのように感じているか，および周囲の人が本人をどのような存在だと感じているかの変化として，また周囲の人が本人にどのように関わり，それに対して本人がどのように応じ振る舞うかの相互作用によってもたらされる関係性の変化として「自立」を捉える視点である。[2]このような視点を提示するに至ったプロセスを，次節以降，エピソード記述として言語化していくこととする。

　なお，鯨岡は主に保育の現場において，保育者あるいは研究者がフィールドで実際に子どもに関与しながら遭遇した場面を描いたエピソード記述の例を紹介しているが，筆者が行うのはインタビュー時に得た気づきやインタビューデータを分析する際に理解が深まったことなどを「エピソード」と「メタ意味」として記述するものである。よって，本章の第1節で要約した3つのアプローチのうち「臨床的アプローチ」という点で，本来のエピソード記述の方法論とは一致しない。そのため，本書で行うエピソード記述は，鯨岡のエピソード記述を厳密に適用したものではなく，あくまでも社会福祉学の研究手法として援用する試みである。[3]なお，第2節以降，「エピソード」および「メタ意味」の記述においては筆者自身の気づきを記述するという意味で，「私」という言葉を使用して筆者に感じられたことや考えたことを記述する。

第2節　Fさんのインタビューに関するエピソード記述

　筆者は「親元からの自立」を「障害のある本人が家族と居所を分離すること，またそれに伴って経済的な面あるいはケアの面等における家族への依存が減少に向かうこと」とさしあたり定義づけたが，もしこの条件をクリアすることが「親元からの自立」であれば，分離した先の生活は入所施設であっても良いことになる。ここで留意しなければならないことは，本人の福祉の増進と家族の意向は一致しないことがあるという点であり，筆者のように障害者福祉をテーマに障害者本人ではなく家族を調査協力者とする研究を行う場合はとりわけその点が重要になる。
　家族の意向の如何にかかわらず，障害者本人にとって入所施設よりも地域で暮らす方が望ましいというこれまでの研究の蓄積を踏まえるならば，施設への入所という形での居所の分離と，本研究が捉えようとする望ましいものとしての「親元からの自立」がどのように違うのかを明確化する必要がある。「2013年調査」を行った時点で筆者は，この点についてはいずれ明確化しなければならないと考えていたが，この問いにヒントを与えてくれたのが，Fさんのインタビューであった。

インタビューの概要

　Fさんは，地域の障害者家族でつくる団体の中心的な役割を果たしてきた人である。息子は30代後半で，現在のケアホームに入居して7年ほどになる。知的障害があり言葉による意思疎通は難しい。
　学齢期の頃から「お泊り訓練」という形で，障害のある子どもとその親，そしてボランティアが一緒に宿泊するような催しをしてきた。この「お泊り訓練」は，将来に備えての準備というよりも，「（親どうし）夜いろいろな話ができて，ボランティアさんとも話ができて，いろいろな方とのつながりができる」というのが主目的であった。

息子が学校を卒業して小規模作業所に通いはじめたころ，Ｆさんは自分の母親の具合が悪くなったことがきっかけで，息子を緊急のときに預けられる社会資源が地域にまったくないということに気づいた。そこで仲間と相談し話し合いを重ね，ちょうどグループホームが制度化されたタイミングだったということもあり，親が運営するグループホームを立ち上げた。グループホームといっても，作業所の職員にも手伝ってもらいながら親が交代でグループホームに宿泊するという形であったため，宿泊も「週に２〜３回できればいい方」で，住まいというより「お泊り訓練」の延長のような形であった。

　その後，法律の改正等の影響もあって，通所していた小規模作業所が地域の他の作業所と合併して法人化するという転機が訪れ，Ｆさんの息子は小規模作業所から法人化したＺ事業所に通所することになった。またこの時，Ｆさんたちが運営してきたグループホームは，Ｚ法人が引き継いでケアホームとして運営することになった。この経緯をＦさんは「ケアホームを守ってもらった」と表現している。家族がリーダーシップをとって運営してきた小規模作業所を法人化するということは，その運営の責任を家族から支援者に引き渡すことを意味している。Ｆさんが「ケアホームを守ってもらった」と表現するのは，家族が運営してきたグループホームの運営を，Ｚ事業所の支援者に少し無理をお願いする形で引き継いでもらったという意味である。

　法人化した当初は組織内が安定するまでにはしばらく時間がかかり，ケアホームに入居したＦさんの息子も不安定な時期が続いたが，「もう法人ですので親が入るわけにもいかない（宿泊を手伝うこともできない）」という状況にあった。その頃はまだケアホームに長期間泊まりつづける利用者はほとんどおらず，Ｆさんは「泊まらないとケアホームがなくなっちゃったら困る」という危機感から，息子をなるべくホームで泊まらせるようにしてきた。その後，さまざまな経緯があって現在はホームでの暮らしが落ち着き，「周りの人の助けを借りて，成長していく」様子が見られるようになった。特に，「最初は自分の思いがかなわないと怒って走り回ったりしていた」が，「いろいろ自分なりに世間で生きていく術というんですか，こうした方が言うことを聞いてもらえ

るなとか，そういうのをいっぱい覚えた」ことが大きな成長の一つである。こうした息子の成長を見て，Ｆさんは「今思うと前にやっちゃうんですね，親は。分かるんですよ，全部。してほしいことが分かるので，お願いに来るまでもなくやってあげていたんですね。だからこっち（通所していた事業所）でやってもらえないと，怒っていた」と気づいた。そして「（息子は）ずいぶんいろいろなところで成長しましたね。やっぱり（親元から）出さなきゃいけないんだなと思った」と語っている。

エピソード記述：「親元からの自立」とは，本人を「手離さない」こと
① エピソード

　Ｆさんは，息子がケアホームに入居した直後に不安定な状態になったことに気づきながらも，「泊まらないとケアホームがなくなっちゃったら困る」という危機感から，息子をなるべくホームで泊まらせていた。そんなときにちょうど，県内に新しくできた他の施設に一時的に入所させたことがあった。Ｚ事業所での現状や将来を悲観して入所施設に移ったのではなく，新しい入所施設ができるという話を聞いて，「１回入所（施設）に入って経験してもいいのかな」という気持ちだった。「向こうが合えば向こうでそのまま暮らしてもいいかな」と思っていたが，Ｆさん自身これまでもＺ事業所に深く関わってきており，「だめだったらいつでも帰れるという，職員さんとも親しくさせてもらっていたので，そのくらいの気持ち」で入所を申し込んだ。Ｆさんの場合は長女も障害があることから，長男の行き先にかかわらずＺ事業所との関係は続くということも「だめだったらいつでも帰れる」という気持ちにつながったと考えられる。

　ところが実際に入所してみると，「１週間たって次の日曜日に迎えに行ったら，うちの子は本当にやんちゃな子で走り回っていた子なんです。それが部屋で，こうやって（うなだれでじっとして）いるんですよ。もう本当に見ていられなくて，即それで連れて帰って……」という展開となった。その後はＺ事業所に戻り，ふたたびＺ事業所のケアホームでの暮らしを始めた。Ｚ事業所は，

法人化直後の混乱も徐々に落ち着き，ケアホームにおける支援に力を入れられる状況となり，Ｆさんの息子も自宅と同じようにホームでも安定して過ごせるようになっていった。

　Ｆさんはこの出来事を話すなかで，一時的に入所した施設に関して「本当に『預かってもらったらそれでいい』という親御さんが多くて，もうショックで……」と語っている。私はこのＦさんの言葉から，入所施設への移行と，私が考察しようとしている「親元からの自立」との違いがここにあると理解できたように感じた。

　② メタ意味

　知的障害者のケアを家族が担いつづけているという状況を解消する有効な方法の一つが居所の分離である。もちろん居所を分離してもなお家族にはさまざまなケアの役割が残ることは決して珍しいことではなく，定期的な通院や季節ごとの衣替えといった日常的なケア役割の一部を家族が担いつづけることもある。しかしながら，居所を分離することで少なくとも日々の生活に必要な基本的なケア役割は，家族から支援者へと移行する。このことは，移行先が入所施設であってもグループホームをはじめとする地域の住まいであっても同じである。では，私が考察対象とした知的障害者の家族の経験と，いわゆる「親亡き後」を憂えての入所施設への移行とは何が違うのか。私自身は両者には何らかの違いがあるはずだと感じていながら，それが何なのかを言語化できずにいた。

　Ｆさんはこの一連の出来事を話した後で，一時的に入所した施設に関して「それからもう何年かたって今はいろいろな事業を増やしておられますけど，その我慢ができなかったんですよ。我慢するなら，こっち（Ｚ事業所）でと思って」と付け加えた。

　私はＦさんの言う「我慢する」という言葉を「待つ」という意味と捉えた。ここでいう「待つ」とは，ただ何もせずに耐える，あるいは漫然と時がたつのをやり過ごすという意味ではなく，何らかの形で障害のある本人やケアの移行先である事業所に関与しつづけるという意味である。新しい生活が安定するには一定の時間がかかる。このとき，本人の変化を観察したり，ケアを託す先で

ある事業所や支援者の考え方を理解したり，また時には支援に対して家族としての意見を伝える必要も出てくるはずである。少なくともＦさん自身はそのように考えていたのではないだろうか。一方，一時的に入所をしてみた先で出会った他の入所者の家族の「預かってもらったらそれでいい」という姿勢や考え方は，このような働きかけを何もしないということであり，関心をもったり関与しようとすることをやめてしまうことを意味している。かつての「親亡き後」を憂えての入所施設への移行は，このように入所の時点から家族による一切の働きかけが断たれるということだったのではないだろうかと私は考えた。

　私はこれまでの現場経験や調査研究をとおして，障害のある子を入所施設に入れることを「捨てる」あるいは「手離す」というイメージで語る親の語りに何度か出会ってきた。実際に今でも施設への入所は，本人の暮らしや支援のあり方に関与できないという親子の関係性の断絶につながる場合があるが，そのような点を考えると施設への入所は「捨てる」あるいは「手離す」というイメージで語られても仕方のないことだったのかもしれない。しかしながら，今回インタビュー協力者となった7人の家族は，居所を分離したにもかかわらず，「捨てる」ことも「手離す」こともせず，本人との関係を維持しつづけていた。つまり，「手離さなかった人たち」なのである。Ｆさんのインタビューをとおして，私は，「親元からの自立」をより的確に定義づけるためには，「居所の分離」や「家族への依存の解消」という客観的に把握できるような指標で捉えるだけでなく，本人と家族の関係性に着目する必要があると考えるようになった。

第3節　Ｇさんのインタビューに関するエピソード記述

　前節で述べたように，居所を分離することによる親子の関係性のあり様や変化を捉えるには，客観的に観察できること，すなわち互いの行動の仕方や言葉のやりとりを分析することによっても可能ではあるが，本研究では家族がインタビューで語ったデータから関係性を捉えることとなる。ここで捉えることができるのは，あくまでも家族にとって主観的に感じられている障害者本人との

第5章　エピソード記述による考察

関係性である。そして，エピソード記述でフォーカスすることができるのは，家族の主観的な感じ方，理解の仕方が，研究者のそれと異なっている点である。

　鯨岡は，メタ観察が可能なエピソードを「図として切り出す」ことができるのは，「『あれ？』『ん？』『えっ？』というふうに，事態がこちらの思いとずれたり，そこで一時滞ったり，急に方向を変えたりと，何かこちらの気持ちに引っかかるとき」（鯨岡 2005：93）であるとし，そこから「観察主体の中で何かの気づきが得られたり，情動が揺さぶられたりしたことが意識化」（鯨岡 2005：93）されると説明する。事態がこちらの思いとずれたり，何かこちらの気持ちにひっかかるというのは，筆者の研究で言えば調査協力者である家族の主観的世界と筆者の主観的世界のずれを意味している。そのずれの意味するところを考察することで，障害者福祉に関する学知を身につけた筆者の先入観を再検討することが可能になるとともに，筆者の主観的世界と相対化する形で障害者の家族の主観的世界の言語化が可能になる。

　障害者がどのようになることを「自立」と捉えるのか，望ましいのかという点について，今回の調査の中でもっとも強く筆者の先入観を揺さぶったのは，Gさんのインタビューであった。Gさんのインタビューを終えて，自らの内に生じた「引っかかり」を吟味し，インタビューデータを何度も読み返すなかで明らかになってきたのは，重度の障害をもつGさんの息子の言動をどのように意味づけ，彼をどのような存在として捉えるかという点において，Gさんと筆者とでは大きく異なっていたということである。

インタビューの概要

　Gさんの息子は現在30代で，重度の知的障害がある。「（小学校）低学年のうちはもうすごく何にでも積極的」で，Gさんは体育教室などいろいろな場所に息子を連れだしていた。ところが，高学年になると「暴力的になってきて，無理に連れていこうとするともうそこら辺にあるものをなぎ倒したり暴れたりする」ようになってきた。特別支援学校に行くことも嫌がるようになり，Gさんが学校まで送っていくような状況，それもスムーズに家を出られるわけではな

く,「おしっこもちゃんとできるんだけれども,早く行こうと言ってもじっと座っていておしっこをする」というようなことが続いた。そして登校させることがあまりにも大変であったために,学校の先生と相談して高校3年の1年間学校を休ませる決断をした。

　Gさんの息子は自宅で過ごす日は,ほとんどの時間は落ち着いて過ごせるものの,時折パニックになり,「蛍光灯は引っ張る,もうテーブルはひっくり返す」「その辺りにあるものを全部なぎ倒していく。冷蔵庫を開けて卵があったら全部割って,牛乳パックをバッと投げつけて」というような状況になることもあった。卒業後は作業所に通うことになったが,最初のころは通えていたもののやがて行けなくなっていった。やはり送迎のバスに乗れず,「じっと座っておしっこをするし,おしっこしたら行く気になるから,そうしたら出ていくと言ったら,そこからまたシャワーしてちょっと気持ちを切り替えて……」というプロセスを経て,結局Gさんがバスと電車を乗り継いで送っていくという状況であった。このように通所先に通うということがあまりにも大変であったために,Gさんは夫と相談して通所先の近所に引っ越しをした。引っ越し後,最初の半年はスムーズに通えていたが,やがてまた通所先に通えない状況になっていき,「結局もう（私の）自由時間が何にもない」という状況が続いていた。

　このような生活の転機になったのが,作業所を運営する事業所による福祉ホームの建設であった。ちょうどその頃,Gさんの息子は昼夜逆転の状態になり,家族が夜眠れない状況に陥っていた。作業所の職員に福祉ホーム入居を勧められたGさんは,昼夜逆転の大変さから「もう限界」だと判断し入居させることにした。

　入居にあたっては,当初は週末等に自宅に帰る生活をGさん自身はイメージしていた。しかし福祉ホームと自宅が近いため「勝手に帰る可能性がある」こと,またたびたび帰るとなると「本人も余計混乱する」ことが考えられたため,事業所の職員と相談して「慣れるまではお正月のみ」帰省すると決め,入居して7年目のインタビュー時点でもそのパターンを続けている。ただ,家が近いことや職員とのコミュニケーションが密にあることから,Gさん夫婦は息子の

ホームでの生活の様子はある程度把握しており，またGさんが事業所を訪れたときや，息子が外出で近所を歩いているときなどに息子と顔を合わせることも日常的にある。

エピソード記述：「手に負えなくなる」ことはノーマルなこと
① エピソード
　Gさんの話を聞きながら，私は他の調査協力者が話した「（家族の）手に負えなくなって（入居させた）」というキーワードを頭に思い浮かべていた。「知的障害者の親元からの自立」の実現をめざすこの調査を計画した際に，私は「家族が世話できなくなり，仕方なくホームに入居させた」のではなく，「息子や娘が，親元よりも幸せになれると考えて自立させた」という家族に一人ぐらいは出会えるのではないかという期待を抱いていた。そのため，この「2013年調査」で出会った最後の調査協力者が，息子の昼夜逆転に「限界だ」と追い込まれるような形で居所の分離を決めたのだと知り，少し期待外れだったというのが私の正直な気持ちであった。インタビューを終えた時点で私は「手に負えなくなった」という表現は少し違うのではないかという感覚を抱いたが，その時点では漠然とした印象でしかなかった。
　「手に負えなくなって」入居を決めるというネガティブな印象が大きく変化したのは，逐語録を何回も読み返していったときである。Gさんは，息子がパニックになるのは意思疎通の面で障害があるため「（自分の意思が）通じなかったら他傷行為をする」と説明する。入居時の心配についても，「暴れたりするのがあるからそれが一番心配だったんですよ，もうパニックになったら大変だから。言葉を発しないから意思疎通，コミュニケーションが取れるかどうかというのが一番心配だったし，そこでまた（コミュニケーションが）取れなかったら，家でやっていたようなことが起こるわけだから，もうそれが心配だった」と語っている。さらに，福祉ホームに入居してからも，他傷行為があったことを知ると「申し訳ないという気持ちもある一方で，本人も事情があったんじゃないか，それを周りの人がわかってくれただろうか」と心配にな

ると語っていた。このような息子に対するGさんの理解の仕方や接し方がわかってくるにつれ、私はGさんの息子がとても自己主張の強い人だと感じるようになっていった。

　また、Gさんは、息子の昼夜逆転が入居を決定する決め手となっている。「（息子が夜中に起きて）自分1人で静かにしてくれていたらいいんですけれども、退屈だから起こすんですよ。起きなかったらおしっこしてみたり、こっちはそれで起きないと仕方がないとかそんな生活だった」とGさんは説明し、「本当に昼夜逆転生活というのはどれだけしんどいか」としみじみと話した。

　私は分析をするなかで、Gさんが語った、自宅における生活リズムが崩れていった理由に興味をもった。Gさんは「親だったら、ここで暴れられたらと思ったら、まあまあ、まあまあいいよというふうになってしまうから、流してしまうから。本人も1回そういう様子を見たら、ここまで頑張ったら大丈夫か（もう少し許してもらえるのではないか）という気がある」ために、生活リズムを立て直すことが難しいと説明した。昼夜逆転になった息子に家族が一方的に巻き込まれたというのではなく、Gさんと息子の相互的なやりとりの中で生活リズムが崩れていったことを理解するにつれ、私はGさんの息子が、母親との駆け引きをとおして自分の主張をとおす人であるというイメージを強くした。そして、Gさんの息子をそのように理解できたとき、私は家族にとって「手に負えなくなって」福祉ホームに入居したことは決してネガティブなことではなく、むしろノーマルなことなのではないかと考えるようになった。

　② メタ意味

　Gさんのインタビューを終えた時点で、私はGさんの息子に対して、とても手のかかる重度の障害がある人という印象をもった。学校や作業所に行くための送迎の車に乗れないことは「社会的不適応」と意味づけることもでき、母親が送り迎えをしなければならなくなる状況、また最終的に通所先に行かずに家で終日過ごすような状況は、家族の負担が極めて大きくなることを意味している。さらに、生活のリズムが乱れて昼夜逆転になること、そのリズムに家族が巻き込まれることで家族が疲弊していったことについても、私は当初「障害が

重い」ために生活リズムがコントロールできなかったためだと考えた。しかしながら，逐語録を読み返すなかで，私が感じた彼の「障害の重さ」というネガティブな面が，「主張の力強さ」というポジティブな印象に変化していった。

Gさんは，言葉を発しない息子に対して，本人の意思をくみ取りそれに応える対応を長年積み重ねてきた。つまり，息子の暴力的な行為を力づくで強制的に抑えようとするのではなく，その行為に至った息子の意思を理解し対処しようとしつづけてきた。昼夜逆転に関しても，就寝を促しても寝ようとしない息子に対して，Gさんはその行為を否定するのではなく，息子の意思をある程度尊重して対処しようとした。それは，その対処がうまくいかなければ激しいパニックにつながるという差し迫ったものであった。

このようなGさんの対処に対して，息子は徐々に主張がエスカレートしていき，その結果が昼夜逆転という状況であった。このように理解した私にとって，彼の姿は，母親に対して「まだ就寝したくない」と主張し，母親の対応に対して駆け引きをして主張する姿に変わってきた。学校や作業所に行くことに抵抗を示すことも，家族や周囲にとっては迷惑のかかる「社会的不適応」であるかもしれないが，本人にとっては「（今は）行きたくない」という意思を母親や学校に認めさせたと解釈することもできる。

このようなGさんとGさんの息子の状況がだんだんリアルに想像できるようになったとき，「重度の障害」という客観的な理解を超えて，周囲の配慮や対応を引き出さずにはいられないほど自分の意思を力強く主張する息子本人の存在感が私には感じられるようになった。夜に寝たくないという自分の主張を押し通したことは，家族を疲弊させ，結果的に福祉ホームに入ることになったが，このことは決してネガティブな帰結ではない。成長するにしたがって徐々に主張する力を伸ばし，最終的に家族を巻き込んで生活リズムを大きく崩すまでに力をつけた本人の主張や要求を，家族だけが受け止めるには限界がきた。そこで今度は，本人の暮らしを家族だけではなく社会（通所先や福祉ホーム）が共に受け止めることになった。このことは極めてノーマルなプロセスであると私は考えるようになった。

このようにGさんのインタビューは印象深い気づきを私にもたらしたが，もう1点非常に興味深い語りがあった。インタビューデータの最後のほうに，「本人の将来についての希望」と「語り手自身の将来についての希望」が続けて語られている次の部分である。
　　"本人（息子）も，障害を持って生まれてきたけれども，楽しかったなと思えるようだったらいいなと思う。最初からハンディをもって生まれてきて，一生こんなので終わったらかわいそうだなと思うのがあるのでね。……（中略）……今度は自分（Gさん自身）が迷惑を掛ける立場に……年を取ったらね，お世話になる立場ですもんね。それまでの間だけでもちょっとは楽になって自分の時間をもって。自分も楽しい一生だったなで終わりたいから。"（G）
　ここでは息子に対しても自分に対しても同じ「楽しい一生だったと思えれば」という願いが語られている。この部分を読みながら筆者が想起したのは，「全日本手をつなぐ育成会」（以下，「育成会」と記す）の歴史資料を読んでいたときに何度も出てきた親の願いである。発足当初から入所施設の拡充を訴えてきた「育成会」であるが，1960年代後半から地域福祉の拡充へと福祉政策全体が舵を切るなか，「施設か地域か」という問いに答える必要性が出てきた。そこで「育成会」が示したのが「親なき後の愛情と経済の保障」（「育成会」2001：168）であった。
　育成会の資料から私が感じとったのは，地域の住民に対しても支援者に対しても，生みの親の亡き後は「親がわり」になって本人に愛情を注いでほしいという当時の親の願いであった。資料から推測できるかつてのこのような親の願いと，Gさんが息子について「障害をもって生まれてきたけれども，楽しかったなと思えるようだったらいいな」と思う気持ちとは明らかに違いがある。「親なき後の愛情」を請う親にとって，わが子は常に周囲から愛情を受けるという受動的な存在である。一方，Gさんにとっての息子は「たまたま障害をもって生まれてきて大変な思いもした」とわが身を捉え，「でも楽しい一生だった」と自分の人生を振り返る能動的で主体的な存在なのである。

そしてエピソード記述によってこの点にフォーカスすることができたのは，彼をどのような存在として捉えていたかということについて，Gさんと私の間にズレがあったからである。つまり，私自身は，彼のこれまでの生育過程における言動を聞く限りにおいて，「重度の障害がある」という認識しかできておらず，その言動の中に彼自身の力強い主張を読み取ってはいなかった。このことは，彼が主張することを常に読み取ろうとし，全力でその要求と折り合いをつけようとしてきたGさんの主観的世界との対比によって明確になったことである。

第4節　Eさんのインタビューに関するエピソード記述

筆者自身が障害者の言動や自立のあり様をどのように意味づけていたのかに対する気づきは，GさんのエピソードのほかにもEさんのエピソードをとおしてももたらされた。Eさんは，地域の活動団体のリーダー的役割を果たしてきた人である。娘がさまざまなことを吸収して成長できるようにと手を尽くしながら，作業所づくりやその運営の安定化のために奔走してきた。その子育てや活動の中で培われてきたと思われる言葉の一つをとおして，筆者の「自立」に関するイメージが広がった。

インタビューの概要

Eさんの娘はダウン症で30代後半である。ホームに入居してから携帯電話を持たせるようになり，朝晩2回本人から両親にメールをしているという点から，7人の調査協力者の中では本人との言葉によるコミュニケーションが比較的可能な方だといえる。

Eさんは，娘が小学校の頃から，地域の中で同じように障害のある子どもやその家族，ボランティアの人たちと一緒に余暇活動を企画して交流するようになった。活動をとおして，「もう家族もボランティアも区別ないぐらい」の親しい関係性ができ，「みんなの子どものこともお互いによくわかっている」と

いう仲間どうしでさまざまな活動を行ってきた。やがて卒業後の作業所づくりに向けて，手作り菓子の販売やバザーの開催など，資金を集める活動にも取り組むようになっていった。

いよいよ作業所を立ち上げるという段階になったとき，ちょうどその頃，地域の親の会が，作業所に一つ，グループホームをつくることを呼び掛けていた時期だったこともあり，作業所の立ち上げから3年後にグループホームをつくることになった。Eさんとしては，「当初はそんなに親から離して泊まったりするということなんて考えていなかった」が，活動団体の中心的存在であったこともあり，娘をホームに入居させることになった。

ホームでの宿泊は最初は週に2泊から始めたが，「運営していく以上はやっぱり稼働率を上げないといけないということで，頑張って（泊数を増やして）いかないといけないなというので，3泊にして4泊にしてという徐々に増やしていく」ことになった。ところが，そのような母親のとまどいをよそに，「だんだん子どもたちがみんなそっち（ホーム）の方の居心地がよくなってくるというか，そっちの方が好きになってくるんですよ，なぜか不思議と」とEさんが語っているような本人の様子が見られた。そこで本人の気持ちにも沿う形で徐々に泊数を増やし，現在は基本的にケアホームで過ごし，週末に自宅に帰ってくるというリズムで生活している。

Eさん自身は運動の中心的存在であったことから事業所の内情に通じており，事業所が利用者のことをきちんと把握して支援の体制を整えてきていることが，Eさん自身の安心感につながっている。

エピソード記述：「世界が広がる」という意味での自立
① エピソード

Eさんは，作業所を作るためにグループホームを作らなければならなくなり，稼働率を上げるためには泊数を増やす必要があった。最初は「そんなにずっと泊まってくるなんていうことも考えてもいなかった」Eさんにとっての居所の分離の経緯は，小規模作業所作りという運動をしてきた活動団体のリーダー的

第5章　エピソード記述による考察

存在であったからこその経験であるといえる。しかしながら，Eさんが泊数を増やすべきかどうか悩む前に，「それよりも先に娘の方が慣れてきて，そっちの方が楽しいという思い」が娘のほうから表現された。この後に語られたEさんの「『楽しいんだ，みんなといる方が……』という感じで」という言葉には，心配した親心が裏切られたような一抹の寂しさが表れているように私には感じられた。ただ，子の側の意思を感じ取りにくい他の調査協力者の場合と違って，Eさんの場合は娘との言葉によるコミュニケーションがある程度可能であることから，このプロセスが比較的スムーズに進んだのではないかと想像した。

　Eさんの語りの中で私の心に残った言葉の一つに，「世界が広がった」という表現がある。Eさんは，娘が何にでも積極的に取り組むことで多くのことを吸収してきたという養育時期の様子を話すなかで，近視が進み眼鏡をかけ始めたときのことを話された。

　　"眼鏡ができたそのとき，電車の中で眼鏡を掛けて，『あの字も読める，この字も読める』と言って，もうどんなに喜んだか。だから，ああ，やっぱり（眼鏡を作るまでは）かわいそうなことをしたなと思ってね。それだけ見るのがつらかったし，眼鏡をかけることによって世界が広がったというか。"（E）

　近視が進み眼鏡をかける必要性に迫られ，初めて眼鏡をかけることで再び遠くのものが良く見えるようになったという変化を，Eさんは「世界が広がった」と表現している。さらに，もう1か所おなじように「世界が広がる」という表現をしたのが，娘が高校時代に特別支援学校への単独通学ができるようになったことを語った次の箇所である。

　　"おかげさまで許可が得られて，それでやっと単独通学ができるようになって，また世界が広がって。"（E）

　Eさんは娘が小さいころから言葉や字を覚えさせるために，Eさん自身がさまざまな工夫をして娘に働きかけてきた。また，娘が地域の子どもたちからさまざまなことを吸収するために地域の小学校に行かせたいと，教育委員会に直接かけあって実現させている。Eさんのこうした熱心さの背景にあった，「本

人の世界が広がるように」という思いに気づいたとき，「世界が広がる」というのは，知的障害者の自立を捉えるのにとても良い表現だと私は感じた。

② メタ意味

私がEさんの「世界が広がった」という言葉に引っ掛かりを感じたのは，Eさんの子育ての指針が「世界が広がる」ことにあったと気づいたからであり，そのことに意外な印象をもったからである。私はEさんの子育ての経緯を聞きながら，障害のある娘の養育にとても熱心に取り組んできた母親だという印象をもった。母親の頑張りに娘が応えてまた頑張る，その結果，できなかったことができるようになるといった経験を親子で丁寧に積み重ねてきたように私は感じていた。

エピソードに引用した単独通学についても，母親であるEさんの熱心な関わりゆえに可能になったことである。地域の小学校・中学校を卒業し，高校から特別支援学校に進学した娘は，当初スクールバスで通学していた。しかし「やっぱり将来，バスに乗ったり，電車に乗ったりを1人でしていかないといけない」と考えたEさんは，「よし，練習しよう」と思い立ち，Eさん自身がつきっきりでバスや電車に乗る練習をした。さまざまな不測の事態を想定して何回も練習を重ね，担任の先生が単独通学の許可を出すにあたって通学の様子を確認した際には，「すごいです，立派でした」と驚いたほどであった。この経緯を話した後に続いたのが，先に引用した「それでやっと単独通学ができるようになって，また世界が広がって」という言葉であった。

私は，「Eさんがめざしていたのは，娘にとっての世界が広がることだったのか」と気づいた。「世界が広がる」というのは，本人が自分の判断で行動できる範囲が広がるという意味でもあるが，眼鏡をかけたときのエピソードから考えると，本人が見ている世界，感じている世界が広がるという意味でもある。

このことに気づくまで，私にはEさんが，「何かができるようになること」をめざして頑張る母親に見えていた。今思い返すと，知的障害者が「成長する」「自立する」といった場合に，「できなかったことができるようになる」「消極的だったことに積極的に取り組むようになる」あるいは「笑顔が増える」

「パニックが減る」といった，客観的に観察できる変化以外の姿がイメージできていなかったのは，他でもない私の方だったのである。

　では，仮に自立を「世界が広がる」こととするならば，それはどのように評価することができるのだろうか。その人が自立できているのかどうか，自立に向かって変化しつつあるのかをどのように捉えることができるのだろうか。このときに有効になるのが，鯨岡の言う間主観的アプローチである。

　ダウン症という障害ゆえにゆっくりと成長する娘と向き合い，成長を促す働きかけをとおして，母親であるＥさんにとっては娘が生きる世界を間主観的に感じ取る瞬間も少なくなかったと想像していいだろう。その娘のより良い方向への変化を表現する言葉の一つが「世界が広がる」という表現であったといえる。「眼鏡をかける」「単独通学ができるようになる」という具体的な場面を想像することで，私自身がＥさんの娘の側にたった「世界が広がる」イメージを共有することができたとき，私がこれまで抱いていた自立に対するイメージが揺さぶられることになった。

　ADLの自立や経済的自立，自己決定による自立など，私がこれまで用いてきた自立を規定する用語は，いずれも障害の程度によってそれが可能かどうかが評価され得る指標である。そのことは，重い障害のある人やその家族に，「自分には当てはまらない」という疎外感をもたらしてきた面もあるのではないだろうか。それに対してＥさんが表現した「世界が広がる」という言葉は，本人にとってどのように世界が感じられているのかの主観を中心とした捉え方である。何らかの条件や達成目標ではなく，向かっていく方向性を示すこの表現は，自立を規定する従来の表現よりも格段に的確でかつ実践的なのではないかと私は考えた。

第5節　Ｂさんのインタビューに関するエピソード記述

　親元を離れホームで暮らしはじめることで，本人にはさまざまな変化や成長が見られることがある。家族が語る本人の変化や成長には，「できなかったこ

とができるようになる」という，客観的に観察可能な変化だけでなく，その本人と濃密に関わってきた人の主観的な感覚を介することで初めて気づくような微細な変化が含まれている。おそらくその変化の中には，鯨岡の言う間主観的な把握，すなわち，理屈で解釈して理解したり対応したりするのとは別の次元の，「感じ取らされる」というような受動的に被るような事態が少なくないことが想像できる。たとえば，筆者のこれまでの調査においては，ホームに入居したことによって本人が「自信をつけた」とか「成長した」と語られることが多いが，どのように変化したのかを言語化してもらうことは，さまざまな質問を重ねてもなかなか言語化されないことが多い。それは，そうした間主観的な把握が，感じ取られた当初は解釈をとおしていないからなのかもしれない。そのようななか，本節で紹介するBさんのインタビュー，および次節のAさんのインタビューにおいては，語り手であるBさんおよびAさんにとっての間主観的把握が比較的よく言語化された。

　Bさんは，これまで「親元からの自立」をテーマに筆者が実施してきた調査の中で，ただ一人「親」ではなく「きょうだい」という立場の調査協力者である。当初，X事業所にインタビュー協力者の紹介を依頼した時点では，筆者は「きょうだい」を想定していなかったが，本人の両親は年齢的に協力が難しそうであるということ，姉が親と一緒に本人（弟）のケアを担ってきたこと，またホーム入居にあたっては両親と同様に姉もさまざまな心配や葛藤を抱いていたという点から，姉であるBさんにも調査への協力を依頼することにした。実際に話を聞いてみると，本人が幼少期の頃の親の苦労については明らかにできないものの，居所の分離の際の心配や葛藤や居所の分離後の変化や成長の喜びについて十分語りを引き出すことができたと考えている。

インタビューの概要

　Bさんの弟は，Bさんの言葉を借りると「重度の知的障害」がありコミュニケーションについては「人と会話もできないので，奇声を上げるか訳の分からない言葉をしゃべるかぐらい」である。特別支援学校を卒業後，学校時代から

第5章　エピソード記述による考察

信頼していた支援者が新しく立ち上げた通所の事業所を利用してきた。卒業後10年ほど自宅から事業所に通う生活を続けてきたが，弟が生活リズムを崩し「明け方までぐずぐず訳の分からないことをずっと言いながら寝ないので，親が寝られない」状態になり，母親の体調が悪化した。ちょうどその頃に，通所先の支援者から同じ法人が運営するケアホームへの入居を勧められ居所の分離に至った。

　法人がケアホームを運営していることは以前から知っていたが，「家族全員が（本人を）もう猫かわいがりだった」こと，「預けるイコール何かものすごく非情なこと」と感じていたことからホームへの入居は考えたこともなかった。そのため入居の決断や実際の入居の段階においては，両親もBさんもさまざまな心配や葛藤を抱いたが，「母親の体調がかなり悪くなっていた」ために，「本当は預けたくなかった」が半ば仕方なく入居を決めた。

　家族にとっては迷いがありながらの入居の決断であったが，Bさんがホームでの様子を頻繁に見に行って本人が他の入居者に受け入れられて過ごす様子を見て，それを両親にも報告することで，家族の不安や葛藤が解消されていった。現在，本人は月曜日に送迎バスで通所の事業所に行き，そのままケアホームで過ごし，週末に自宅に帰ってくる生活を送っている。

エピソード記述：「しゃべれたような気持ちになる」ことの大切さ
① エピソード

　Bさんは居所を分離して後，弟の「伸び」，つまり良い方向への変化をたびたび感じるようになった。「何か伸びはすごく感じるんですよ。何か物分かりがよくなったというか，賢くなったというか，何と言ったらいいのか，事例がちょっといまひとつ出てこないんですけど」とBさんは話された。弟の「伸び」をより具体的に理解したいと考えた私は，具体的な変化について何度か尋ねてみた。すると，Bさんは次のような出来事を話した。

　普段Bさんの弟は土日を自宅で過ごして月曜日にはケアホームに戻る。ある3連休の2日目の日曜日に，Bさんは「お姉ちゃんは明日休みだし，車に乗っ

てお買い物に行こうか」と言うと本人はとても嬉しそうな様子であった。次の祝日の月曜日に、本やDVDが好きな弟を買い物に連れていったところ弟はとても喜んだ。しばらくしてまた3連休があったとき、2日目の日曜日に本人が姉の部屋に来て離れないということがあった。普段と違う弟のその様子に、「『どうしたの？』」と尋ねたらおうむ返しで『どうしたの』と言う、『何？』と言ったらおうむ返しで『何』……」というやりとりをしばらく続けていた。Bさんはふと前の3連休のときのことを思い出し、「え？　明日はお姉ちゃんとお買い物に行くの？」と尋ねると、弟はそこで「本」と言ったのである。この時の驚きをBさんは次のように語った。

　　"前の月曜日に（お店に）行ったから、月曜日は連れていってもらえると思っているんだなと思ってすごくびっくりして。そういうのがね、意思表示が全然できない子だったんです。言葉が出ないから言えないんですよ。（この3連休のときは）ただひたすらじーっとこっちにアピールしながら、何とかして催促をしようとして、でもしゃべれないから必死でもう粘って。そんなところが、何かすごく進歩したなと思いますね。"（B）

　Bさんが語ったこの出来事から、私はBさんの弟の「伸び」について具体的にイメージできると同時に、居所の分離を経ることによってもたらされる本人の微細な変化について少し理解できたように感じた。また、Bさんがこの出来事を喜びをもって語られた後に付け加えた「（弟と）ちょっとしゃべれたような気持ちになるんですよ、会話ができたような錯覚がするんですよ」という言葉が、私の心に強く印象に残った。

　②　メタ意味

　Bさんの語りをとおして最終的に私により強いインパクトをもたらしたのは、目に見えない本人の変化について少し理解ができたということ以上に、「しゃべれたような気持ちになる」「会話ができたような錯覚がする」というBさんの言葉であった。インタビューデータの全体を読み込んでいくと、Bさんの弟は、言葉でうまく表現はできないものの、姉の問いかけにおうむ返しで応えたり、「本」という単語を発したりと、全く言葉の表出がないわけではないと考

第5章　エピソード記述による考察

えられる。しかしながらBさん自身はインタビューの冒頭で「人と会話もできないので，奇声を上げるか訳の分からない言葉をしゃべるかぐらい」と説明していることから，Bさんにとって弟は言葉のキャッチボールができない，対等な会話ができない相手であった。その弟が，「お店に連れていってほしい」という要求を一生懸命姉に伝えようとしている様子を感じ取ったとき，Bさんは弟と「しゃべれた」「会話ができた」と感じた。

　これまでにもおそらく，弟が何らかの言動をとおして何かを訴え，家族がそれを一生懸命くみ取ろうとして対処をしてきたことは何度もあったことが想像できる。しかしながらとりわけこの出来事において，Bさんが「しゃべれた」「会話ができた」と感じたのは，弟のふるまいやしぐさ，発した言葉の「意外さ」に対する驚きだったと考えられる。

　「しゃべれたような気持ちになる」「会話ができたような錯覚がする」というBさんの言葉には，「実際にはしゃべれたわけではないが」あるいは「あくまで自分の錯覚であり，会話ができたとはいえない」という意味合いが含まれている。つまり，もしもその場面でのやりとりを誰かが客観的に見た場合，一般的には言葉によるコミュニケーションができているとは言えないかもしれないということである。それでもなおBさんが繰り返し強調したのは，「そのような気持ちになることができた」ことの喜びだったと私は考えた。

　Bさんの語りによると，Bさんの弟がホームで暮らすようになって自分の意思を伝える力が伸びたというのはおそらく客観的に見ても確かなことであろう。しかしながら，家族であるBさんにとって大事だったのは，その弟の実際の変化もさることながら，Bさんにとって弟が「しゃべれる，会話ができる相手」として感じられたことであった。

　このように，周囲の人にとって，障害者本人を自分と意思を通じ合わせることができる，心を通わせることができる存在であると感じられるように変化することは，障害者本人にとっても重要なことではないだろうか。というのも，周囲の人が本人をそのような存在として捉えれば，本人に対する働きかけや振る舞いが変化し，その働きかけや振る舞いに応えることの要請から本人の言動

149

もまた変化していく可能性が開かれるからである。

　私はこれまで，家族が本人の変化について「自信をつけた」「成長した」と語るとき，客観的に何が変化したのかを明らかにしたいと考えていた。それを明らかにすることによって，本人に対してどのような支援をするべきかにアプローチしたいと考えたからである。しかしながら，Bさんのインタビューをとおして明らかになったのは，何が変化したのかよりも，その変化が周囲の人に主観的に感じられることの重要性であった。

第6節　Aさんのインタビューに関するエピソード記述

　Aさんもまた，ホームへの入居による本人の変化について，家族だからこそ主観的に感じられる息子の微細な変化を言語化された一人である。そして，インタビュー時にはAさんが感じ取っている息子の変化が筆者にも感覚的に伝わった瞬間があり，そのことをとおして「自信をつける」という変化について筆者の理解が深まったと感じた。

インタビューの概要

　Aさんの息子はダウン症で，ケアホームに入居して8年ほどになる。X事業所を通所で利用しはじめてから月に1回ぐらい「合宿生活のような」宿泊体験があり，本人はとてもそれを楽しんでいた。通所の事業所を利用しはじめてから2〜3年ほどたった頃，支援者からケアホームが一部屋空いたので入居してはどうかと声をかけられた。居所の分離については「いずれしたい」と考えていたため，自宅から遠くない場所であること，週末には帰ってくることから，「修学旅行に行ってらっしゃいっていうような」気持ちで，「深く考えることもなく」入居を決めた。

　息子は「そんなに言葉はないんですけれども，好きとか嫌いとか欲しいぐらいは言う」。そのため，同じホームに入居している仲間とうまくいかなかったりすると，すぐにそれを態度に表して自宅に帰ってくるのではないかとAさん

は考えていた。ところが，息子はそのような態度を表すこともなく，むしろ親戚やきょうだいにホームのことを一生懸命伝えようとして，「すごくこう新しい世界に飛び込んで，僕，今うれしいんだっていうそういう感じ」がBさんには伝わってきた。

自宅から外出するときの出かける準備を，母親が言わなくても自分でやっていることから，「親はあまり言った覚えがないことを，いつの間にかできるようになっている」という変化を感じたり，鏡を見ながらシャツの一番上のボタンをわざとはずすようになった姿を見たりということに対して，Aさんは「そんなのが親から見たら面白いし安心感がある」と語る。

息子が小さい頃には「まず働くということが考えられなかった」ため，「何もかも手取り足取り，先を懐中電灯で照らしてあげる」ような人生をイメージしていたが，ケアホームでの生活が落ち着いた今は，将来はケアホームではなくマンションでの一人暮らしをさせてみたいとも考えている。

エピソード記述：「自信をつける」ことの意味

① エピソード

Aさんのインタビュー中，私自身がとりわけわくわくしながら話を聞いた箇所があった。それはAさんが息子のことを「格好いい」と表現しそれを説明した箇所であった。Aさんは，インタビューの前の日に，2歳の孫（本人にとっては姪）と息子と3人でショッピングセンターに行ったときの様子について，息子が「2歳の子と同じことしている」幼い様子を話した後，「でも，1人で帰ってくるときには格好いいですね」と付け加えた。私は，「格好いい」と感じることがまさにAさんの主観に感じ取られた変化で，私が理解し難いと感じていた点であると考えた。そこで「その格好良さってどういうことですか」と尋ねると，Aさんは次のように話した。

"家から作業所に行くときに，小学生の登校時間と重なるから，小学生，ちっちゃい子たちと行き交うでしょう。すると，やっぱり息子が変な（ダウン症特有の）顔をしているし，みんな小学生たちが，『顔があれ，おか

しい』とかいう感じで，うふふっていうような感じで，ちょっとこう，息子にとってはいたたまれなさがある場面も結構あって。その頃は，いったんその目線を避けるようにして，クッと下を向いていたんです。すぐもち直すんだけども。でも，それが（息子が）25〜26歳ぐらいかな，ものすごく年上のお兄さんがちっちゃい子を見ているっていう顔になったんですね。表情を動かさないっていうか，『何か言っているだろう』っていうような顔で，さっさとすれ違っていくようになって。だから，首のしわが全然違いますよ。（以前は）横から見ていると常にこういうふうに下を向きがちになっていたのが，（今は）そのままの格好で，顔が無理しないでニコニコと楽しそうにいくようになって，ああ，自信なのかなって思ったことがあって。そういう格好良さ。だから，そういうのって親はうれしいんですね。"（A）

　Aさんのこの話を聞いた私は，Aさんの息子が自信をもって町を闊歩する格好よさや，そんな息子を見たときの親の嬉しさをありありとイメージすることができた。そして，これまで漠然としてしか理解ができなかった「自信をつける」という変化が，私の実感として把握できたような気がした。

　② メタ意味
　Aさんが一人で歩く息子の姿を見るときに感じる「格好いい」の意味について語った内容は，極めて微細な息子の変化を捉えたものである。目線や首の角度，表情や首のしわといった細かな部分の描写，さらには「いたたまれなさ」や「ああ，自信なのかな」という言葉からは息子を注意深く見守る親心が伝わってきた。

　私はそれまでに行った調査研究においても，居所の分離を経て息子や娘が「自信をつけた」という言葉を何度か聞いたことがあった。「自信をつける」というのは，家族が主観的に感じ取ったことであって，どのような言動や変化によってそう感じるのかを具体的にイメージすることは私にとっては難しかった。Aさんの語りにはこの点について，目に見える微細な変化と親心に主観的に感じられたことを言語化されたため，その格好よさや親としての嬉しさが私にも

伝わってきた。それが，私自身がインタビュー時に感じた「わくわく」した感じであり，「自信をつける」という変化が実感として把握できたことにつながっている。

　この「わくわく」した感じが意味するものは，Ａさんが捉え，私に伝わってきたこと，すなわちＡさんの息子の内面に何らかの変化が確かに起きており，それがとても望ましいものであるという確信である。家族はそれを感じたときに，それを表現する言葉として「自信をつけた」「成長した」と言っていたのである。私は「本人にとって何が自信になるのか」あるいは「どのような支援によって本人が成長するのか」といった本人の状態の変化やその人を取り巻く要件について，いわば客観的に考察できる変化の事実として理解したいと考えてきたが，前節のＢさんや本節のＡさんのエピソードをとおして，重要なのは，家族をはじめ周囲の人たちにとって，本人がどのような存在へと変化しているかその主観的な感じられ方であると考えるようになった。

　そのように考えると，どのように変化したのかではなく，その変化を「格好いい」と表現した言葉そのものの意味が重要になってくる。「格好いい」という言葉は，基本的にはどのような相手にでも使える褒め言葉であるが，自分よりも立場の弱い者に対してよりも，相手を自分と対等の一人の大人として，あるいは尊敬すべき相手として見たときに使われることの多い言葉ではないだろうか。

　Ａさんはまた，インタビューの別の箇所で，息子が自宅にいないことを寂しく感じてはいるものの，「今は，しっかりやっているんだなと思うから『うれしい』になる。そういう形でやっぱり，息子をまた見直していられるっていうのは，（ホームに入居して）やっぱり良かった」と語っている。この「見直す」という言葉もまた，褒め言葉であると同時に，相手に対する敬意を増すという意味がある。

　幼い子どもだと感じられていたわが子が，自分と対等な大人へと変化する――この親の側の感じ方の変化は，子に障害のない場合における思春期を経るときの子に対する感じ方の変化に近いのではないだろうか。障害のない人が社

会生活の範囲や人間関係を広げる過程で思春期を迎えて親子の関係が変容するように，知的障害のある人も家族ではない他の人と生活し，家族以外の多様な人との多様なかかわりをとおしてその内面やあるいは言動にさまざまな変化がもたらされる。そして，もはや弱く守られる必要のある子どもではなく，一人前の大人として親の前に立ち現れる。

　ここで重要なことは，家族は自ら意図して「わが子を大人として認めよう」と努力するのではないという点である。知的障害者とその家族のノーマルなライフサイクルをめざすならば，この関係性の変容において，別の人になった本人との出会いを受け身的に被る受動的な存在として家族を位置づけることが妥当であると私は考えるようになった。

第7節　Cさんのインタビューに関するエピソード記述

　前節において，家族が親子関係の変容において受動的な存在として位置づける必要性を述べた。しかしながら，これまでの障害者家族に対する一般的な認識は，家族に対して変容することを強く求めてきたのではないだろうか。少なくとも筆者の中にはそのような認識や期待が根強くあった。この点について，本節のCさんのインタビュー，次節のDさんのインタビューをとおして明らかにしていく。

インタビューの概要

　Cさんの息子は40代前半で，ホームに入居して7年ほどになる。息子が小学生の頃から，障害のある子やその家族，また地域のボランティアとともに，余暇活動からはじめ，作業所づくりに向けたさまざまな活動に携わってきた。

　息子は，小さい頃は「本当にかわいい，言うことを聞いてくれる子」だったが，小学校6年生ぐらいになると，大きな声を出したりパニックになったりと「自分を出す」ということが出てきた。そんなこともあり，小学校までは地域の学校に通わせていたが，中学からは特別支援学校に通うようになった。

高等部を卒業する時に，Cさんが活動していた団体がちょうど作業所を立ち上げることになり，Cさんの息子は卒業後そこに通うようになった。その活動団体ではそのころすでにボランティアがサポートする形で宿泊体験が行われていたが，Cさんは「(息子は)こういう声掛けしたらちょっとだめ(パニックになるかもしれない)というのがあったので，これはほかの方には頼めないと思った」ため，当初は積極的に宿泊させてはいなかった。しかしそのうちにCさんも息子に宿泊体験をさせたいと考えるようになり，1か月に1回，1週間に1回と徐々に宿泊を増やしていき，通所していた作業所がケアホームを立ち上げた際に入居した。
　宿泊をしはじめた当初は，「パニックが起きたら飛んでいきますから」と，離れていても気になって仕方がなかった宿泊体験であったが，実際にそれほど大変な事態になることはなく「よくよく考えると私との関係で(パニックが起きるのであって)，ほかの方たちは全然そんなことなかったというのが今は分かる」ようになった。そして，「だんだん慣れてきたら，その間すごく気分が楽になったんです。ほか(自宅以外の場所)でもこの子生活できると思って」という心境になってきた。最近では「結構我慢できるようになったりとか，いろいろな人にかかわれる。周りの人にちょっと手を貸してあげるとか，そういうこともみんなと暮らしているからできるのかな」と感じるようになった。現在は週に4泊をホームで過ごし，週末は自宅で過ごすという生活を送っている。

エピソード記述：「おかしいことだったのかもしれない」という気づき
① エピソード
　Cさんのインタビューで印象に残ったのは，小学生のころに近所の女の子に言われた言葉についての次の語りである。

　　"私は(息子にも)みんながやるように(同じように)してほしいと思って，きっと言葉を掛けたりとか，ちゃんとするようにというようなことを言っていたし，ちょっと手を貸したりしていたんだと思うんですけど，おしゃまな女の子なんかから，おばちゃんそんなことしない，普通しないよ，

そんなことって言われてしまって，はあ，そうかなとか思っていたんですけど。"（C）

　これは，地域の小学校に通っていた頃に，障害のない周囲の子どもとCさんとの間で交わされたやりとりである。息子が小学校にあがるとき「特殊学級をつくってもらった」，つまり，Cさんの息子が入学するにあたり初めてその小学校に特別支援学級ができたという経緯もあって，Cさんは6年間息子に付き添って学校に通っている。この女の子とのやりとりが具体的にどのような場面のどのような行為に対するものだったのかは語られなかったが，「私は心配で，学級で何かあっても一緒にやっていましたけれども」と語るCさんの言葉からは，Cさんが他の子どもや先生に迷惑をかけないように，また他の子どもたちと同じように行動できるようにと心を砕いていた様子が私には想像できた。

　先に引用した女の子とのやりとりが私の印象に残ったのは，Cさんがインタビューの後半で，再びこの女の子の言葉を引き合いに出したからである。それは，家族の考え方と支援者の考え方との違いを明らかにしようとした私の問いかけに対してCさんが答えた次の語りである。

　"私はきっとこの子は障害があるので，やっぱり何とか補わないといけない，助けないといけないというのが，もうずっとそれがあるんですよ。普通の（障害のない）子を育てていないので，そんなのばかりで，この子は私が説明しないといけないんじゃないかとか，そういうのがすごくありましたね。でも普通の方が子どもに接すると，きっとそれは変なこと……小学校のころに子どもに言われたように，おかしいことだったのかもしれませんね。"（C）

　幼い女の子からずいぶん昔に「おばちゃんそんなことしない，普通しないよ」と言われたことは，ごく些細な出来事であったはずである。しかしながらCさんの心には何かしら印象に残るものがあった。そして，家族の考え方と支援者の考え方との違いを説明しようとしたときにふたたびその出来事を思い出し，もしかしたらその女の子が言ったことは正しいことだったのかもしれないと述べている。これらの語りには，Cさんの気づきのプロセス，すなわち，自

分自身の考え方を時間をかけて変化させていくプロセスが表れていると私は感じた。

　②　メタ意味

　Ｃさんのインタビューは，今回の7人の中で最初の方であった。この調査研究で「どのような支援があれば親元からの自立ができるのか」を明らかにしたいと考えていた私は，その支援がどういうものなのかに迫りたいと考えていた。

　インタビューの中で，それを明らかにするチャンスが訪れたと感じたのは，家族とは異なる職員としての立場から本人に関わってもらうことの大切さをＣさんが語った時であった。私はＣさんに，「親がご本人に対してこうなってほしいという思いに対して，職員さんが，（親とは違う意味で）こういうふうになってほしいという考えがあったということですが，たとえばどんな感じですかね」と問いかけた。それに対する答えが，〈エピソード〉で紹介したＣさんの二つ目の語りであった。

　「補わないといけない」「私が説明しないといけない」と考えるのは，Ｃさんが息子に対して障害のない人たちと同じように行動できるようになってほしいと考えているからである。それに対して，かつて女の子が言った「普通はしない」という言葉の意味は，「親が子に対して何をどの程度補うのが普通か」という別の視点の提示であった。この新しい視点を，女の子に言われたその時点でＣさんが受け入れたわけではなかったが，印象に残る言葉として心に刻まれた。

　「補わないといけない」「私が説明しないといけない」と考え，パニックになる息子を「ほかの人には頼めない」と考えてきたＣさんであるが，ホームで安定した生活ができるようになるとそのような思いからは徐々に解放されていったと考えられる。

　　"私がしなきゃいかんと思っていたんだけど，私しかちょっと分かってやれないんじゃないかという気持ちがあったんですけど，結構楽しくやっていると思って，それもうれしい。実際自分で確かめて，うれしいと何か気が楽になって余裕が出てくるというか……。"（Ｃ）

　Ｃさんが楽になって余裕が出てきたというこのプロセスを読み返したとき，

私は，かつて女の子に新しい視点を提示された時点でCさんがその言葉を受け入れることができなかった理由が理解できたように感じた。「親が子に対して何をどの程度補うのが普通か」と問われても，その頃のCさんは，障害のある子をもつ親として「普通」以上のことを担わざるを得ない状況にあったのではないだろうか。そしてまた，その「普通」以上のことを引き受けてきたからこそ，子育てと並行しての小規模作業所づくりという大変な活動を担えてきたともいえる。それはおそらく，「障害のない子の親は，自分の子どもにどの程度のことをするのか」と考えはじめると，とても担えるようなものではない大変な生活であったはずである。

　障害者の家族として課せられてきたことを当たり前だと受け入れてきた認識が，何らかのきっかけや，あるいは何らかの経験によって変容していくことがある。その変容は，家族が実際の生活において課せられてきたことから心身ともに解放されることと相互に関連しあっている。そして，この点について私自身が引っかかりを感じたという事実が，私自身が家族の認識の変容を期待していたということを意味している。近所の女の子がCさんに「普通しないよ，そんなこと」と言ったように，私自身も障害者の家族に対して「親が子離れをすれば，地域で暮らす障害者が増えるのに」と考えていたのではないだろうか。

　Cさんの「……小学校のころに子どもに言われたように，おかしいことだったのかもしれませんね」という言葉は，Cさんの中に残っていた女の子の言葉が，長い時間を経て，安心して息子を支援者に託せる状況になってはじめて至った認識の変容を表しており，このことは，私自身の中にあった「障害者本人の自立のためには，親の認識が変容するべき」という強固な認識を浮き彫りにしたといえる。

第8節　Dさんのインタビューに関するエピソード記述

　Dさんは7人のインタビュー協力者の中でもとりわけ養育過程が大変だったと想像された一人である。筆者はDさんのインタビューからも，自らの内にあ

る障害者家族に対する期待に気づくことになった。

インタビューの概要
　Dさんの息子は，生まれたときは「病名が付かないぐらい重い」障害があり，病院を出ては生きていけないと言われたほどだった。1歳になる前に入院から通院に切り替えたが，ミルクも飲めない状態から少しずつできることを増やしながら成長してきた。現在は身体障害と知的障害があり，言葉によるコミュニケーションはできない。
　息子を育てる過程においては，「洋服の着方から，スプーンの持ち方から，お水の飲み方から……」すべてを根気強く教え，「ボタンの掛け方の練習のためにわざわざ大きなボタンを付けて，大きな穴を開けてとか，本当に手が掛かる」状態であった。そのうえ，Dさんは息子が学齢期の頃から地域で行われていた作業所づくりの活動も手伝っていたため，「1日が24時間では足りない」という状況であった。
　息子が学齢期を終える頃には，活動に携わっていた団体が作業所を立ち上げることになりそこに通うことになった。またそれと前後して，その団体が宿泊体験を始め，ボランティアがサポートする形で月に1回程度宿泊するようになった。その後，宿泊体験用の建物を確保するなどして宿泊の回数が徐々に増え，30歳を過ぎて現在のケアホームに入居，7年たつ現在はホームで週に3泊過ごし，それ以外は自宅で過ごすというパターンで生活している。また，家族の都合で1か月近くケアホームのみで過ごすこともたびたびある。

エピソード記述：「本人はどう思っているか分からない」と考える余裕
① エピソード
　Dさんのインタビューデータを読み直していたとき，私はDさんが「本人はどう思っているか自分にはわからないけれど」という意味の言葉を何度か繰り返していたことに気がついた。Dさんは息子がケアホームで安定した暮らしができており，Dさん自身は現状にとても満足しているにもかかわらず，「親が

見なきゃ」と思ってしまうという。「20歳過ぎた自立した人なのに，やっぱり親が見なきゃというのがかなりありますね」と語るＤさんに，私が「でも，週の半分は預けていらっしゃるので，（Ｄさんは）十分自立しているような感じで（息子さんと）接してられるのかなと思うんですけど」と伝えると，「本人はたぶん自立していると思いますよ。親が勝手に暇なときにそう思うだけでね」と話された。頭では自立した大人だと理解するものの，気持ちの面では子どもを守り育てていた頃の親としての感覚が強く残っているというこの語りから，Ｄさんの中で理屈で理解していることと親としての感情がせめぎあっているように私には感じられた。

　Ｄさんはまた，「親が生きている間になるべく多く（親と過ごす）時間をつくって」，楽しい時間を過ごさせてやりたいと話したすぐ後に次のように続けている。

　　"でも，あの子はわりと皆さんと一緒が楽しいみたいで，あんな歩けない子が皆さんの後を必死で追い掛けるようになって，すごく歩くようになったようなところもありますね。そんなのはありますね。だから，親が思っているのとあの子の思っているのは全然違うかもしれませんけどね。あの子は何も言わないのでね。作業所が楽しいんだと言うかもしれませんね，もし言葉で言うんだったら。"（Ｄ）

　このように，「本人の気持ちは違うかもしれない」と考えようとするＤさんの姿勢がどこからくるのかに興味をもった私は，「昔からそんな感じですか。親のほうはこう思っているけど，本人はどう思っているか分からないと思いながら育ててこられた感じですか」と尋ねてみた。すると，Ｄさんは育てている頃は「もう必死」だったということ，その大変さがどのような状態だったかを話された。「初めは生きるか死ぬかだった」という乳幼児期にはじまり，5分おきにトイレに連れていってトイレで排泄できるように練習をさせるといったこれまでの養育の大変さ，およびその大変な生活が学齢期が終わる頃もまだ続いていたことが語られた。そして，20歳を過ぎた頃から背が伸び，食事がきちんとできるようになり，トイレも長時間もつようになるなど思いがけない変化

があり,「本人はどう思っているだろうか」と考えられるようになったのは「そのあたりから。本当に最近のことですよね。本当に最近のことですね,そう思うようになったのは」と確かめるように繰り返された。Dさんのこの語りから,私は家族が本人の気持ちを斟酌するようになるには,何よりもまず「余裕」が必要なのだと思った。

そして,養育過程の大変さを振り返って「今が一番楽だし,楽しい」と語り,ホームと自宅での泊数を自由に決められる状況について「普通の(入所)施設はそんなことは絶対にあり得ませんものね。だから,本当にここはいいですね。最高ですね」と語るDさんであるが,「そろそろ卒業ですね,それも。親が見なきゃというのは。でも,まだまだありますね,底の方には。親が見なきゃどうするというのがありますね」という葛藤もある。頭では「自立した大人」だと考えようとするが,気持ちの部分では「親が見なきゃ」が続いているのである。「親が見なきゃ」には,負担感や責任感も付随するが,子どもをいとおしみかわいがるという子育て中の親ならではの喜びも付随する。

インタビューの最後,私は思わず「(子どもが)小さいころに味わういとおしさや楽しさを今,味わっているような感じでしょうかね」と問いかけた。すると,「そうかもしれないですね。そうですね。言われてみたら確かに」とDさんは答えた。インタビューを終えた後,私は,「親が見なきゃと思ってしまう」こと,またそれ故に居所の分離に葛藤を感じることは「解消すべきもの」ではなく,むしろ親子の関係性を確かめたり深めたりできる価値あるプロセスでもあると感じた。

② メタ意味

私は以前にもDさんのように「本人の気持ちはわからないけれど」と頻繁に表現する親との出会いから,家族が自分の見方と本人の考えを区別することが,「親元からの自立」における重要なプロセスの一つではないかと感じていた。そのような経緯もあって,家族が「本人の気持ちは違うかもしれない」と考えようとする姿勢がどこからくるのか興味をもっていた。もともとそのように考える家族だったから居所の分離という決断ができたのか,あるいは学校の先生

や活動先の職員等の支援者からそのように言われたのかを確かめたいと思った。というのも，もし，支援者等に言われてそう考えるようになったのであれば，周囲の人がどのように家族に働きかけることが「親元からの自立」につながるのか，その支援のあり方が見えてくるのではないかと考えたのである。

　そこでひとまず，いつ頃からそのように考えるようになったかを尋ねようとして，「昔からそうだったのか」と質問をしてみた。すると，Dさんは，息子が20歳を過ぎて思いがけず成長したこと，またホームと自宅での生活が安定することで，ごく最近になってそう感じられるようになったと話された。このDさんの語りから私が理解したことは，支援者が伝える理屈以上に重要なのが家族にとっての「余裕」だということである。

　この「余裕」には単に時間的な余裕だけでなく精神的な余裕も含まれるだろう。Dさんが語った内容のほとんどは「ホームに入居できてこんな点がよかった」といったポジティブなものであり，養育の大変さについても「こんな状態だったから24時間ではとても足りないぐらいだった」と淡々と語られている。また調査者である私のほうも，「親元からの自立」を促進するポジティブな要素を見出したいとインタビューをしていたため，あえて辛かった経験などは尋ねていない。それでも語りの中に「高等学校のころでもかなり大変でしたね。先生は一言も言わないんですよ，大変ですよとかね。だけど，（他の子どもの）お母さんからちらっと，うんちを付けられたとか言われたときは本当に悲しかったですね」という精神的に辛かった経験が語られている部分があった。Dさんが経てきた大変さ，つまり「余裕のなさ」は，単に息子のケアに時間がとられるというだけでなく，このような悲しい思いを自分もしたくないし本人にもさせたくない，そのためには食事や排せつといったADLを「今のうちに教えないと」「なんとか身につけさせないと」といった親としての頑張りによるものでもあったのではないかと私は想像した。

　私は，質的データ分析を進めるなかで，「家族と異なる本人の気持ちに気づく」というコードにDさんや他の調査協力者の語りの一部を集約していったが，家族がそうできるためには，支援者等がそのことを理屈で伝えることよりも先

に，心身の余裕が必要であること，すなわち，とりもなおさず障害のある本人への支援がまず必要であると理解した。そしてここでも再度突きつけられたのが，私自身が，支援者の助言によって親の認識を変えられる可能性を期待していたということである。

　私はそれまでの調査研究においても，家族に「子離れをすることを期待する」自分自身の認識を反省的に捉えてきたつもりであった。それでもなお根強く，家族の変容に期待する私が見出された。しかしながら，後から振り返れば，そのような家族への期待は，個人の状態や個人を取り巻く状況によって「自立」を規定する従来の枠組みに起因しているのではないかと思われる。すなわち，「家族と居所を分離すること」や「家族への依存の解消」を自立の要件とするならば，それが実現できるためには，どうしても家族が居所を分離するという決断をすることが必要になるのである。

　この従来の枠組みから脱し，たとえばEさんが語ったような「世界が広がる」ことや，BさんやAさんの語りから見出されたような障害のある本人の存在をどのように感じられるかの変化として自立を捉えようとするならば，「居所の分離」や「家族への依存の解消」は，達成すべき目標ではなく，関係性の変容を促すために取り得る手段の一つにすぎない。このように自立についての捉え方が変化してきたとき，私はDさんが息子に対して感じているアンビバレントな気持ちは，解消すべきものではなく，自立に向かう際の重要な変化のプロセスとして実感できるようになった。エピソードの最後に記した「（子どもが）小さいころに味わういとおしさや楽しさを今，味わっているような感じでしょうかね」の言葉は，そのような私の実感を表現したものであったといえる。

第9節　エピソード記述をとおして提示できること

関係性の変容として自立を捉える視点

　エピソード記述を質的研究の方法の一つとして位置づけるなら，その方法および結果の妥当性をどのように考えるのかについて明示する必要がある。量的

研究においてはまさにそのサンプルの量が普遍性の根拠の一つの指標となるのに対して，限られた数の事例や事象を用いる質的研究がどのような根拠でもってどのような結論を示そうとするのかについてはさまざまな説明がされている。質的な調査をとおして示し得た結論が，ある極めて限定された母集団における普遍性や法則であると但し書きをすることは，質的研究を論文として発表する際の作法の一つとして定着しつつあるが，そもそも普遍性や法則を見出すことが研究の目的ではないと説明されることもある。たとえば，「当該の理論が〈一般的なもの〉であることを確認するというよりは，むしろそれが（少数であっても）事実を深く，明るく照らし出すその有様を提示することによって——つまりは〈本質的なもの〉の発見によって——，その『説明力・説得力』を訴える」（大倉 2008：105），あるいは「科学が行う客観的な因果関係の究明ではなく，問いを発する側からの意味に対する答え」（佐久川ほか 2009）を示そうとするというように，個別の事象をより深く理解することそのものの意義が強調されることがある。

　この点に関して鯨岡は，自身の理論の意義を測る際の考え方について，「どれほどそれが普遍的に妥当するか，したがってそこから行動予測がどれだけ可能になるかという点からではなく，むしろ現出した問題の意味を個々具体に即してどれほど深く理解できるか，あるいはそれを理解するためにどれだけ適切な枠組みを提示できるか，という点からでなければならない」と述べている（鯨岡 1999：15）。これは決してエピソード記述独自の考え方というわけではなく，どのような方法論を用いた場合にも適用できる考え方でもあるが，本章では鯨岡の考え方に従い，「それを理解するためのより適切な枠組み」の提示をめざし，その妥当性を問うこととする。

　ここで，本章で提示したエピソード記述を簡単にまとめたうえで，再度「それを理解するためのより適切な枠組み」を提示する。まず，Ｆさんのエピソード記述においては，「自立」を考える際に，本人と家族の関係性の変化を視野に入れる必要があることを述べた。次にＧさんとＥさんのエピソード記述において，筆者自身にとって自明のものであった障害の捉え方，自立の捉え方を相

第5章　エピソード記述による考察

対化することができた経緯を述べた。そして，Gさんのエピソード記述からは，障害者本人の言動をどのように意味づけるかの重要性を提示し，Eさんのエピソード記述からは，障害者本人にとって世界がどのように感じられているかという本人の主観の変化によって自立を捉える視点を提示した。BさんとAさんのエピソード記述においては，本人の「伸び」や「自信をつけた」といった変化が一体どのような変化なのかを明らかにしようとするなかで，その変化の内実よりもむしろ，BさんやAさんにとってその変化を感じられること，とりわけ「しゃべれたような気持ちになる」あるいは「格好いい」といった良きものとしての変化をとおして，周囲の人に感じられる本人の存在が変化することの重要性を述べた。最後に，CさんとDさんのエピソード記述において，筆者自身が親の認識の変容に期待していたこと，その期待が，個人をめぐる要件として「自立」を捉えてきたことに起因することを述べた。

　以上のエピソード記述を踏まえて，知的障害者の自立を理解するためのより適切な枠組みを次のように提示する。

　これまで私たち社会福祉の研究者は障害者の「自立」というとき，個人の状態がどのようなものであるか，個人を取り巻く状況に何が備わっている必要があるかというふうに，さまざまな条件を設定しようとしてきた。しかしながら，知的障害者の自立は，障害者本人が世界をどのように感じているか，および周囲の人が本人をどのような存在だと感じているかの変化として，また周囲の人が本人にどのように関わり，それに対して本人がどのように応じ振る舞うかの相互作用によってもたらされる関係性の変化として理解することもできる。この新しい理解の仕方をさしあたり「関係性の変容として自立を捉える視点」と名づける。

　「障害者本人が世界をどのように感じているか」の変化として捉えるというのは，従来定義されてきたように人の助けを借りずに自分でできることが増えたり，自分で稼いだお金を自由に使えたりすることも，誰の承諾をも得ずに自由に行動できるという意味で世界が広がることを意味していると言える。しかしながら仮に障害が重度であるがゆえにそれができなかったとしても，たとえ

165

ば親以外の人の介助を受け入れられるようになったり，苦手だった場所に行けるようになったりすることも，行動の範囲や選択肢の幅が広がるという意味で本人にとって感じられている世界が広がることを意味している。それができることによって将来何かが達成されるからではなく，その世界が広がることそのものがすでに自立に向けた変化であると捉える視点である。

　「周囲の人が本人をどのような存在だと感じているか」，および「周囲の人が本人にどのように関わり，それに対して本人がどのように応じ振る舞うかの相互作用」については，たとえば常に親と生活や行動を共にしている人は，常に「子」として扱われ「子」としての役割や振る舞いしか求められないことになる。そのような状態から，福祉サービスを利用するようになって支援者との関係性ができ，支援者に「一人の大人」として接せられるようになると，「子」としてのみならず「一人の大人」としての役割や振る舞いが期待されることになる。支援者との関係性は，支援する・されるという非対称な関係の域を出ないという限界があるため，次に求められるのは支援者以外の多様な人との関係性である。仕事や活動，あるいは寝食を共にする仲間，地域の住民，実習に来る学生等と関係をもつ相手が多様化すれば，「一人の友人」や「一人の住民」として，また「学生に学びをもたらす存在」として遇されることになり，それに応じた振る舞いが本人から引き出されることにつながる。このようにして，家族や地域といったコミュニティの中で多様な関係性と役割をもつ一人の人としてその存在が認められるようになっていく。このような変化を自立に向けた変化として捉える視点である。

　以上が本エピソード記述をとおして提示できる結論である。

了解可能性を問うことによるメカニズムの変容

　次に，本章で提示したエピソード記述およびそれを根拠として提示した結論の妥当性について触れたうえで，その妥当性を高めるプロセスが法制度と規範のメカニズムを変容させる道筋の一つであることを述べる。

　エピソード記述を用いた質的研究の意義について検討するときの重要な概念

第5章 エピソード記述による考察

の一つに「了解可能性」（鯨岡 2012：55）がある。鯨岡は，エピソード記述の意義について，「多数の標本を集めて，そこに現れる様々なヴァリエーションの中に，何か一般化できるものを導こう」とする行動科学や，個別の事例を「一般化のための足場」に過ぎないものとして捨象するような調査研究と異なるものと位置づけ次のように述べる。

> 掘り起こされた個別具体の事象の豊穣な意味を失うことなく，むしろそこに入り込むことによって，それぞれの読み手の生がおのずから振り返られ，それによって多くの読み手にとって「なるほど分かる」というように了解可能性が高められたとき，その個別具体の事象はそれを経験した人の内部に閉じられることなく，一般に共有可能な意味をもつものと認めることができる（鯨岡 2012：55）。

この鯨岡の説明を本研究に照らし合わせると，一つひとつのエピソード記述および最後に示した「関係性の変容として自立を捉える視点」を示した時点においては，筆者が自身の身体感覚や感性をとおして，あるいはこれまでの経験に照らして真実だと思うことを提示した段階であり，読み手が自身のこれまでの経験や認識を再考することができるかどうかが重要になってくる。つまり，多くの読み手にとって「なるほど分かる」という感覚がもたらされてはじめて，一般性に通じる知見として認められるということになるのである[4]。そして，エピソード記述を社会福祉研究に援用する場合，このように了解可能性を読者に問うプロセスを，メカニズムの変容をめざす道筋に位置づけることができる。

本章で記述したのは，研究者である筆者自身がこれまで自明のものだと考えてきた知的障害者の自立についての捉え方が変容した経緯である。この経緯は，自らの内にある自明性を問い直すプロセスであるという意味では，研究者が自らの内に内在化させた規範を変容させるプロセスと重ね合わせることもできるだろう。そして，研究者自身が質的研究をとおして至った自明性への気づきや，そのことを通して見出した，知的障害者の自立を理解するためのより適切な枠組みを開示し，読者に問うことがメカニズムの変容に寄与する道筋は次のとおりである。

たとえば，本章第3節で示したGさんのエピソード記述では，パニックを起こすGさんの息子を「重度の障害がある」と認識していた「私」が，力強い自己主張をする人だと認識を変容させた過程について記述した。そして家族の「手に負えなくなって」居所を分離するプロセスは，決してネガティブなものではなく，むしろ障害のない人の「親元からの自立」に近い形であると考えるようになった。このようにエピソード記述は「私」の先入観や「当たり前」だと思っていた自明性がゆらいだ経験を具体的なエピソードをとおして言語化し，その意味を掘り下げて詳述することを可能にする。

具体的なエピソードを伴って言語化して読み手にその妥当性を問うことは，読み手にとっての共感の可能性を問うことでもある。もちろん読み手の中には，筆者の書いたエピソード記述を客観的に理解し論理的な整合性を見出そうとする人もいるだろう。しかしながら，書き手が主観的に捉えたこととその意味を提示するエピソード記述が読み手に問うのはそれだけではない。読み手にとって「なるほど確かにそうだ」と納得できるか，つまり，その記述されていることの客観的な「正しさ」以上に，読み手自身の経験や感覚に照らして了解できる可能性がどの程度あるかを問うものである。その程度を判断するのにふさわしい読み手は，研究者に限らない。本章で提示したエピソード記述の場合は，知的障害者本人の自立をめぐって日々悩み試行錯誤をしている家族や支援者のほうがよりふさわしいと考えることもできる。

筆者が書いたエピソード記述をとおして，たとえば読み手である家族が，描かれた「親元からの自立」のプロセスに共感し，「自分の家族（障害者本人）も地域で自立させたい」と考え行動するようになることは，未だ「親元からの自立」を経験していない家族の認識を変容させることにつながっていく。また「親元からの自立」に向けた支援がなかなか実現できないと悩む支援者が，筆者が提示した「関係性の変容として自立を捉える視点」に対して納得することは，「この人は障害が重いから自立は無理だ」と考えてきた自身の判断を変容させることにつながる。このように，エピソード記述の了解可能性を問うことは，読み手の共感や納得を介して読み手の認識に影響を及ぼすことができ，そ

の了解可能性が広く議論されること自体が社会の規範を変えることにつながる可能性がある。

このように，示された知見が人々の認識や行動にいかほどの影響を与え得るかが，了解可能性を問う質的研究の意義を測る重要な尺度の一つであると筆者は考えている。

注
(1) CiNii で「福祉」「現象学」というワードで検索をして抽出されるのはわずかに 61 件で，看護や医療の領域における研究を省いたうえで，調査研究において現象学を用いているものを選ぶとわずかに数件抽出されるのみである。2015年5月14日時点。
(2) ただし筆者は，障害者の自立に対する従来の捉え方を否定しているわけでも廃棄すべきと主張しているわけではない。ADL の自立や経済的な自立，あるいは家族との居所の分離を要望することが，法制度の変革やそのための世論の喚起において有効にはたらく可能性は今後も十分あるからである。
(3) また，本章のエピソード記述で明らかにしようとする事柄は，それ以前に筆者が取り組んだ調査研究で得られた多くの気づきが反映されている。中でも影響が大きいと考えられる「2009年調査」については，エピソード記述を含む論考を本書の補章として収録しているので，そちらも合わせて参照されたい。
(4) 読み手の了解可能性をとおして妥当性を高めるという考え方は，エピソード記述のみに特有のものではない。松葉は，その編著『現象学的看護研究——理論と分析の実際』において，現象学的研究と解釈学的研究の違いを考察し，「現象学的研究は研究結果を普遍的であると考えるのに対して，解釈学的研究は研究結果を一つの解釈にとどまると考え，それを解釈の更新を行うことによって研究の妥当性を高めていくことを考えるのである。すなわち，この解釈の読者が，それを次の研究や実践に活用することによってさらに妥当性を高めていくことができると考える」（松葉ほか 2014：68）と述べている。

終　章

知的障害者の「親元からの自立」に向けて

法制度と規範のメカニズムの変容に向かうための二つの道

　本研究は，「親元からの自立」を含めた成人後の暮らし方の選択肢が，障害者にとって顕著に狭められていることを問題とし，この問題を解決するための道筋を示すことを研究目的として取り組んだものである。研究の視点として，法制度と規範のメカニズムに着目したが，それは，先行研究が「障害者本人への支援を増やすべきである」という知見を示しつつも，その実現に至るには誰が何に働きかけることが必要なのかに踏み込んでいないと考えたからである。そのうえで二つの研究課題を設定した。

　一つ目は，これまで知的障害者の家族はどのような法制度改革を求め，また成し遂げてきたのか，そうした運動においてどのように自らの認識変容を遂げてきたのか，そして社会運動体が孕む力学の中でどの点において限界があったのかを明らかにすることであった。「全日本手をつなぐ育成会」（以下，「育成会」と記す）の資料を用いて行った文献研究からは，親による運動が法制度と規範の変容において少なからぬ貢献をしてきたことを示しつつ，「親元からの自立」については，それを主張することが親としての当事者性を手離すことを意味するが故に法制度への働きかけも規範への働きかけも難しいことを指摘した。

　二つ目の研究課題は，成人した障害者が家族と居所を分離したケースに着目し，家族の認識のあり様や変容を考察することで，実際の支援について具体的な示唆を得ることであった。7人の調査協力者のインタビューデータを用いて質的データ分析を行った結果，次の点を提示することができた。まず，【見る】【知る】【伝える】というキーワードから，本人の様子，あるいは支援の方法や

考え方を率直に家族に伝えたり，家族がこれまで行ってきたケアの仕方や心配事などにはまずは耳を傾け受け止めていくことで，本人と家族の関係性が切れない支援を行うことである。次に，家族に「自立観の確認や変化」がもたらされ，家族が【生きる主体として本人を感じる】ようになるために，家族の考え方やケアの仕方とは異なる支援者としての考え方や価値のあり方を伝えたり実際の支援に反映させたりすることの必要性である。そのうえで，家族が，障害のある本人のことではなく自分自身の将来について考えることができることが，「親元からの自立」が実現した状態であることを述べた。

　この7人の調査協力者が障害者本人と居所を分離した時点において，法制度は「親元からの自立」を要請しておらず，また調査協力者はいずれも「親元からの自立」を積極的に要望していたわけではなく，中には愛情規範や自助規範を強くもっていたと思われる協力者もいた。そのような中にありながら，この調査のフィールドである3か所の事業所は，地域の暮らしの場としてホームを設立し，また家族に入居を勧めるといった支援を展開することで，居所の分離や家族依存の解消が実現し，さらには家族の認識の変容をももたらしていた。このように，法制度の整備に先立って障害のある本人の地域での自立した暮らしを支える支援を提供し，その支援の考え方を家族とも共有する地道な積み重ねが，「親元からの自立」ができにくい固定化したメカニズムを変えるための道筋の一つであると結論づけた。

　次にこの二つ目の研究課題に関連して，法制度と規範のメカニズムに巻き込まれている当事者として研究者を位置づけることによって，メカニズムを変容させるもう一つの道筋を示した。本書の第5章で行ったエピソード記述では，「2013年調査」においてもたらされた筆者自身の気づきを言語化した。具体的な方法としては調査協力者が主観的に感じ取っている世界と筆者自身が主観的に感じ取っている世界との差異をエピソード記述によって言語化し，知的障害者の自立について，個人の状態や個人を取り巻く状況を要件として規定するのではなく，障害者本人と周囲の人との関係性の変容として自立を捉える視点を提示した。

エピソード記述によって導き出した結論の妥当性は了解可能性を問うことによって判断されることになる。本書においては、この了解可能性を問うプロセスがメカニズムの変容につながる可能性を示した。このことはすなわち、研究者がメカニズムの変容において担える1つの役割を意味しているといえる。具体的なエピソードを伴って、書き手である研究者自身の認識の変容を言語化するエピソード記述をとおして、読み手は共感や納得の程度を問われることになる。知的障害者の自立について悩む家族が読み手となることで、「親元からの自立」をまだ経験していない家族の認識を変え、期待や希望、あるいは潜在的なニーズを喚起することで、「親元からの自立」ができる社会に向かっていける可能性がある。これがメカニズムを変える二つ目の道筋である。

メカニズムを変えるための第三の道筋

本書の第3章第1節において、社会運動を「制度変革」と「自己変革」という志向性で捉える視点を提示したが、エピソード記述は「自己変革」という志向性になじむ運動の手法として捉えることができる。石川によると、「自己変革」とは「人々の意識、アイデンティティ、ライフスタイル」の変革を意味している（石川 1988：155）。

かつて「育成会」の運動においては、運動の主体者である家族が、知的障害のあるわが子と生きるなかで「人間性」や「生きがい」といった新しい価値に気づき、障害のある本人の存在の尊さを認められるようになり、小規模作業所に代表される地域の活動をとおして地域社会に障害者に対する理解を求めていった。ここでは自己を変容させる主体は家族であり、その変容によって得た新しい認識を地域社会に広げる運動を担った主体もまた家族であった。この運動においても、おそらく数々のエピソードが活用されたであろう点にも着目しておきたい。1952年に「精神薄弱児育成会」を結成して最初の事業として編まれた『手をつなぐ親たち――精神薄弱児をまもるために』という手記集がある。1万部を超えるベストセラーとなったことからは、運動を広げるうえでこの手記集が重要な役割を担ったことが伺える。以来、近年に至ってもなお障害者の

家族，とりわけ知的障害者の親によって執筆された書籍が新しく出版されつづけている。これらは，障害児者やその家族が置かれた厳しい社会状況を公にすることで社会的な理解や適切な支援の拡充を訴える側面もあるが，広く読まれる理由のひとつはそこに「自己変革」の契機があるからではないだろうか。

　手記の書き手はたまたまわが子に障害があったことで，それまで当たり前だと思ってきた能力主義や競争社会に疑問をもつことがある。つまり能力主義や競争社会ではとても勝ち残っていけないわが子の存在を受け入れようとする時，親はそれまでの人生で大切にしてきた価値観のままでは生きられなくなり，新しい価値を探し当てようとするのである。障害受容をめぐる葛藤やその葛藤を経て至った心境，あるいは他人の支えを得て生きていくことの価値への開眼などは，まさに障害のある本人と共に生きようとするなかで獲得した新しい価値観であるといえる。そこに描かれたさまざまな体験に，読み手は自分自身の生きづらさを重ね合わせて自らもまた変容の手掛かりを得るのではないだろうか。このように従来の価値観とは異なる新しい価値観を伝え広めようとするとき，具体的な実体験すなわちエピソードを介することが功を奏す面がある。「障害者と共に生きよう」といったスローガンあるいは抽象的な理屈や理論を頭で理解するのとは異なり，具体的なエピソードを介することで，読み手は書き手の体験した感情や身体感覚とともに新しい価値観を自分自身の心身に焼きつけることができるのである。

　このように考えると，本書の主題である「親元からの自立」を促進するためには，知的障害のある本人と居所を分離した家族が，自らの経験を広く伝えていくことは次なる運動の方法として有効であるといえる。居所の分離をとおして，家族が自らの自立観を変容させることで，障害のある本人を自立した一人の大人として捉えられるようになったといった経験は，未だ「親元からの自立」を経験していない本人や家族に「自分もそのような経験をしたい」という共感を起こさせ，「それが可能になるような支援が欲しい」といった潜在的なニーズを喚起することにつながるからである。しかしながら，「親元からの自立」を実現した家族の声は，なかなか大きな声にはなっていかない。その理由

終　章　知的障害者の「親元からの自立」に向けて

は，「親元からの自立」を経験した人がまだまだ少ないことに加え，それを経験した家族もまた「家族は頑張るべき」とする規範の中で生き延びてきた人たちだからである。つまり，たまたま頑張ることを降りることができた少数派の「楽になった」経験は，頑張ることを未だ降りることができずにいる家族には受け入れられにくく，現在の状況のもとでは家族自身からは語られにくいことなのである。

　そこで必要になるのが，家族以外の人々が変革の主体となる実践であり，エピソード記述はそのための一つの仕掛けとして機能し得る。本書においては，研究方法の一つとして用いたエピソード記述であるが，書き手にもたらされた変容を記述することはまさに「自己変革」の言語化であり，この言語化の作業，つまりエピソード記述を書き誰かに読んでもらうという行為自体を「自己変革」を主題とする社会運動として理解し直すことができる。

　かつて「育成会」は組織的な運動によって「制度変革」をめざし，その結果として「自己変革」がもたらされたが，エピソード記述が可能にするのは，組織による運動ではなく，個々の実践を積み重ねそのことの意義や意味を発信することによる「自己変革」を主題とする運動である。この運動の担い手はなにも研究者のみに限られるものではない。知的障害者と直接向き合い自分自身の物事の捉え方や世界の感じ方をゆさぶられる経験を日常的に重ねているような支援者，あるいは障害者と触れ合う経験をしたボランティアや障害者と交流をもつ地域の住民であってもいいだろう。

　エピソード記述という方法論を用いるかどうかはさておき，障害者あるいは障害者を取り巻く家族や支援者と出会ったボランティアや地域の住民が，それまで当たり前だと思っていた自らの認識を変容させること，さらにはその変容した経験を言語化して他の人に伝えていくことは，広い意味での社会福祉実践であり，知的障害者を排除するメカニズムを変えるための3つ目の道筋となり得る。

残された課題

　以上，「親元からの自立」ができにくい法制度と規範の固定化したメカニズ

ムを変えるために，支援者，研究者，そして障害者と出会うさまざまな人たちのそれぞれが担える役割について述べてきた。これらの3つの道筋は，法制度よりも先に規範に働きかけようとする道筋であり，「親元からの自立」が可能な社会を実現するためのさまざまな戦略の一部に過ぎない。たとえば，日本よりも早い時期に脱施設化を進め成果をあげてきた欧米諸国においては，脱施設化の方針の決定やそのプロセスは，国の施策の方針として強く打ち出され遂行されてきた面があることが報告されている（河東田ほか 2002；河東田 2007）。日本においても当事者の要求，あるいは規範や世論の変容を待つのではなく，社会保障の戦略として行政主導で法制度を整備し，社会資源の充足を図っていくという方法もある。本書で検討したことからさらに視野を広げ，どのような障害者も大人になれば「親元からの自立」という選択肢をもてる社会の実現をめざして，さらに多様な方策について検討することが今後の課題である。

　また，本書においては知的障害者の自立について「関係性の変容として自立を捉える視点」を提示した。しかしながら，この視点はあくまでも知的障害者の家族の語りを元データとして導き出した仮説的な段階のものである。家族以外の人々を含めた実際の関係性の変容がどのようなものであるのか，またどのように変容することが自立といえるのかのベクトルを示すことが，筆者の今後の研究テーマになると考えている。

　最後に，本書で提起したエピソード記述という方法論についての課題にも触れておきたい。エピソード記述を用いた先行研究をレビューすると，心理学領域を中心に発達や保育といったテーマの研究において近年急速に広がりつつあることがわかるが，社会福祉領域においてはまだほとんど見られない。本書では社会福祉研究においてエピソード記述の援用を試みたが，エピソード記述という一つの方法論を分野を超えて援用するときの課題や限界について十分に検証できていない。またエピソード記述が依拠する現象学という哲学的基盤についてはほとんど論じることができていない。これらの課題については，社会福祉領域においてエピソード記述を用いた研究や実践を広めその成果を積み重ねながら今後取り組んでいきたいと考えている。

補　章

知的障害のある人の青年期における
親子関係の変容についての一考察

第1節　研究の背景と問題意識

　厚生労働省が2005年度に行った「平成17年度知的障害児（者）基礎調査結果の概要」によると、入所施設以外の在宅で暮らす18歳以上の知的障害者は28万9600人と推計されるとある。そして、彼らの「生活同居者」を見てみると、親や兄弟姉妹等の家族と同居している人は75.2%という結果が出ている。
　この調査からは、同居の家族がどの程度のケア行為[1]を行っているのかは明らかにされておらず、支援費制度の施行によって措置制度から契約制度に移行したことで、家族と同居している人でも障害の程度や介助や支援の必要量によって公的な福祉サービスを受けられるようになったとも考えられる。しかしその一方で、わが国の福祉政策においては「家族が機能を果たすことを前提として、それを公的、社会的に支援していく」（鶴野 2006：50）という姿勢がとられており、障害者施策についても「成人後も家族による障害者の扶養責任が前提になって」（高橋ほか 2004）いることが指摘されている。これらを踏まえると、家族と同居している障害者のうちで、成人後も家族が何らかのケア行為を担っているケース、あるいは家族によるケア行為が不可欠であるが故に家族と同居している障害者は少なくないと考えられる。
　障害者が必要とするケア行為を家族、とりわけその親が担いつづけることはいくつかの問題を孕んでいる。そのひとつが、ケア行為を必要とする子よりも先に親が年老い死に逝くという「時間の限界性」（中根 2006a：151）である。そ

して，ここから生起する将来に対する親の不安感，あるいは実際に生じる子の世話の問題は，これまでしばしば「親亡き後」という言葉で表現されてきた。

西村（2007）は，障害者自立支援法の施行を受けて「親亡き後」という問題を歴史的に再検討した結果，今もなお「親が生きている間は家族でケアを，親亡き後は入所施設という構図が厳然とある」ことを明らかにしている。そのうえで，35年前から依然として続く「親亡き後」の問題が解決に向かうためには，「親が生きている間から，継続的に親子分離した支援を基本におく」必要性を提起している。

では，西村の言う「親が生きている間から」とは，具体的にどの時期とすればいいのだろうか。ここではその時期を「青年期」[2]であると仮定し，青年期における親子分離について考察を行う。その理由は次のとおりである。

家族心理学の分野において，個人にも発達段階があるように家族全体にも発達段階があるとする考えが1970年代に示されて以後，家族の発達段階や発達課題についての研究が蓄積されている（中釜ほか 2008：27）。これらの研究において発達段階の一つとして位置づけられている「青年期」は，「分離が強調される時期から，相互に相手を認め合い，後期には再び親密な結びつきを取り戻す」（無藤ほか 2008：82）と言及されているように，親子関係が大きく変容する時期だといえる。

ベンクト・ニィリエが提唱したノーマライゼーションの八つの原理の一つには「ライフサイクルを通じて，ノーマルな発達的経験をする機会を持つこと」が挙げられている（Nirje＝2000：24-25）が，この原理に依拠すれば，障害のない場合の通常の親子関係と同様に，子の成長に従って親の役割や親子関係が変容していく機会がもてる状況をつくっていく必要がある。そして，この時期に親子関係の変容が遂げられるか否かが，「親亡き後」の問題を「親が生きている間から」始まる支援の問題にシフトしていけるかに影響を与えると筆者は考えた。

次に，西村の言及にある「継続した親子分離」についてはどうだろうか。ここでいう「継続的に親子分離した支援」とは，日中活動に通いながら自宅で暮

らすという断続的な親子分離ではなく，親子の住まいを分けた形での支援，あるいは親子が一緒に住んでいても，子に対する昼夜をとおした継続的な支援があるなど，親によるケア行為があてにされない状態になることを意味していると考えられる。では，当事者である障害のある子をもつ家族はこの「親子分離」をどのように考えているのだろうか。

　筆者は1994年4月から1999年3月までの5年間，関西圏にある通所授産施設の指導員として勤務し，その後現在に至るまで同法人の関連団体で働きながら障害のある人たちやその家族と毎日のように接してきたが，その中で時折，障害のある子をもつ親の口から，「親子分離」に逆行するかのような心境を耳にすることがあった。たとえば，「子どものことは親がいつまでも見てやらないとかわいそう」，あるいは「子どもよりも一日でいいから長く生きたい」といった言葉などであり，筆者はその言葉に，子に対する親の並々ならぬ思い入れを感じてきた。そして，こうした親の思いに接したときに，「障害者の面倒は親が見るべきである」といった社会的規範の中で生じる責任感だけではなく，また障害のない子の親が子に対して抱く愛情とも少し異質の「子離れのし難さ」のようなものを感じてきた。こうした「子離れのし難さ」は一体何から生じているのだろうか。

第2節　研究の目的

　青年期の親子関係の変容における分離のプロセスには，子の親離れ・親の子離れという双方向の動きがあり，この双方向の動きは通常，子の側から先に為されるとされている（中釜ほか 2008：122）。では，子の側に，言葉による意思表示や自己決定，自己主張が難しい重度の知的障害がある場合にはこうした親子関係の変容はいかにして可能だろうか。

　そこで本章では，重度の心身障害のある子をケアホームに入居させた親の体験を，「親子分離」の体験と捉え，その体験についてのインタビューデータを用いて考察を進める。インタビューの協力者は，筆者が大学生の頃に出会い家

族ぐるみのつきあいを続けてきた50代の女性（Sさん）である。

研究の目的の一つ目は，Sさんが子離れし難い気持ちと葛藤しながらも「親子分離」を選択し実現するプロセスについての語りを記述することをとおして，障害のある子をもつ親の「子離れのし難さ」が何に起因するのかについて考察することである。二つ目の目的は，Sさんへのインタビューをとおして調査者である筆者が感じた違和感や気づきをとおして，支援者としての筆者が感じてきた「子離れのし難さ」の意味を再検討し，障害者福祉実践のあり方に対する示唆を得ることである。

なお，知的障害，あるいは重度心身障害のある子の成人後の生活の展望や「親亡き後」に対する親の思いを考察している先行研究の中には，インタビュー時点で障害のある子と一緒に暮らしている親の語りを扱ったもの（中根 2006a，新藤 2009a，藤原 2006）はいくつかあるが，いずれも「親子分離」が体験されていない時点での親の希望や予測を語ったものである。このほかに，子が施設に入所した後における親の語りを扱ったもの（麦倉 2004，藤原 2006）もあるが，いずれも施設入所という不本意な決定をやむなく選んだケースであり，これらから筆者が捉えたい青年期における親子関係の変化を読み取ることはできなかった。

このように障害者の家族の語りを扱った先行研究において，子の将来に希望をもって子との居所を分けるという親の体験はほとんど扱われたことがなかったと考えられるが，このことは，知的障害や重度心身障害のある子をもつ親にとって，「施設入所という不本意な決定」以外に親子分離がなされることは，これまでほとんど不可能に近い状況だったことを反映しているといえる。

第3節　先行研究のレビューおよび本研究の位置づけ

障害者の家族に関する研究は1980年代以降に大きな進展を見せている。かつて家族は障害児者の福祉を達成するための構成要素として位置づけられていた（藤原 2006：13）が，1980年代頃からは家族のストレスに着目することで家族

補　章　知的障害のある人の青年期における親子関係の変容についての一考察

を援助の対象として捉える研究が行われるようになった（久保 1982；石原ほか 1985）。1990年代頃からは障害者の家族を社会構造や社会規範との関係性の中で捉える研究が行われ（岡原 1995；石川 1995；春日 2001），対象とする障害やライフステージを限定した研究（土屋 2002；麦倉 2004；藤原 2006；中根 2006a）も蓄積されてきている。

　これらの先行研究に見られる家族の捉え方の変化は，心理学における発達研究が，近年まで「個の発達とそれを左右する環境要因の一つとして家族（主として親子）関係を扱う傾向にあった」が，「家族成員が相互に，直接あるいは間接に影響しあいながらともに発達していくことが強調されるようにな」ってきた（いずれも無藤ほか 2008：108）こととと軌を一にしているといえる。本研究は，障害者本人を取り巻く環境要因の一つとして親を捉えるのではなく，親子関係をひとまとまりの関係性の総体として捉えて考察するものである。

　また，成人期の障害者の家族の変容を捉える研究については幾分かの蓄積はある（土屋 2002, 中根 2006a, 三毛 2007）ものの，障害受容が問題となる幼児期や学齢期のそれに対して極めて少ない。麦倉は，障害者が成人期にさしかかったときに本人と家族がいかに行動すべきかについての「モデル・ストーリーの不在」を指摘している（麦倉 2004）が，青年期以降の障害者の親子関係のあり方については，家族だけでなく支援者や研究者さえも「いかにあるべきか」をこれまで描けてはいなかったのではないだろうか。

　先に述べたように，わが国では障害のある人の扶養義務は成人後も親にあり，知的障害のある子をもつ親にとって「施設入所という不本意な決定」意外に子との居所を分けることは不可能に近い状況であった。本研究は，麦倉の指摘する「モデル・ストーリーの不在」という状況に対して，「親子分離」という一つの新しいストーリーを提供するものと位置づけられる。

第4節　調査の概要

インタビュー協力者の選定および調査実施の経緯

　本章で扱うのは「知的障害のある人の親にとっての子離れの葛藤」というテーマで行ったインタビュー調査で語られたデータの中のいくつかのエピソードとその意味である。

　インタビュー協力者Sさんは，50代の女性で，夫と21歳の長女（知的障害者，以下，Tさんと記す），20歳の次女，18歳の長男との5人家族である（インタビューを実施した2009年5月時点）。TさんはADLにおいては全介助が必要で（座位は可能，座位のまま足を動かして移動することができる），発語が困難であるため，意思の表示は機嫌の良し悪しや表情による。養護学校を卒業した2005年から地域の作業所に通っていたが，地域にできたケアホームに2008年5月の開所時から入居。入居以来，月曜日から土曜日の朝までをケアホームで過ごし，週末に自宅に戻る生活をしている。

　調査者である筆者は，Sさんとのこれまでの交流の中で，Tさんのケアホーム入居に際して抱いたさまざまな葛藤，さらにケアホーム入居を経て葛藤が一つひとつ解決してきた経験について，メール等をとおして伺ってきた。[3]調査協力の依頼にあたっては事前に電話で調査の目的を伝えて協力の承諾を得た。また，インタビュー当日までに調査の趣旨およびインタビューガイドをメールで送付した。

　調査は約2時間の半構造化インタビューを行い，協力者の同意を得てテープに録音し，その後逐語録を作成した。質問項目は，①時系列での事実の確認，②ケアホーム入居の決定や実行の際に考えたり感じたりしたこと，③ケアホーム入居の決定に影響した出来事（決定と実行を後押ししたもの），④②と③に関わって，学齢期や卒業の時点で将来のことをどのように考えイメージしていたか，また，入居後に本人との関係性や家族内の関係性がどう変わったかなどである。

データの解釈にあたっては逐語録を何度も読み返すことで解釈を深め，共同研究会にて共有し解釈の妥当性や違った角度からの解釈について検討した。その後，逐語録のうち使用するデータとその解釈を表にまとめたものを協力者に確認してもらい，使用の許可を得るとともに解釈の妥当性について意見を返してもらった。

倫理的配慮

協力者には，インタビューの前に調査の目的・内容・方法をメールで伝え，インタビュー当日はそれらについて再度書面を用いて説明をした。そして，インタビュー内容を録音し逐語録を作成すること，録音媒体の保管方法，報告書・論文等で公表する旨，またその際の守秘義務の遵守，さらにインタビュー時に回答を拒否できることや，調査への協力をいつでも取りやめることができる旨について説明しながら書面を手渡し，同意書に協力者の署名をいただいた。なお，使用するデータに関しては，個人が特定されないように工夫し，プライバシーに配慮した。

考察に用いた手法——「エピソード記述」について

本研究では，地域で自立生活を始めた重度知的障害者の親（一人）の語りを，鯨岡（2005）が提起する「エピソード記述」を用いて考察を進めた。

鯨岡は「エピソード記述」を，「他者の主観（心）の中の動きをこの『私』の主観（心）において掴むこと」，すなわち「間主観的に把握」することによって「生の実相のあるがままに迫る」ための方法論として紹介している。この方法論は，「当事者の主観を潜り抜けて捉えられるものを捨象せよという客観主義＝実証主義」とは一線を画し，むしろ人の存在のありようは「主観を潜り抜ける中でしか捉えられない」とする立場にたつ（鯨岡 2005：16-22）。

本研究で扱うのは家族の関係性であるが，かつて血のつながりや愛情による絆等によって説明されていた「家族」の概念は，1990年代に入ると「家族同一性（ファミリー・アイデンティティ）」という概念が提示され，家族であるか

ないかの別は，個々人の認識によると説明されるようになった。さらに近年では社会構成主義に基づいた理解，すなわち家族の関係性は，客観的な事実としてではなく「その人にとっての真実」として存在するという理解がされるようになってきた（中釜ほか 2008）。本研究も，親の主観をとおして親子関係の変化を描き出そうとする立場に立つが，これは「その人にとっての真実」を見ようとする社会構成主義に通じるものである。よって，現象学の理論的背景のもとで提起された「エピソード記述」は本研究がとる立場に適した手法であると考えた。

　また「エピソード記述」においては，客観的に観察することができる事実を描き出すとともに，そのエピソードのメタ意味を描き出すことが重要であるとされている。このメタ意味については，鯨岡は「メタ意味がどのように紡ぎ出されるかは，関わりの歴史はもちろん，関わる相手を取り巻く背景，当事者の過去の経験，当事者の抱える『理論』（意識された理論や意識されない暗黙の理論）によって異なってくる」（鯨岡 2005：23）と説明している。このことを筆者は，実際に観察されたり語られたエピソードについて，過去から現在に至るまでのその人の体験を意味づける社会的状況や生活の実態を踏まえながら，理論的背景（本研究においては障害者福祉学の基本的な理論）のもとで，エピソードの意味を深く考察していくことと解釈した。

　なお，エピソードを用いた先行研究の中には，エピソードというひとまとまりの出来事を考察対象として扱うという意味で用いられているもの（畠山ほか 2003；山口ほか 2006）や，取り上げようとするエピソードのより詳細な検討はなされているものの，関係性の背景や理論等にまで掘り下げられてはいないもの（浅賀ほか 2007）が見られる。これらはいずれもエピソードを扱うという意味での「エピソード分析」であり，鯨岡の説明する「エピソード記述」とは区別されるべきであると筆者は考える。

　本章では，鯨岡の「エピソード記述」の方法論に従って，まずＳさんから語られたエピソードを記述したうえで，そのエピソードが何を意味しているかを掘り下げる「メタ意味」の考察を行うこととする。

考察の結果は次の二つに分けて示す。まず、Sさんが体験した「親子分離」のプロセスについてのエピソードを記述し、そのメタ意味として、障害のある子をもつ親の「子離れのし難さ」が何に起因するのかについて考察した結果を示す（結果①）。次に、Sさんへのインタビューの中で調査者でもある筆者の主観において感じられた違和感や気づきをエピソードとして記述し、そのメタ意味として、筆者が感じてきた「子離れのし難さ」について再検討した結果を示し（結果②）、最後にこれらの考察をとおして障害者福祉実践や研究に対して示唆された観点についてまとめる。

第5節　Sさんが感じた「親子分離」のプロセス（結果①）

ここでは3つのエピソードについて、エピソードとそれぞれのメタ意味とを記述する。メタ意味の検討にあたっては、「親子分離」をとおして体験されたSさんの感じ方、考え方および行動の変化を、障害のある人およびその家族を取り巻く社会的な状況の中で意味づけて検討した。なお、メタ意味の考察にあたっては、取り上げたエピソードのみから得られる情報だけではなく、インタビュー全体から導き出される解釈、あるいは障害者やその家族の経てきた歴史などさまざまな情報を用いながらエピソードの意味を掘り下げていった。

Sさんの子離れの葛藤についてのエピソードの記述1

① エピソード

Sさんは、Tさんが養護学校を卒業した後の生活について、日中は自宅から作業所などに通うという生活を以前から描いていた。実際に養護学校を卒業して平日の日中に自宅から作業所に通うという生活が始まってからも、「親亡き後」のことについては一抹の懸念があったものの、まだ先のことだとして特に深刻に考えることもなく、この生活に特に問題は感じていなかった。

そんなとき、同じ作業所に障害のある子を通わせている親しい母親から、近隣の市において重度の障害者が入居するケアホームを運営するU法人の代表者

の話を伝え聞き，夫と一緒に代表者の話を聞きに行った。

　そこで代表者が語った「福祉は重度の人から救わないと」という言葉や，障害のある人が若いうちに地域で自立生活をするべきという提案は，Sさんにとっては「目からウロコ」だった。そして，遠く離れた施設ではなく「地域で，お母さんたちが，家族が住んでいる近くにあって，もうしょっちゅう行き来ができる」というケアホームの実践の話や，「自分たちが行き詰まるまで抱え込んで，それから出すんじゃなく，お互いの関係がいいときに出すべきだとおっしゃった」ことはSさん夫妻にとって，Tさんのケアホーム入居を一つの選択肢として受け入れるうえで十分に納得がいくものであった。

　「そういう発想は全然なかったので，おぉと思って。現実問題，うちは下に2人子どもがいまして，普通の子どもに対してはね，私も主人も，いつまでも親元にいて自立しないというよりは，ある程度のところで自分でやっていくのがいいと思っていたくせに，Tはやっぱりね，いつまでも自分たちが見るべきだし，見ないとかわいそうという感じだったんですけど，一緒じゃないかという気がそのときにして。同じ子どもね，健常であれ，障害をもっていようとね。」

　② メタ意味

　Sさんにとって，障害のある子を親が一生世話をしつづけることは，それまで「当たり前」のこととして認識してきた。しかし，このエピソードが表しているのは，この「当たり前」が「当たり前」でなくなっていくプロセスであり，それまで考えもしなかったケアホーム入居という新しい選択肢が浮上してくるプロセスであったといえる。

　Sさん夫妻にとって，障害のあるTさんの世話は，重度であるということもあって，いつまでも親がするものだとして認識されていた。親が世話をする以外の選択肢の一つとしては施設への入所という方策があるが，「施設には入れたくないと何となく主人も私も思っていて」とSさんが語るように，入所施設は，やむにやまれず行き着く最後の手段であって，事実上の「選択肢」とはなり得ていなかった。このことは，Sさんだけではなくこれまで多くの障害者お

よびその家族が共通してもっていた認識だといえるのではないだろうか。

このような選択肢を得る以前の時点において，Ｓさん夫妻は，将来のこと，具体的には「親亡き後」の問題を全く認識していなかったわけではない。

「一抹の不安はあるわけですよね，年を取ってきた場合。年を取ってきてから，私たちが死んでから，まあどうにかなるんじゃないみたいな，将来は福祉ロボットも出てくるかもしれないし。いざ親が死んでしまって，Ｔが路頭に迷うことはないだろうと，この日本でね，福祉で何とかするという。ただ，それはＴにとって本当に幸福な形の施設入所なのかどうかというところは，あまり考えておかないでおこう，今のうちは，みたいな感じで……」

この言葉からは，将来の問題を認識しているものの，根本的な策の講じようのない状況の中で問題解決を先延ばしにするという対処がとられていたことが読み取れる。

また，ケアホーム入居の決定については，「ケアホームに入るのはＴにとっていいことだとは，その時点ではもう決心はつきましたよ，主人も私も」と語られている。決定に関する語りのこの簡潔さと比較して，ケアホームへの入居をめぐる「目からウロコ」の価値観の転換についての語りの厚さから，選択するという行為そのものよりも，選択肢が浮上するプロセスのほうがＳさんにとってはより意味のある経験であったと解釈できる。

Ｓさんの子離れの葛藤についてのエピソードの記述2
① エピソード

Ｓさん夫妻がＵ法人の代表者と会って間もなく，Ｕ法人の代表者とケアホーム入居を希望する数組の家族とともに，ケアホームの設立に向けた動きがスタートし，Ｓさん夫妻もこの動きに参画する。ケアホームへの入居がＴさんにとって良い選択肢だと判断したＳさんであるが，ケアホームが完成するまでの約２年の間，さまざまな不安や葛藤を経験する。Ｓさんは，「子離れの葛藤」というテーマの本インタビューに臨むにあたって，「３つの葛藤」として整理して語ってくれた。ここではまず，その３つの葛藤の中の一つについて考察を

行う。それは，「周期性嘔吐」というTさんの持病についての不安である。

　Tさんは5，6歳頃から数か月に一回この発作を起こしていた。原因は不明で発作が起きると吐きつづけ，大きな発作のときは二日間ぐらいほとんど眠れないほどだという。生命予後には関係ないものの，根本的な治療法はなく，発作が起きた際にはSさんがつきっきりで世話をし，脱水予防の水分補給から徐々に普通の食事に戻していくという対処を行ってきた。

　「その予兆みたいなのが，もちろんね，こっちもぱっと気づいてやれるときもあるし，養護学校の時代も作業所の時代も，すごく職員さんたちが気を遣ってくれて，迎えに行って軽くすんだこともあったんですけれども，ケアホームに入るとなると，それを起こしたときに……（中略）……ものすごく迷惑もかかるし，そういう持病を抱えていて大丈夫なのかという問題がまず。それが一番大きな不安材料でした」

　Sさんはこの不安を，元看護師である親しい友人に打ち明ける。すると，友人からは，「救急車を呼んだらいい」という提案があった。

　「そんなものは，修羅場は慣れていると。お医者さんも看護師も。それが仕事じゃないかと。そんなね，いつまでも，もし家でずっと見ていたとしても，親亡き後にどうするの。Tちゃんもそれに慣れなきゃいけない。だから，今度は救急車を呼びなさいといわれて，それこそ目からウロコですよ。何と乱暴なと思いましたけど，確かにそうだなと思って」

　そして，「何と乱暴な」と感じたこの方法を，Sさんは現実的な対処方法の一つとして受け入れる。

　「うーん，でもまあ，それはすごくありがたい意見で，心構えもできて……（中略）……，そういう覚悟は親も必要だなという，覚悟ができたんですよ，私に」

　② メタ意味

　Sさんによると，周期性嘔吐の対処としては，通常は入院して脱水予防のために点滴で水分補給をすることになると言う。Tさんの場合は，軽い発作ならたくさん寝るだけで済むが，大きな発作のときは水分補給から始めておかゆ，

普通の食事へと徐々に戻していくことが必要だった。そして、「その辺の判断は私しかできない」とSさんは語っている。

藤原（2006）は、障害者家族における母親役割をジェンダーの視点から考察するなかで、重度の障害児の母親にさまざまなケア役割が過度に集中することを生活実態の調査から明らかにしているが、Tさんの周期性嘔吐への対処もまさに母親しかできないケア役割だったといえる。そして、この役割が母親に固定化された経緯もSさんからは語られた。

「Tも一回入院したことがあるんです。二回目ぐらいに（発作を）起こしたときかな。でも、点滴を抜いて暴れ回って、もうそれは大変だったんですよ。……（中略）……結果的に連れていくよりも、家にいた方がTも私も楽」

このエピソードからは、母親に「私しかできない」と感じられるケア役割が、他人に対処を任せるよりも親がやったほうが「楽」であるという事実によって固定化されるプロセスが読み取れる。

さらに、この周期性嘔吐については、興味深い後日談が語られた。周期性嘔吐の対処を専門家に任せる「覚悟ができた」Sさんであるが、何とか予防できないかと医師に相談し、頭痛に即効性のある点鼻薬と抗てんかん薬によって、症状やその頻度が劇的に改善されたのである。ここで着目したいのは、症状や頻度が改善されたという結果そのものではなく、SさんがTさんのケアホームへの入居を目前にして初めてとった、予防に向けた試行錯誤という行動である。このことは、Tさんの世話を他人に任せるという選択肢をもち、実際にその生活が実現可能なものになることで、親としてとる行動の幅が広がったことを意味しているといえる。

Sさんの子離れの葛藤についてのエピソードの記述3
① エピソード

Tさんのケアホーム入居にあたって直面したさまざまな不安や葛藤を、友人や同じ立場にある母親仲間からの助言、ケアホームの職員への信頼等によって解決してきたSさんであるが、Tさんのケアホームでの生活が始まってからも

一つの大きな葛藤が続いていた。

「入ってしまうと，Ｔちゃんは何で，4日間も家に帰ってこれないんだろう。だって初めての経験でしょ。それで，もうかわいそうに，かわいそうにと思ってしまって，Ｔちゃんは，私は捨てられたんだと思っていないかなと思ったら涙が出て，もうしばらくは日中ね，1か月ぐらい続いたかな，とってももう。勝手にね，勝手にかわいそうに。友達に言ったら，『向こうで，ああ，せいせいしたと思っているかもしれへんやん』と言われて，笑われたんですけど」

そして，このような心境をＳさんは子離れができない辛さとして語っている。

「（Ｔさん本人は）けろっとして帰ってくるんですよ。けろっとして帰ってきて，別に週末は週末で，私の後を追うでもなく，普通にしているんですよ。そうなん？　Ｔちゃんってそうなん？　勝手にもうＴちゃんの方が親離れがすっといったんだ。Ｔにとっての親離れがすっといって，何で私がこんな子離れできないのと思って，ぐずぐず思っていて。でもまあ，日にちとともにそういうのも薄らいでいって，Ｔは相変わらず機嫌よく行って，機嫌よく帰ってきて，月曜日の朝になったら機嫌よくまた行くんですよ。何かちょっと肩すかしみたいなのがあって……」

そんななか，ケアホームに入居して半年後，体調を崩したＴさんをＳさん夫妻がケアホームに迎えに行くという出来事があった。

「（職員から連絡を受けて）今から迎えに行きますとすぐ行ったんです。主人と一緒に迎えに行ったら，もうすごくうれしそうな顔をして，ほっとしたような感じで，それで連れて帰って。その週は，週の途中ぐらいだったんですかね。3日ぐらいは家で過ごして，次の週から行ったんですけれども，その帰ってきてしばらく家にいた間というのは，もう私をすごく追って，追って，後追いして，甘えて。でも私も，そんなに必要以上にべたべたはせずに，淡々と心掛けて，いつもと同じようにしよう。変にここで元の状態に戻してしまったらいけないから，普通に家に帰ってきたときと同じようにしよう」

この出来事をきっかけに，ＳさんにはＴさんがそれまでとは明らかに違うと感じられるようになった。

補　章　知的障害のある人の青年期における親子関係の変容についての一考察

「その次の週から，また同じように行きはじめたんですけれども，私から見たら，もう明らかに違うんです。そこから。だから，この半年間，春から入った半年間は，Ｔは訳が分からずに行っていたんじゃないかなと。……（中略）……もちろんね，行ったり来たりしていることは分かっていても，Ｔの中で理解できていなくて，何となく行って，知っている友達もいるし，知っているスタッフさんもいるし。でもやっぱり，あれ？　と思って……」

Ｔさんが体調を崩したことや自宅に帰ったときの振る舞いから「Ｔがケアホームとうちとの区別がついたんだろうなと思ったことで，すとんと楽になった」とＳさんは語る。つまり，Ｓさんには，Ｔさんがケアホームと自宅との生活を認識したと感じられ，そのことによって「かわいそう，かわいそう」「捨てられたんだと思っていないかな」と考えてしまう辛さが解決されたのである。

そして，Ｔさんがそれを認識したうえで，嫌がることなくケアホームにそれまでと「同じように行きはじめた」様子を見ることで，Ｔさんがその生活を受け入れたとＳさんには感じられた。

「納得，納得という言葉は大げさかもしれないんですけど，○○（ケアホーム）の生活と，週末帰ってくるうちの生活を，ＴはＴなりに受け入れたんだなと思ったんです，私は」

② メタ意味

エピソード３で語られたＳさんの葛藤状況，すなわちケアホームに入居することがＴさんにとって良い選択であると考えてはいるものの，「捨てられたんだと思っていないかな」という思いを抱いてしまうという複雑な感情には，「自己決定」ができにくい，さらに言えばケアホームに入居したことが楽しいかどうかをうかがい知ることすら難しい障害者の生活を，親が決めなければならないことの困難さが表れているといえる。

このエピソードにある体調を崩す前と後でのＴさんの変化とは，客観的な観察によって明らかにできるような変化ではないかもしれない。Ｓさん自身が「私の気持ちが変わったから，そういう目で見ているのかもしれない」「こじつけかもしれないけれども」と言葉を添えて語っているように，このエピソー

が示しているのは，Sさんの主観をとおして捉えられたTさんの変化である。そして本研究はこの主観をとおして感じられることにこそ重要な意味があるとする立場にたつ。

このエピソードからは，本人の「自己決定」に依拠できない選択において，どのような理屈や根拠，客観的な事実よりも，Sさんに感じられたTさんの変化こそが「安心感」や「すとんと楽になった」という葛藤の解決につながったプロセスが読み取れる。

親から見た子離れのし難さの要因

本節では，Sさんの「親子分離」の体験について記述してきた。

エピソードの記述1においては，「親子分離」という選択肢が浮上するプロセスの重要性を指摘した。近年は成人した知的障害のある人の居所としてグループホームが知られるようになってきている。しかし，選択肢とは，それを選ぶ当事者にとって実際に選択可能だと感じられて初めて意味をもつ。Sさんの語りには「重度だから」という言葉が何度も出てきたことからも，グループホームはSさんにとって現実的な選択肢ではなかったと考えられる。

このように将来における「親子分離」という生活を展望できない場合，エピソードの記述2において考察されたように，他人に対処を任せるよりも親がするほうが楽であるという事実によって，親しかできないケア行為が増えていくことがある。本考察から指摘できるのは，このような事実の積み重ねの結果，「子離れのし難さ」は親の思いこみや自負といった親の側の気持ちの問題ではなくなり，実際の日々の生活においては「親がしなければかわいそう」と自他ともに認めざるを得ないような事実となっていく可能性である。

いま一つは，子の側からの「親離れ」を，親が感じられることの重要性である。エピソードの記述3においては，「Tちゃんは，私は捨てられたんだと思っていないかなと思ったら涙が出て……」という印象的な語りがあった。先に触れたように子の親離れ・親の子離れという双方向の動きは通常は子の側から先に為されるものであるとすれば，Sさんの印象的な語りは「子の親離れ」

補　章　知的障害のある人の青年期における親子関係の変容についての一考察

を経ずに親子分離することの辛さを表していると解釈できる。

　Ｓさんの場合は，この辛さを解決したのは，「Ｔがケアホームとうちとの区別がついた」と感じられたことであり，さらにはその生活を「（Ｔさん本人が）受け入れた」と感じられたことであった。Ｔさんの，「親離れ」の動きとは言えないまでも，「親離れ」をするという状況を受け入れるという意思を感じたことが，Ｓさんの子離れの辛さを解決する鍵となったと考えられる。

　以上のことから，知的障害のある子をもつ親に見られる「子離れのし難さ」の要因としては，障害のある人の生活を支える社会資源の乏しさがまず挙げられる。とりわけ，将来においてイメージされる生活のあり様は，親のとる行動の幅や考え方に長期にわたって影響を及ぼしている可能性が指摘できる。また，「子離れのし難さ」には，本人の意思が確認できない，あるいは確認しにくい場合に親の側が負わなければならない選択の責任の重さも影響していると考えていい。この点について本節では，障害のある本人が親子分離後の生活を受け入れること，そして親にもそれが確信できることが鍵になることを示した。

第6節　「私」に感じられたＳさんとＴさんの　　　　「親子関係」の変容とその意味（結果②）

　鯨岡は，エピソード記述を「関与しながらの観察」が基本であるとしている。すなわち，エピソードを記述する主体は，エピソードが生まれる状況あるいはインタビューであれば聞くという行為によって，記述しようとするまさにその現象にすでに関与しているということである。

　さらに鯨岡は「メタ意味」として何を記述するかについて，「関与主体としての私は，関与主体としての私を含めて『私が関与しつつあることを観察する』という構図の中に巻き込まれて」いると同時に，「記述主体もまた，『観察主体が観察していることを記述する』」（鯨岡 2005：84）と説明している。

　このことを本研究に援用するなら，インタビューの聞き手であり，支援者としての顔をもつ親しい知人である「関与主体」としての筆者をも観察し，観察

している筆者自身をも記述することが，メタ意味を深めることにつながると筆者は考えた。そのことによって，関与主体である筆者自身が障害者やその家族をどのように見てきたのかといった援助観や価値観をも考察対象とすることができ，社会福祉問題の本質に対してこれまでとは別の角度からアプローチすることができるのではないかと考えた。

このように関与主体をも観察対象に含める考察のヒントとして，鯨岡は「事態がこちらの思いとずれたり，そこで一時滞ったり，急に方向を変えたりと，何かこちらの気持ちに引っ掛かるとき」に着目し，なぜそう感じられたのかを考察することを提案している（鯨岡 2005：93-94）。

そこで本節においては，インタビューの聞き手であり考察主体でもある「私」（＝筆者）が，インタビューおよび考察を進めるなかで得た気づきや違和感を手がかりにしながら，筆者が感じてきた「子離れのし難さ」について再検討していく。

「私」の気づきを起点とした記述1
〈「きょうだいと同じ」という語りに対して私が感じた「期待はずれ」の感覚〉

私は，インタビューを終えた後に「子離れの葛藤」という言葉への違和感を抱いていた。インタビュー後にSさんに送ったお礼のメールには，「（研究の）タイトルにしていた『子離れの葛藤』というのは，ちょっと違うような気がしてきています」と記している。

インタビューデータを読み返しながら，この違和感がどこから来るのかに私が気づいたのは，以下の二つの語りであった。

子離れということに関して他のきょうだいと違っていたことがあるかを私が尋ねたことに対して，Sさんは次のように語っている。

「それぞれの不安が今でもあるんですけど，それぞれ離してみて。ある意味ね，Tは最初のころ，私が捨てたと思ってないだろうかみたいな，つまらないことがあって，でもそれを乗り越えてしまえば，今は（職員が）ちゃんと見てくれているという意味では，安心感は下の二人よりはありますね。」

補　章　知的障害のある人の青年期における親子関係の変容についての一考察

下の二人より安心感があるというのは，常に職員が近くに居るために事故に遭ったり体を壊したりするリスクがより小さくて済むという意味である。

もう一つは，私が，ケアホーム入居後にTさんとの関係がどう変わったかと尋ねたことに対して応えた次の語りである。

「どう変わったんだろうね。……（中略）……でもね，やっぱりもう慣れてしまったら，一緒に暮らしていたべたべたな親子状態とはワンステップ離れた感じはしますね。寂しいけれど。それはだから，○○（次女）も○○（長男）も一緒。その辺は一緒やね。考えてみればね」

この二つの部分について私は「期待がはずれた」という感覚を抱いたが，この「期待がはずれた」という感覚は，私自身の障害のある子の親に対する先入観を浮き彫りにした。その先入観とは，障害のある子と親との関係性は特殊なものがあって，それは障害のない子との関係性とは違うはずである，よって子離れのあり方や離れてからの親の思いも違うはずだというものである。
〈メタ意味：「障害者の親が抱く独特の感覚」などないのではないか〉

私はインタビュー以前にSさんから，ケアホーム入居をめぐるさまざまな葛藤を折に触れて聞いていた。そのようななかで「（本人にとっては）親がいちばん」「親が見ないとかわいそう」というSさんの感覚に触れたとき，支援者としての私は，「障害者の親が抱く独特の感覚」だと考えていた。もちろん「子離れができていない」と批判的に見ていたつもりはなく，「障害のある子は成人してもなお親が見るべきだ」とする社会規範やそれに依拠する社会制度の中では，親がこうした独特の感覚を抱いてしまうのも自然なことだと捉えていた。

しかし，前節で見てきた周期性嘔吐への対処のような「親しかできないケア」が作られ，そこから「親がいちばん」ということが単なる親の気持ちの問題ではなく実際に起きている事実として作られていくプロセスを知り，さらに子と離れた後に子に抱く感覚が，障害のないきょうだいと同じだと知ったとき，「障害者の親が抱く独特の感覚」などはなく，ただケア行為をめぐる事実があるだけではないかと私には感じられたのだ。

「子離れ」という言葉は，親離れしようとする子の動きに対して，それを妨げる親の動きを批判的に捉える場合に「子離れできない親」等の言い方で使われる。しかし，子の側に親離れを可能にしたり主張できる状況がない中で，親の子離れを問題にすることは的はずれであり，この気づきこそが，私がインタビューを終えた後に感じた「子離れの葛藤」という言葉への違和感の正体である。

　私は，Sさんにとって子離れの辛さそのものが障害のない他のきょうだいと同じであるなら，障害者福祉の課題を検討するうえで，障害のある子をもつ親独自の問題として「子離れの葛藤」を捉えること自体を問い直す必要があると考えるに至った。

「私」の気づきを起点とした記述2
〈Sさんの語り口に対して私が感じた「子離れの辛さの意味の確認」〉

　Sさんへのインタビューにおいて，ケアホーム入居をめぐる一連のプロセスが語られた後，私が「（ケアホームに入居したことを）本当によかったと思っているとおっしゃっていましたよね。何が一番よかったのですか」と尋ねたことに対して，Sさんは次のように語った。

　「あれだけ重度だった子が，いわば私たちが考えていたような日中作業所というか，日中どこかに行って仕事をして，友達と遊んだりして，家に帰ってきてという生活しか考えられなかったけれども，それではないまた別の世界を知って，楽しくできるということですね。それはとてもうれしいことですよね。私たちが決めつけた世界じゃない世界をもったんですよ」

　この最後の語り，すなわち「私たちが決めつけた世界じゃない世界をもったんですよ」という語りが，私にはひときわ力強く語られたように感じられた。その語り口の力強さ，およびそのことを「うれしいこと」だと語る文脈から，私にはSさんが，自身の感じた子離れの辛さの意味，すなわちその辛さを超えることが，Tさんが新しい世界を手に入れるという価値あるプロセスにつながったことを確認しているように感じられた。

〈メタ意味：子離れとは本来的に「し難い」ものではないか〉

　Sさんの言う「私たちが決めつけた世界」とは，Tさんが自宅に暮らしつづけながら日中活動の場所に出かけるという生活である。この生活においては，日中に一時的にケア行為を他人に託す場はあっても断続的に親がケア行為を担いつづける状態となる。このような状況においては，通所施設の職員であった私の経験を振り返っても，本人を取り巻く人間関係は親を介したものとなりがちで，親以外の他人との関係性が濃密なものになっていく機会が乏しくなる。また，Sさんの語る「私たちが決めつけた世界」とは，親が将来を予測してさまざまな準備をし，問題があれば対処を講じつづける状況を意味していると考えられる。

　Sさんは，ケアホームへの入居という選択肢を得て，子へのケア行為をある程度継続的に他人に委ねたことで，Tさんが別の世界をもったように感じるという体験を得た。Sさんの「私たちが決めつけた世界じゃない世界をもった」という言葉には，親の予測や意図を超えて本人が他人との関係性を取り結び，その新しい関係性の中で親が準備したのではない独自の経験を積み重ねながら，子自身が自分の生きる世界を広げている様子が表現されているといえる。

　このプロセスは，親の保護や管理の対象であった子が，そうではなくなっていく過程であるともいえるが，それは親にとって一つの喪失体験であると考えることもできる。このように青年期における親子関係の変容が喪失体験を伴うものであるなら，子離れとは子の障害のあるなしにかかわらず本来的に「し難い」ものなのではないだろうかと私は考えるに至った。

支援者からみた「子離れのし難さ」の要因

　本節では，Sさんへのインタビューをとおして調査者である「私」が感じた違和感や気づきに着目することで，支援者としての筆者が感じてきた「子離れのし難さ」を再検討してきた。

　最初に，筆者がインタビュー後に抱いた違和感や「期待はずれ」という感覚から，障害のある子をもつ親に限ってとりわけ「子離れの葛藤」を問題にする

ことに疑義を提示した。また，次に子が新しい世界を獲得したことを「うれしいこと」と語るSさんの語り口に着目することで，障害の有無にかかわらず子離れとは本来的に「し難いもの」ではないかという観点を示した。

　青年期における親子関係の変容を捉えるにあたって，子離れという喪失体験に親がどの程度の辛さを感じるかはさまざまであり，障害の有無によって大きく違うように見えることもある。しかし本研究から明らかになったのは，その違いをすぐさま子の障害という特性に帰結させるのではなく，子離れとは本来的に辛いもの，「し難い」ものであるという視点をもつことの必要性である。このように，子離れが本来的に「し難い」ものであるなら，障害のある子をもつ親に必要なのは，子離れの「し難さ」を軽減したり取り除いたりすることよりも，その辛さを経ることの意義を知ることではないだろうか。

第7節　「親亡き後」から「成人期の支援」の問題へ

今後の課題

　成人した障害のある子が親と暮らしていることで安心できていて，親も子の世話を続けたいという意思をもっている――このような家族に対して親と子を切り離すことを視野に入れた支援や介入をすることは，ケア行為に伴う親の負担が相当大きい場合においてさえ，筆者を含め支援者の多くは後回しにしてきたのではないだろうか。あるいは，成人後も家族による障害者の扶養が前提になっているわが国の政策のもとでは，後回しにせざるを得ない状況に支援者自身が置かれてきたといえるのかもしれない。

　経済的に親に依存せざるを得ず，またケア行為においても親が多くを担わざるを得ない障害者はこれまで決して少なくなかった。とりわけ子に知的障害がある場合には，子の成人後の社会参加の場であるはずの「日中活動」においてさえ親が作業所づくりに奔走し，その運営に関与しつづける姿は今日でも見られる姿である。

　しかし本来，青年期は人間関係や行動範囲，あるいは社会との関わりを大き

補　章　知的障害のある人の青年期における親子関係の変容についての一考察

く広げる時期であり，そこには，青年期に体験するとされる親子関係の変容の契機があるはずである。子に障害があるが故に，子が青年期を経ても生活の状態や人間関係が大きく変わらないということは，このような親子関係の変容のチャンスが奪われているかもしれないということ，同時にそのことで子が自らの世界を広げるチャンスを逸している可能性があることに目を向ける必要がある。

このように考えると，これまでしばしば論じられてきた「親亡き後」という問題から，今後は「子の成人期の支援」の問題にシフトし議論や実践を進めていく必要があるだろう。

本研究の限界

本研究で扱ったのはSさんという一人の人へのインタビューである。Sさんの語りは当然すべての障害者の親に当てはまるものではないし，親の傾向を表す代表事例でもない。よって，障害者の親子関係の変容というテーマを総合的に論じていくためには，より多くの事例を検証することが必要である。その意味において筆者は本研究を研究テーマの仮説づくりにおいて妥当性をより高めるために行う一つのプロセスとして位置づけ，今後の研究を進めていきたいと考えている。

また，エピソード記述を用いた学術論文はまだ十分な蓄積があるとはいえず，また発達論の分野で提起されたこの方法論を社会福祉研究において使うことの妥当性については今後研究や評価の蓄積が必要になるだろう。

とりわけ本章では，インタビューデータの考察主体である筆者を支援者の一人として登場させ，インタビューをとおして主観的に感じられたことを言語化し分析を行った。考察主体の主観を単に記しただけでは学術的な研究であるとはいえないため，本研究は社会的な背景等を踏まえながらその意味を深める考察を行うことで，考察主体の主観を学術的な研究の俎上に載せようと試みた。しかしながらこうした手法はまだほとんど類例を見ないため，考察主体の主観の取り扱い方，および理論構築における位置づけや妥当性等については今後さ

199

らなる検討や議論が必要であると考えている。

注
(1) 本章では，障害のある人への身体介助や見守り等の支援を含める総称として「ケア行為」という言葉を用いる。
(2) 中釜ほか (2008) によると，一般的には12, 13歳以降，22, 23歳くらいまでを言う。
(3) 語られたエピソードの考察においてインタビュー内容だけでなく，それ以前に筆者とＡさんとの間でやりとりされた情報やその時に筆者に感じられたことも含め，より深い意味の考察を試みている。

引用・参考文献

愛知県健康福祉部障害福祉課「愛知県障害者基礎調査の結果について」(http://www.pref.aichi.jp/0000039910.html, 2011.10.11)。

浅賀万理江・三浦香苗 (2007)「集団保育場面における幼児のいざこざの意義に関する一考察――量的・質的分析の両面から」『昭和女子大学生活心理研究所紀要』10, 55-64, 昭和女子大学。

Department of Health (2001) *Valuing People : A New Strategy for Learning Dsability for the 21st Century*.

Eric Emerson, Chris Hatton (2008) *People with Learning Disabilities in England*, Centre for Disability Research.

Eric Emerson, Sally Malam, Ian Davies, Karen Spencer (2005) *Adults with Learning Difficulties in England 2003/4*, Health and Social Care Information Centre.

藤井明日香・落合俊郎 (2011)「特別支援学校(知的障害)高等部における個別移行支援計画の内容及び作成状況に関する調査」『広島大学大学院教育学研究科附属特別支援教育実践センター研究紀要』(9), 29-37。

藤島岳，天野マキ，旭洋一郎ほか (1992)「〈研究資料〉精神薄弱者の家族と施設：精神薄弱者施設入所者家族調査をもとにして」『東洋大学児童相談研究』11, 49-65。

藤田英典 (2004)「グローカル化社会における青少年の生活と意識」内閣府政策統括官『第7回世界青年意識調査』87-159。

藤原里佐 (2002)「障害児の母親役割に関する再考の視点――母親のもつ葛藤の構造」『社会福祉学』43 (1), 146-154。

藤原里佐 (2006)『重度障害児家族の生活――ケアする母親とジェンダー』明石書店。

畠山美穂・山崎晃 (2003)「幼児の攻撃・拒否的行動と保育者の対応に関する研究――参与観察を通して得られたいじめの実態」『発達心理学研究』14 (3), 日本発達心理学会, 284-293。

広瀬美千代 (2009)「家族介護者の「生きられた世界」の語りの検証――現象学的アプローチにおける質的分析を通して」『介護福祉学』16 (1), 88-96。

堀智久 (2006)「高度経済成長期における重症児の親の陳情運動とその背景」『社会福祉学』47 (2), 31-44。

堀智久 (2007)「障害の原因究明から親・子どもの日常生活に立脚した運動へ――先天性四肢障害児父母の会の1970/80年代」『社会学評論』58(2), 57-75。

石原邦雄 (1985)「家族研究とストレスの見方」石原邦雄編『講座生活ストレスを考える3 家族生活とストレス』垣内出版, 11-56。

石川准（1988）「社会運動の戦略的ディレンマ——制度変革と自己変革の狭間で」『社会学評論』39 (2), 153-167。

石川准（1995）「障害児の親と新しい『親性』の誕生」井上眞理子・大村英昭編『ファミリズムの再発見』世界思想社, 25-59。

K. Charlie Lakin, Shery Larson, Patricia Salmi, Amanda Webster (2010) *Residential Services for Persons with Developmental Disabilities: Status and Trends Through 2009*, Research and Training Center on Community Living.

春日キスヨ（2001）『介護問題の社会学』岩波書店。

加藤直樹（1997）『障害者の自立と発達保障』全障研出版部。

河東田博・孫良・杉田穏子・遠藤美貴・芥川正武（2002）『ヨーロッパにおける施設解体——スウェーデン・英・独と日本の現状』現代書館。

河東田博編（2007）『福祉先進国における脱施設化と地域生活支援』現代書館。

勝又幸子（2008）「国際比較からみた日本の障害者政策の位置づけ——国際比較研究と費用統計比較からの考察（特集 障害者の自立と社会保障）」『季刊社会保障研究』44 (2), 138-149。

川北稔（2004）「社会運動と集合的アイデンティティ——動員過程におけるアイデンティティの諸相」曽良中清司・長谷川公一・町村敬志ほか編『社会運動という公共空間——理論と方法のフロンティア』成文堂, 53-82。

国立社会保障・人口問題研究所（2011）『第6回世帯動態調査の結果の概要について』

神戸市市民福祉調査委員会「障害者生活実態調査報告書」（http://www.city.kobe.lg.jp/information/committee/health/welfare/img/syogai01.pdf, 2011.10.17）。

厚生労働省「社会福祉施設等調査」（http://www.mhlw.go.jp/toukei/list/23-22.html, 2015.6.4）。

厚生労働省「平成23年生活のしづらさなどに関する調査（全国在宅障害児・者等実態調査）」（http://www.mhlw.go.jp/toukei/list/seikatsu_chousa.html, 2014.10.8.）。

厚生労働省社会・援護局障害保健福祉部企画課（2007）『平成17年度知的障害児（者）基礎調査結果の概要』。

厚生労働省社会・援護局障害保健福祉部企画課（2008）『平成18年身体障害児・者実態調査結果』。

厚生労働省「平成19年国民生活基礎調査」（http://www.mhlw.go.jp/toukei/list/20-19.html, 2011.10.16）。

久保紘章（1982）「障害児をもつ家族」加藤正明・藤縄昭・小此木啓吾編『講座・家族精神医学3 ライフサイクルと家族の病理』弘文堂, 141-157。

鯨岡峻（1999）『関係発達論の構築——間主観的アプローチによる』ミネルヴァ書房。

鯨岡峻（2005）『エピソード記述入門——実践と質的研究のために』東京大学出版会。

鯨岡峻（2012）『エピソード記述を読む』東京大学出版会。

黒岩晴子（2013）「重度の知的障害を持つ子どもの親の生活と人生に関わる研究——社

会的支援の探索と適切な養育環境の調整プロセス」『佛教大学総合研究所紀要』2013 (1), 55-78。
共同作業所全国連絡会(1996)「小規模作業所スタッフ労働状況実態調査結果1996年4月」『障害者問題情報誌』(6), 11-33。
共同作業所全国連絡会編(1997)『みんなの共同作業所』ぶどう社。
共同作業所全国連絡会(1998)『共作連全国大会基調報告集——第1回・1978年—第20回・1997年』共同作業所連絡会。
きょうされん障害者自立支援法対策本部編(2006)『それでもしたたかに——障害者自立支援法と小規模作業所(KSブックレット——障害者自立支援法緊急ブックレットシリーズ)』きょうされん。
松葉祥一・西村ユミ編著(2014)『現象学的看護研究——理論と分析の実際』医学書院。
松端克文(2010)「障害者福祉における福祉計画の策定と地域生活移行」『桃山学院大学総合研究所紀要』35 (3), 93-108。
松澤明美・田宮菜奈子・柏木聖代ほか(2013)「障害者自立支援法導入による在宅障害児・者の母親の養育負担感の変化とその関連要因」小児保健研究 72 (1), 54-64。
三原博光・田淵創・豊山大和(1996)「地域社会における障害者家族の実情——両親と兄弟姉妹への実態調査を通して」『川崎医療福祉学会誌』6 (2), 285-290。
三原博光・松本耕二・豊山大和(2006)「知的障害者の高齢化に対する親の意識——知的障害者の親達に対するアンケート調査を通して」『障害者問題研究』34 (3), 221-229。
三原博光・松本耕二・豊山大和(2007)「知的障害者の老後に対する親達の不安に関する調査」『人間と科学:県立広島大学保健福祉学部誌』7 (1), 207-214。
三原博光・松本耕二(2010)「知的障害者の父親の意識に対する考察」『発達障害研究』32 (2)。
三毛美予子(2007)「母との闘い——親と暮らしていた脳性麻痺者がひとり暮らしとしての自立生活を実現する一過程」『社会福祉学』47 (4), 日本社会福祉学会, 98-110。
峰島厚(2004)「脱施設化方策の検討——脱施設化計画および脱施設化意向調査結果を中心に」『障害者問題研究』32 (1), 2-12。
三田優子(2005)「施設の解体——実態調査から社会的入所を検証する」『ノーマライゼーション』(6), 26-29。
森口弘美(2010)「知的障害のある人の青年期における親子関係の変容についての一考察——親による語りのエピソード記述をとおして」『評論・社会科学』93, 45-65。
森口弘美(2013)「子どもから大人への移行(Transition)における支援の現状と課題——障害者自立支援法改正法の下でのアプローチの可能性」『評論・社会科学』105, 133-148。
望月まり・秋山泰子(1999)「重複障害を持つ知的障害者の親の思いについて——在宅児通院治療を長期間続けた親の面接から」『川崎医療福祉学会誌』9 (2), 201-207。

麦倉泰子（2004）「知的障害者家族のアイデンティティ形成についての考察——子どもの施設入所にいたるプロセスを中心に」『社会福祉学』45 (1)，77-87。

無藤隆・佐久間路子編（2008）『発達心理学』学文社。

中釜洋子・野末武義・布柴靖枝ほか（2008）『家族心理学——家族システムの発達と臨床的援助』有斐閣。

中根成寿（2006a）『知的障害者家族の臨床社会学——社会と家族でケアを分有するために』明石書店。

中根成寿（2006b）「コミュニティソーシャルワークの視点から『障害者家族』を捉える——障害者家族特性に配慮した支援に向けて」『福祉社会研究』7，37-48。

中山和子（2014）「施設利用に関する保護者の意識について——知的障害者施設保護者の調査結果をもとに」『長野女子短期大学研究紀要』13，13-19。

中山妙華（2008）「知的障害者福祉の歴史的変遷と課題」『社会文化論集』10，45-68。

中山妙華（2010）「知的障害者の母親たちの『脱家族介助化』過程——成人知的障害者の母親たちに対するインタビュー調査の結果から」『社会文化論集』11，51-76。

奈良県健康福祉部障害福祉課「平成21年度障害者及び高齢者の生活・介護等に関する実態調査（障害者実態調査）調査結果報告書」(http://www.pref.nara.jp/dd_aspx_menuid-18625.htm, 2011.10.17)。

夏堀摂（2007）「戦後における『親による障害児者殺し』事件の検討」『社会福祉学』48 (1)，42-54。

新潟市福祉部障がい福祉課「新潟市障がい者福祉アンケート調査結果報告書」(http://www.city.niigata.jp/info/shofuku/fuzoku/fuzoku1.html, 2011.10.17)。

Nirje, Bengt (1969) Changing patterns in residential services for the mentally retarded, *Committee on Mental Retardation*, Washington D.C. （＝2000，河東田ほか訳『ノーマライゼーションの原理〔増補改訂版〕——普遍化と社会変革を求めて』現代書館）。

西村愛（2007）「『親亡き後』の問題を再考する」『保健福祉学研究』5，75-91。

西村愛（2009）「親役割を降りる支援の必要性を考える——「親亡き後」問題から一歩踏み出すために」『青森県立保健大学雑誌』10 (2)，155-164。

小川幸裕（2009）「『居場所』での『受容体験』を通した知的障害者家族のアイデンティティ形成プロセス——子どもの『居場所』作りに参加する知的障害者を抱える母親に着目して」『社会福祉学部研究紀要』（弘前学院大学）9，11-20。

大橋徹也（2014）「知的障害者支援施設における個別支援計画の導入が家族に与える影響——親役割診断尺度（PRAS）の結果から」『同朋福祉』20，27-42。

岡部耕典（2006）『障害者自立支援法とケアの自律——パーソナルアシスタンスとダイレクトペイメント』明石書店。

岡原正幸（1995）「制度としての愛情——脱家族とは」安積純子・岡原正幸・尾中文哉ほか『生の技法——家と施設を出て暮らす障害者の社会学』藤原書店，227-265。

大倉得史（2008）『語り合う質的心理学——体験に寄り添う知を求めて』ナカニシヤ出

版。
大阪府健康福祉部障がい保健福祉室「平成19年度大阪府障がい者生活ニーズ実態調査報告書」（http://www.pref.osaka.jp/keikakusuishin/syougai-plan/need-report.html, 2011. 10.11）。
大塚良一（2012）「知的障害者施設の生活制限に関わる専門的ケアの考察――施設職員・世話人・家族の意識調査の比較から」『比較文化研究』100, 23-33。
ピープルファースト東久留米（2010）『知的障害者が入所施設ではなく地域で生きていくための本――当事者と支援者が共に考えるために』生活書院。
Sen, Amartya (1992) *Inequality Reexamined*, Oxford Univ. Press（＝1999，池本幸生・野上裕・佐藤仁訳『不平等の再検討――潜在能力と自由』岩波書店。）
さいたま市保健福祉局 福祉部 障害福祉課「障害者総合支援計画策定のためのアンケート結果報告書」（http://www.city.saitama.jp/www/contents/1305183210804/index.html, 2011.10.11）。
佐久川肇編著，植田嘉好子・山本玲菜著（2009）『質的研究のための現象学入門――対人支援の「意味」をわかりたい人へ』医学書院。
札幌市保健福祉局保健福祉部障がい福祉課「平成22年度障がい児者実態等調査」（http://www.city.sapporo.jp/shogaifukushi/keikaku/h24/chosa.html, 2011.10.17）。
佐藤郁哉（2008）『質的データ分析法――原理・方法・実践』新曜社。
精神薄弱児育成会（全日本手をつなぐ育成会）編（2012）『復刻版手をつなぐ親たち――精神薄弱児をまもるために』国土社。
嶋崎理佐子（1997）「知的障害児・者の親の会運動――その特質と変化」立教大学大学院社会学研究科社会学専攻1997年度修士論文。
新藤こずえ（2009a）「親と暮らす障害者の自立――重度障害児・者を抱える親へのインタビュー調査を中心に」『教育福祉研究』15, 1-10。
新藤こずえ（2009b）「障害を持つ子の社会的自立に対する親の意識に関する考察――障害福祉サービス事業所Xを事例として」『紀要』（高知女子大学社会福祉学部編）58, 15-31。
塩見洋介（2004）「脱施設化の思想的系譜と日本での展開」全国障害者問題研究会『障害者問題研究』32 (1), 13-21。
副田義也（2008）「青い芝のケア思想」上野千鶴子・大熊由紀子・大沢真理ほか編『ケアその思想と実践1 ケアという思想』岩波書店, 51-72。
孫良（2007）「オーストラリアにおける脱施設化の実態と課題――障害者本人・職員・家族を対象にしたインタビュー調査を通して」『神戸学院総合リハビリテーション研究』2 (1), 15-33。
総務省統計局『平成22年国勢調査人口等基本集計結果要約』。
総務省統計局「平成23年社会生活基本調査結果」（http://www.stat.go.jp/data/shakai/2011/, 2011.10.16）。

菅富美枝（2010）「自己決定を支援する法制度，支援者を支援する法制度——イギリス2005年意思決定能力法からの示唆」『大原社会問題研究所雑誌』622，33-49。

杉田穏子（2003）「ドイツにおける知的障害者の入所施設から地域の住まいへの移行に関する実態と課題——職員，家族へのインタビュー調査結果より」『紀要』（立教女学院短期大学）35，13-33。

鈴木良（2006）「知的障害者入所施設A・Bの地域移行に関する親族の態度についての一考察」『社会福祉学』（47）1，46-58。

鈴木良（2010）『知的障害者の地域移行と地域生活——自己と相互作用秩序の障害学』現代書館。

高橋幸三郎・古賀成子（2004）「障害者家族の生活困難に関する研究」『紀要』（東京家政学院大学）44，75-84。

武田春美（2004）「知的障害者と暮らす家族の介護ストレス：介護ストレスとソーシャル・サポートの緩衝効果」『看護学部紀要』（福島県立医科大学）6，43-55。

田中敦士・佐藤竜二・朝日雅也（2006）「知的障害のある人の家族における自立生活支援に対する意識の実態：社会就労センター利用者の家族に対する全国実態調査」『教育学部障害児教育実践センター紀要』（琉球大学）7，47-57。

田中耕一郎（2005）『障害者運動の価値形成——日英の比較から』現代書館。

田中るみ子（1985）「障害者の高齢化・老化をめぐる諸問題——精神薄弱者を中心として」『情緒障害教育研究紀要』4，71-74。

田中智子（2013）「知的障害者の生活の場の移行と親子の自立——生活の場の移行を経験した知的障害者の親たちの語りに見る親役割の変容」『佛教大学総合研究所紀要』(1)，79-102。

谷奥克己（2007）「『最重度』知的障害のある人のグループホーム入居決定要因に関する一考察——3家族の親へのインタビュー調査を通して」関西福祉科学大学大学院社会福祉学研究科臨床福祉学専攻2007年度修士論文。

谷奥克己（2009）「『最重度』知的障害のある人のグループホーム入居決定要因に関する一考察——3家族の親へのインタビュー調査を通して」『臨床心理学研究』47(1)，2-21。

「たんぽぽ」の運動を記録する会（1990）『花になれ風になれ——ネットワーキングの奇跡』たんぽぽの家。

田路慧・住居広士・井出和人ほか（1995）「精神薄弱者の就労・自立と老後の実態と課題——精神薄弱者の親の意識調査」『研究紀要』（岡山県立大学短期大学部）2，177-182。

立岩真也（1995）「はやくゆっくり——自立生活運動の生成と展開」安積純子・岡原正幸・尾中文哉ほか『生の技法——家と施設を出て暮らす障害者の社会学』藤原書店，165-226。

千葉市保健福祉局高齢障害部障害企画課企画班「千葉市障害者計画等策定に係る実態調

査報告書――障害者生活実態・意向調査」(http://www.city.chiba.jp/hokenfukushi/koreishogai/kikaku/jittaityousa.html, 2011.10.17)。

寺本晃久・岡部耕典・末永弘ほか(2008)『良い支援？――知的障害／自閉の人たちの自立生活と支援』生活書院。

得津愼子(2010)「知的障害者家族にみる日常生活を維持する力――M-GTA によるプロセス研究」『紀要』(関西福祉科学大学) 13, 19-35。

鶴野隆浩(2006)『家族福祉言論』ふくろう出版。

土屋葉(2002)『障害者家族を生きる』勁草書房。

内田安伊子(2014)「離家を契機とした知的障害者と母親との関係再構築――グループホーム入居の事例から」『東洋大学大学院紀要』50(社会学・福祉社会), 277-295。

植田嘉好子(2011)「『夏のボランティア体験』への現象学的アプローチ――参加生徒からみた体験の意味と『他者』への接近」『日本福祉教育・ボランティア学習学会研究紀要』17, 26-39。

渡辺勧持(1997)「入所施設から地域へ――知的障害者の入所施設設立が20世紀前半と後半の国との比較」『社会福祉学』57, 53-66。

山口好和・塩谷佳子(2006)「児童の調査・見学活動に対する指導方法論ノート――活動報告資料の内容分析および学習活動のエピソード分析をもとにして」『北海道大学紀要(教育科学編)』(北海道大学) 57 (1), 57-66, 北海道大学。

山本敏貢(2003)「調査報告 重度知的障害(児)者介護問題の社会階層性――2001年『重度知的障害(児)者の家族での介護支援についての実態調査』結果から」『障害者問題研究』30 (4), 332-347。

米倉裕希子・水谷正美・和田知美(2009)「知的障害者の家族のニーズ研究」『紀要』(近畿医療福祉大学) 10 (2), 1-12。

要田洋江(1999)『障害者差別の社会学』岩波書店。

全日本精神薄弱者育成会(1985)『手をつなぐ親たち』351。

全日本精神薄弱者育成会(1986)『手をつなぐ親たち』360。

全日本手をつなぐ育成会(2001)『手をつなぐ育成会(親の会)運動50年の歩み』全日本手をつなぐ育成会。

あとがき

　本書は筆者が同志社大学に提出した学位請求論文（2012年3月学位授与）をもとに，その後に継続して実施した調査研究「知的障害者の『親元からの自立』の実現に向けた実践手法を明らかにするための研究」〔文部科学省・学術振興会の科学研究費補助金（研究活動スタート支援）「知的障害者の『親元からの自立』の実現に向けた実践手法を明らかにするための研究（課題番号：24830105）〕の成果を加え執筆しなおしたものである。学位論文の位置づけおよび初出論文は次のとおりである。

第1章～第3章，終章：学位論文「知的障害者の『親元からの自立』を可能にするための社会福祉実践——法制度と規範のメカニズムに着目して」

第3章：「成人期の知的障害者とその親の関係性を視野に入れた支援のあり方——『全日本手をつなぐ育成会』における『自己変革』の考察をとおして」『社会福祉学』2009年4月

第4章：「知的障害者の『親元からの自立』を促進する支援のあり方——家族へのインタビューの質的データ分析をとおして」『同志社社会福祉学』2014年12月

第5章：書き下ろし

補章：「知的障害のある人の青年期における親子関係の変容についての一考察——親による語りのエピソード記述をとおして」『評論・社会科学』93号 2010年2月

　　（科学研究費補助金「社会福祉実践における意思決定過程に関する実証的研究——葛藤経験の現象学的分析（課題番号19330137／研究代表者——鳥海直美）」における分担研究）

最後に，本書の刊行に関連してお世話になった方々に感謝を述べたい。
　まず「2013年調査」でお世話になった7人の調査協力者の方々，また「2009年調査」でお話を聞かせてくださったSさんに心からお礼を申し上げたい。他にも，筆者が本研究に着手して以降，予備調査や他の関連研究においても障害のある家族をもつ方たちのお話を聞かせていただいたが，それらはすべて本書をまとめるまでに必要なプロセスだった。障害のある家族をもつが故のさまざまな経験について率直にお話いただいたこと，またインタビューデータを分析し論文にまとめる過程において何度も確認作業にご協力いただいたこと，これらなくしては本書の完成には至らなかった。
　また，ご家族にインタビューを行ううえで不可欠だったのが，調査協力者を紹介してくださる事業所の存在である。筆者の調査の趣旨を理解し素敵なご家族を紹介してくださった支援者の方の判断力とセンスに敬意と感謝を表したい。
　同志社大学大学院に社会人入学をして籍を置くようになって以降，本書の刊行に至るまでには多くの先生方に指導やアドバイスをいただいた。振り返ると，博士前期課程に入学した頃の筆者は，現場でぶつかったさまざまな疑問の答えを，ソーシャルワークの用語や理論の中に見出すことができずに格闘していた。福祉の専門性を身に着けることなく運動をベースとした福祉の現場で働いた筆者の「クライエントって誰のこと？」「ソーシャルワーカーっていったいどこにいるの？」という問いかけを，とても大きな社会福祉という学問の中で受け止めつづけてくださったのが岡本民夫先生であった。
　その後，博士後期課程に進学するも，仕事や家庭との両立がままならずいったん退学し，4年後に復学した時に出会ったのが木原活信先生である。木原先生には常に励ましと研究の後押しをいただき，本書の出版につなげていただいた。研究内容や方法に関する指導もさることながら，筆者の中に根強くある運動をベースとした社会福祉研究へのアプローチに対して，一貫して「おもしろい」とポジティブな評価をしいただいたことで，筆者自身が本当にしたい研究を追求しつづけることができたと思う。筆者は学位取得後も同志社大学で研究

に携わる機会をいただいたが，このように懐の深い先生方に囲まれて研究者としてのスタートを切ることができたことは本当に幸せなことである。

　本研究を進める過程においては，学内の研究仲間はもちろん学外の研究仲間の存在も欠かせなかった。研究会でご一緒した鳥海直美さん（四天王寺大学人文社会学部），太田啓子さん（立命館大学衣笠総合研究機構），樽井康彦さん（龍谷大学社会学部），橋本卓也さん（大阪保健医療大学保健医療学部），與那嶺司さん（神戸女学院大学文学部）らとのディスカッションをとおして，質的研究の基本的な態度や方法について多くのことを学ばせていただいた。特に，研究会を主宰する鳥海さんが，博士後期課程を退学した筆者を研究に誘ってくださったことで，筆者は現場の仕事に追われながらも研究者としてのアイデンティティをもちつづけることができた。

　また，同志社大学社会福祉教育・研究支援センターのプロジェクト「社会福祉教育・研究における『エピソード記述』の展開」（2013～15年度）において取り組んできたことは，学位論文において用いたエピソード記述という方法論をさらに深めて本書にまとめるうえで大きな推進力となった。研究会でさまざまな議論や試行錯誤をしてきた木原先生をはじめとするプロジェクトメンバーの方たちとは，ぜひ今後も共にこの方法論を深めていきたいと考えている。

　最後に，筆者の前職場である「たんぽぽの家」にも言及しておきたい。「たんぽぽの家」は障害者の福祉サービスを提供する事業を行っているが，筆者は調査のフィールドを別の事業所に求めたため，本書では「たんぽぽの家」の実践には触れていない。しかしながら，本研究に取り組む動機となった問題意識は「たんぽぽの家」で仕事をしていた時代に醸成されたものであり，また筆者の研究の視点や調査のスタイルには「たんぽぽの家」という組織の理念や，そこで出会った人たちの影響が決して小さくない。

　なお，本書の出版にあたっては，ミネルヴァ書房編集部の北坂恭子さんにお世話になった。初めての単著の出版という新しい冒険を，この分野に明るい編集者の方にお力添えをいただいたことを心強く思っている。

　本書に書かれたことを多くの人に読んでいただくことで知的障害者の自立を

めぐる議論のきっかけをつくること，そしてまたどのような障害のある人にとっても「親元からの自立」が可能な社会に向けてさらに研究を進めていくことが，お世話になったみなさまに応えるための筆者の仕事だと心に刻みつけて本書を閉じることとする。

　2015年5月

著　者

索　引

あ　行

愛情　38, 62
愛情規範　34, 38-41, 69, 75, 117, 118
愛情と経済の補償　140
アイデンティティ　33, 35, 56, 72
アドボカシー　22
暗黙の理論　121, 122, 184
生きられる還元　124-128
石川准　56
意思決定能力法　23, 24
居所の分離　28, 75, 76, 93, 106, 118, 133, 163
インタビュー　93, 123, 182, 183
運動　173-175
　親による——　55, 61, 69, 71, 72
　障害者——　41, 42
エピソード記述　121-124, 126-129, 163, 167-169, 173, 175, 176, 183, 199
岡原正幸　31, 32, 34, 106
親　iv
　——と同居　1-4
　——亡き後　34, 37, 55, 62, 66, 104, 133, 134, 178, 187
　——によるケアの実態　11
　——の会　18
　——の高齢化　23
　——の施設指向　62
親子関係　32, 34, 42
　——の変容　154, 177-179, 198
親元から地域への移行　25, 26
「親もとからの自立」　49

親元からの自立　iv, 27, 28, 50, 51, 53, 71, 72, 117, 127, 134, 168, 171, 174

か　行

解釈学的現象学　126
書き手　121, 168, 174, 175
春日キスヨ　33, 39
家族　v, 35, 37, 168, 184
　——との同居　43, 44
　——の認識　iii, 53, 72, 75, 107, 108, 158, 168, 171
　——への依存　27, 28, 39, 42, 44, 49, 163
家族依存　52, 76
　——からの脱却　44, 46-48, 50, 52
　——の実態　1, 8
　ケアの面における——　6, 7, 43
　経済的な面での——　4, 6, 10, 41
家族心理学　178
家族福祉　39
価値観　76, 174, 187, 194
カテゴリー　97, 99
関係性　93, 134, 166,
　本人と家族の——　114, 116, 134
関係性の変容　154, 163, 176
　——として自立を捉える視点　129, 165, 167, 168, 176
還元　126
間主観性　125
間主観的アプローチ　124, 125, 145
間主観的な把握　126, 146
関与しながらの観察　193

213

関与主体　　194
関与する私　　122
規範の変容　　40, 117
虐待の心配　　105, 106
客観主義　　122
客観的　　122, 134, 168
共感　　i, 64, 70, 168, 169
きょうされん　　64, 68
きょうだい　　103, 104, 146, 194
鯨岡峻　　121-129, 135, 164, 167, 183, 193
グループホーム　　14, 49, 66, 77, 93, 99, 142, 192
ケア行為　　177, 195, 197
ケアの社会化　　38, 41
ケア役割　　iv, 33, 36, 52, 119, 133, 188, 189
経済的・職業的自立　　87
経済的自立　　86
契約制度　　177
研究者　　88, 118, 123-128, 135, 167, 168, 175, 176
現象学　　124-126
　　――的アプローチ　　124, 126-128
　　――的還元　　124, 126, 127
厚生労働省　　26, 43, 46
コード　　97, 99
国際障害者年　　41, 42, 60, 61, 71
国際比較　　15
国立秩父学園　　56
国庫補助　　67, 68
言葉による意思表示　　94, 179
子どもの親離れ　　179, 192
子離れ（子ばなれ）　　i, 37, 196
　　――の葛藤　　181, 187, 194-197
　　――のし難さ　　179, 180, 192, 193, 197
　　――の辛さ　　196
　　親の――　　179, 192

コミュニティソーシャルワーク　　40

さ 行

作業所づくり　　99, 142, 154
　　――運動　　92
支援　　v, 37, 106, 107, 115-118, 175
　　――のあり方　　91, 93, 113
　　――の内実　　119
　　家族――　　36, 48, 49
　　障害者本人への――　　37, 39
支援者　　v, 37, 92, 106, 108, 115, 116, 118, 162, 166, 168, 176, 198
支援費制度　　43, 177
自己決定　　23, 24, 191
　　――による自立　　86
自己変革　　56, 57, 59, 69, 71, 173-175
自助規範　　39-41, 75, 117, 118
実践　　v
質的研究　　89, 123, 128, 163, 164, 167
質的調査　　92
質的データ分析　　75, 93, 97, 118, 121, 171
市民　　i, 65
自明　　128, 167
　　――性　　128, 167, 168
社会運動　　v, 56, 173, 175
　　――体　　55
　　――論　　68
社会規範　　32, 35, 41, 71, 88, 117, 118, 195
　　――の変容　　71
社会構成主義　　184
社会資源　　12, 14, 17-19, 39-41, 52, 56, 63, 69, 70, 72, 116, 117, 193
社会的自立　　86
社会福祉研究　　199
社会福祉施設等調査　　25, 29
社会福祉領域　　167, 176

索　引

社会保障審議会　43, 45
主観　122, 145, 184, 191, 199
　──性　125
主観的　122, 124, 125, 134, 135, 168
　──世界　135, 141
主体性　60
主体的　107, 112-114, 140
受動性　125
受動的　126-128, 140, 154
障害支出　21
障害者基礎年金制度　42
障害者基本計画　24, 51
障害者支援施設　26
障害者自立支援法　14, 43, 46
　──の見直し　43
障害者自立支援法違憲訴訟　46
「障害者自立支援法施行後3年の見直しについて」　43, 45
障がい者制度改革推進会議　46, 50, 52, 54
「障害者制度改革の推進のための基本的な方向（第一次意見）」　47
障害者の権利に関する条約　v, 45, 50
障害者の地域生活の推進に関する検討会　26
障害者福祉　27, 37, 40, 41, 43, 116, 118, 130, 135, 196
　──実践　179, 185
小規模作業所づくり　56, 63, 66, 67, 69-72, 142
職業自立　86
職業および経済的な自立　86
所得保障　42, 45, 46
自立観　106-110, 115, 174
自立生活　34, 35, 44, 54, 86, 92
ジレンマ　69, 71, 72
身体障害児・者実態調査　2-4, 6
生活のしづらさなどに関する調査（全国在宅障害児・者等実態調査）　3, 5

成人期の障害者　8, 12, 63, 181
精神薄弱者通所援護事業　68
制度変革　56, 57, 59, 71
青年期　178, 179, 198
成年後見制度　23
世界青年意識調査　12
世帯動態調査　3
セン，アマルティア　27
選択（肢）の幅　27, 166
全日本手をつなぐ育成会　52, 55, 140, 175
先入観　126, 128, 135, 168, 195
専門性　118
ソーシャルアクション　v
措置制度　177

た　行

ダイレクトペイメント　22
脱家族　34, 35
脱施設化　18, 19, 25
妥当性　97, 164, 166, 168
地域生活移行　14, 15, 23, 25-27, 51, 85
地域の住民　v, 70, 71, 140, 166, 175
地域の住まい　77, 92, 133
逐語録　95, 97, 123
　──分析　123
知的障害者　v, 8, 12, 15, 24, 27, 34, 52, 62, 75, 87, 101, 117
　──の親　55
　──の家族　52, 92
　──の自立　85, 87, 121, 128, 144, 165, 167
知的障害児（者）基礎調査　2, 4, 7, 29, 63
知的障害者生活援助事業　14
調査協力者　87, 92-95, 119, 130, 134, 135, 146
土屋葉　42, 43, 45
抵抗　124, 125
　──分析　124, 127

215

同居者　　12, 13
当事者性　　72, 171
特殊教育の義務化　　57

な行

中根成寿　　38, 39
仲野好雄　　57, 65
名張育成園　　56
ニィリエ、ベンクト　　ii, 178
24時間介助　　48, 49
日本脳性マヒ者協会青い芝の会　　59, 62
入所施設　　14, 15, 17, 18, 19, 25, 26, 55, 61, 71,
　　102, 130, 133, 134
入所者　　15
　──数　　14, 15, 17, 24
能動的　　140
能力規範　　40, 71
ノーマライゼーション　　ii, 178
ノーマル　　ii, iii, 137-139
　──なライフサイクル　　4, 9, 26, 116

は行

排除　　33-35, 39, 175
　社会的──　　24
発達心理学　　124
春山廣輝　　61
ピープルファースト　　52, 91
平等　　27
福祉サービス　　24, 37, 39-41, 45, 166
福祉先進国　　14, 15, 19
福祉の専門性　　i
藤原里佐　　33, 36, 188
不平等　　6
　障害のある人とない人との間の──　　ii
普遍化　　89, 92, 124

普遍性　　164
扶養義務　　38, 40, 46, 181
扶養責任　　42, 177
フリーライダー　　68
ベスト・インタレスト　　23
法制度改革　　41, 53, 55, 56, 69
法制度の変革　　37, 40, 117
本人中心のプランニング　　22-24

ま行

無償労働　　64
メカニズム　　41, 53, 56, 69, 117, 118, 172, 175
　──の変容　　53, 117, 167, 171, 173
　法制度と規範の──　　40, 71, 166, 171, 172
メタ意味　　121, 122, 184, 193
メタ観察　　122, 135
モデル・ストーリー　　34, 66, 181

や・ら・わ行

養護学校義務制　　67
要田洋江　　36
抑圧　　33
　──性　　34
　──的　　31, 32
読み手　　121, 167-168, 174
ライフサイクル　　ii, iii, 111
了解可能性　　166, 167, 169, 173
量的研究　　164
臨床的アプローチ　　124, 125
臨床的還元　　125
「私」　　ii, 122, 129

欧文

ADLの自立　　86, 87
Valuing People（価値ある人々）　　22

〔著者紹介〕

森口　弘美（もりぐち・ひろみ）
　1971年　生まれ。
　1994年　京都大学文学部史学科卒業。
　1994～1999年　社会福祉法人わたぼうしの会勤務。
　1999～2012年　財団法人たんぽぽの家勤務（非常勤）。
　2002年　同志社大学大学院文学研究科社会福祉学専攻博士前期課程修了。
　2012年　同志社大学大学院文学研究科社会福祉学専攻博士後期課程修了。
　現　在　同志社大学社会学部社会福祉学科助教。博士（社会福祉学）。

Minerva Library〈社会福祉〉1
知的障害者の「親元からの自立」を実現する実践
——エピソード記述で導き出す新しい枠組み——

2015年9月30日　初版第1刷発行　　　　〈検印省略〉

定価はカバーに
表示しています

著　　者　　森　口　弘　美
発 行 者　　杉　田　啓　三
印 刷 者　　坂　本　喜　杏

発行所　株式会社　ミネルヴァ書房
607-8494　京都市山科区日ノ岡堤谷町1
電話代表　(075)581-5191
振替口座　01020-0-8076

© 森口弘美, 2015　　冨山房インターナショナル・新生製本

ISBN 978-4-623-07459-4
Printed in Japan

―――― MINERVA 社会福祉叢書 ――――

ソーシャルワークにおける「生活場モデル」の構築
空閑浩人著　Ａ５判　256頁　本体6000円（税別）

ケアワーカーが行う高齢者のアセスメント
笠原幸子著　Ａ５判　256頁　本体6000円（税別）

対話的行為を基礎とした地域福祉の実践
小野達也著　Ａ５判　268頁　本体5000円（税別）

聴覚障害と精神障害をあわせもつ人の 支援とコミュニケーション
赤畑　淳著　Ａ５判　204頁　本体6000円（税別）

―――― ミネルヴァ書房 ――――
http://www.minervashobo.co.jp/